U0556851

2025年宁波大学教学改革研究重点项目

"人工智能技术驱动下的线上线下混合式教学模式创新与实践研究（JYXM2025002）"

研究成果

地方政府学线上线下混合式翻转课堂教程

DIFANG ZHENGFUXUE XIANSHANG XIANXIA
HUNHESHI FANZHUAN KETANG JIAOCHENG

龚虹波 著

上海三联书店

前　言

当代高等教育正处于巨大的变革之中。传统的教学模式，特别是大学课堂上的教学方式，已经不再适用于满足日益多样化和复杂化的教育需求。教育不再仅仅是知识的传授，更是培养未来领袖和塑造社会变革的关键驱动力。在新时代的挑战下，教育必须不断创新和改进教育方式，以更好地满足学生的需求和社会的需求。这就引出了线上线下混合式翻转课堂教学的概念。

教育被认为是社会进步的引擎。它不仅仅是知识的传授，更是关于激发学生的思考和创造力，培养他们在复杂多变的社会中成功的能力。教育的目标不仅仅是提供信息，还包括培养批判性思维、创新能力和实践技能。这些能力和素养对于解决复杂的社会问题、推动科学技术的创新和促进社会变革至关重要。因此，教育必须适应不断变化的社会需求，不断创新和改进教育方式，以培养更具综合素养的学生，他们能够应对未来的挑战。

传统的教学模式通常是一种线性、以教师为中心的方式，学生被动地观看和听取信息，然后通过考试和作业来检验他们对知识的掌握。这种教育方式存在一些明显的不足之处：1. 缺乏多样性的学习机会：传统课堂教学通常只提供有限的学习机会，学生的知识获取途径受到限制。这限制了他们的学术发展和兴趣培养。2. 偏重记忆和应试技巧：传统教育模式往往注重记忆和应试技巧，而忽视了批判性思维和解决问题的能力的培养。这导致学生只是被动地接受信息，而不是积极地思考和参与。

3.忽视个性化需求:学生在学习风格和学术兴趣方面有很大的差异,但传统教育模式往往没有足够关注学生的个性化需求,无法激发他们的学术兴趣和潜能。

线上线下混合式翻转课堂教学是一种创新的教育方式,它颠覆了传统的教学模式。它将学生从被动的知识接收者转变为主动的学习者,将教师从知识的传递者转变为学习的引导者。这种教育模式强调学生的参与和互动,注重培养学生的自主学习能力和团队合作能力。

线上线下混合式翻转课堂教学不仅提供了更多元化的学习资源和学习方式,还能够激发学生的学习兴趣和动力。通过在线学习和线下互动的有机结合,学生可以更灵活地安排自己的学习时间,深入研究感兴趣的领域,并在课堂上与同学和教师进行更深入的讨论和交流。这种互动式学习不仅有助于学生更好地理解和掌握知识,还培养了他们的批判性思维和问题解决能力。学生不再仅仅是理论的传播者,而是问题的解决者和政策的制定者。他们将具备更多实际操作的经验和深度理解,有能力在实际工作中应对复杂的挑战。

《地方政府学》作为一门重要的学科,涵盖了政府管理、公共政策、地方政府运作等众多领域,对于培养政府管理和公共事务领域的专业人才至关重要。然而,传统的课堂教学方法在提供实践经验和深度理解方面存在一些限制。政府管理和公共事务是复杂多样的领域,涉及政策制定、执行和评估,资源分配,社会服务提供等多个方面。传统的教学方式难以真正培养学生在实际工作中所需的技能和能力。

线上线下混合式翻转课堂教学的设计与实施旨在满足这一需求。它将传统的课堂教学与在线学习有机结合,为学生提供了更丰富的学习资源和学习方式。在线学习部分为学生提供了灵活的学习机会,他们可以根据自己的学习进度和兴趣,自主选择学习时间和地点。同时,线上学习也可以提供更多多媒体资源,如案例分析、实际项目和模拟演练,帮助学生深入理解和应用所学知识。与此同时,混合式翻转课堂还注重线下的互动和实践经验。在课堂上,教师可以与学生进行更深入的讨论和互动,引导他们分析真实问题和案例,提供反馈和指导。学生还有机会参与团队项目、模拟政策制定和实际调研,将理论知识应用到实际工作中。

线上线下混合式翻转课堂教学的设计与实施关注了学生的个性化需求。每位学生都有不同的学习风格和学术兴趣，通过这种教育方式，可以满足他们的多样化需求，激发他们的学术兴趣和潜能。这种个性化的学习体验可以提高学生的学习动力和满意度，有助于他们更好地理解和应用所学知识。线上线下混合式翻转课堂教学的设计与实施也带来了教育者角色的转变。教师不再仅仅是知识的传授者，更是学习的引导者和指导者。他们鼓励学生主动参与和探索，促进他们的批判性思维和实践技能的发展。这种新的角色要求教育者具备更多的教育技能和教育理念，以更好地组织课程和引导学生的学习。

线上线下混合式翻转课堂教学虽然有许多优势，但也面临一些挑战。技术挑战包括硬件设施、软件平台和网络问题，可能会影响学习体验。为了应对这些挑战，我们提供了技术支持和指导，以确保学生能够顺利访问和使用在线学习资源。教学挑战涉及课程内容的适配、教师角色的转变和学生参与度。我们通过明确的教学流程和教学设计原则，帮助教师更好地组织课程，引导学生的学习，并提高课堂互动的质量。管理挑战涉及课程监督、评估体系和持续改进。我们建议建立有效的课程监督机制，制定全面的评估方法，以及定期的教学评估和反馈机制，以确保教学质量和效果的不断提升。

总之，线上线下混合式翻转课堂教学的设计与实施旨在为教育领域引入更多的创新元素，以满足当代高等教育的不断演进和学生的多样化需求。我们相信，通过共同的努力，我们可以共同促进教育领域的发展和进步，为更美好的未来贡献力量。

目　录

第一章　引论 ……………………………………………………… 001
　　第一节　线上线下混合式翻转课堂教学的现实需求………… 001
　　第二节　线上线下混合式翻转课堂教学的政策依据………… 008
　　第三节　线上线下混合式翻转课堂教学的理论基础………… 012

第二章　地方政府学线上线下混合式翻转课堂教学的目标 …… 018
　　第一节　适应新时代需求的发展方向………………………… 018
　　第二节　实现大数据时代高校教学改革……………………… 023
　　第三节　提升高校学生培养从知识传输向能力培养转变…… 027

第三章　地方政府学绪论 ………………………………………… 035
　　第一节　理论知识梳理与检测………………………………… 035
　　第二节　知识深化与运用：寻找现实中的地方政府 ………… 047

第四章　中国地方政府概述 ……………………………………… 054
　　第一节　理论知识梳理与检测………………………………… 054
　　第二节　知识深化与运用：小组定题研讨 …………………… 068
　　第三节　引论性内容翻转课堂教学设计与实施面临的问题及
　　　　　　解决方案……………………………………………… 075

第五章　地方人民政府权力 ····································· 079
第一节　理论知识梳理与检测 ································ 080
第二节　知识深化与运用：小组自由选择议题研讨 ············ 094

第六章　地方人民政府职能 ····································· 105
第一节　理论知识梳理与检测 ································ 105
第二节　知识深化与运用：启发式问题教学 ·················· 119
第三节　知识深化与运用：班级辩论 ························ 131

第七章　地方人民政府运行 ····································· 142
第一节　理论知识梳理与检测 ································ 142
第二节　知识深化与运用：情景模拟教学 ···················· 153

第八章　各级地方人民政府 ····································· 169
第一节　理论知识梳理与检测 ································ 169
第二节　知识深化与运用：构画知识脑图 ···················· 180

第九章　地方人民政府的关系 ··································· 190
第一节　理论知识梳理与检测 ································ 190
第二节　知识深化与运用：案例编写与分析 ·················· 199

第十章　线上线下混合式翻转课堂教学设计与实施面临的挑战及解决实例 ·· 213
第一节　线上线下混合式翻转课堂教学设计 ·················· 214
第二节　线上线下混合式翻转课堂教学实施过程中的挑战与应对策略 ·· 226
第三节　线上线下混合式翻转课堂教学的未来趋势和建议 ····· 233

参考文献 ·· 245
后记 ·· 251

第一章
引论

随着技术的迅速发展和教育环境的不断变化,传统的教学模式正面临着前所未有的挑战和机遇。在这种背景下,线上线下混合式翻转课堂作为一种创新的教学模式,不仅回应了现代教育的需求,也为提升教学质量和学生学习体验提供了新的可能性。这种教学模式结合了线上自主学习的灵活性和线下互动教学的深度,旨在优化学习过程,使之更加高效和个性化。它强调学生的主动参与和教师的引导作用,通过技术的辅助,实现了教学内容和方法的创新。在这一背景下,探讨线上线下混合式翻转课堂教学的现实需求,不仅是对教育模式创新的探索,也是对提高教育质量和适应未来教育趋势的必然要求。

第一节 线上线下混合式翻转课堂教学的现实需求

在当今教育领域,随着技术的快速发展和大数据时代的到来,传统的教学模式正面临着前所未有的挑战和改革的需求。这种变革不仅是技术进步的必然结果,也是教育适应现代社会需求的关键步骤。在这个背景下,线上线下混合式翻转课堂作为一种创新的教学模式,应运而生,它有效地结合了传统教学和现代技术手段,旨在提高教学效率和学习质量。这种模式在大数据时代尤为重要,因为它能够充分利用数据分析来个性化学习体验,满足当代学生多样化和动态变化的学习需求。因此,探讨线上线下混合式翻转课堂在大数据时代教学方式改革中的现实需求,不仅是对教育模式创新的追求,也是对教育质量持续提升的必然选择。

一、大数据时代教学方式改革的需求

在大数据时代,教育领域将面临显著的变革,特别是在个性化和数据驱动的教学方法方面。

大数据时代对教育有着巨大的影响,它首先体现在数据丰富性和可访问性的提升。大数据时代的一个显著特征是数据量的爆炸性增长。在教育领域,这意味着教师和学校可以访问到前所未有的大量学习数据,包括学生的在线学习行为、成绩、互动记录等。这些数据的可用性为教育决策提供了新的视角和依据。其次,教育决策的数据驱动。数据驱动的决策制定正在成为教育领域的新常态。通过分析学生的学习数据,教师和教育管理者可以更准确地识别学生的学习需求、预测学习成果,并据此调整教学策略和课程设计。例如,通过分析学生的在线测试结果,教师可以发现学生的薄弱环节并进行针对性辅导。最后,个性化学习的推进。大数据技术使得个性化学习成为可能。通过分析学生的学习习惯、偏好和表现,教育软件可以提供定制化的学习资源和路径。这种个性化不仅限于学习内容的调整,还包括学习节奏、难度和评估方法的个性化。同时,大数据时代彰显了个性化和数据驱动教学方法的重要性。个性化学习计划可以针对学生的具体需求,提供更适合他们的学习材料和活动。这种方法被证明可以提高学习效率和成绩。例如,一项研究表明,通过个性化学习路径,学生在数学和阅读技能上的提升速度比传统教学快 30% (Pane, J. F., Steiner, E. D., Baird, M. D., & Hamilton, L. S., 2015)。个性化学习有助于缩小学习成就差距。它通过为所有学生提供适合其学习风格和能力水平的资源,支持不同背景和能力的学生。这对于提升教育公平性和包容性至关重要。同时,当学习内容和活动与学生的兴趣和需求相契合时,学生的参与度和学习动机会显著提高。数据驱动的个性化学习能够更好地吸引学生的兴趣,使他们更积极地参与学习过程。在数据驱动的个性化教学环境中,教师的角色从知识的传授者转变为学习的引导者和促进者。教师利用数据来理解每个学生的需求,然后提供个性化的指导和支持。而且数据驱动的方法允许教育者持续评估和改进教学方法。通过分析学习数据,教师可以不断调整教学策略,以适应学生的变化需求和新的教育目标。

由此可见,大数据时代对教育领域的影响是深远的,特别是在推动个性化和数据驱动的教学方法方面。这些方法不仅提高了学习效率和效果,还促进了教育的公平性和包容性,增强了学生的参与度和动机,并为教师提供了持续改进教学的机会。随着技术的进步和数据分析能力的提升,我们可以预期这些趋势将继续影响教育领域的未来发展。

线上线下混合式翻转课堂是一种结合了传统面对面教学和现代在线学习的教学模式。这种方法不仅可以优化教学方法,还能显著提高学习效果。在这种模式下,学生在课外通过视频讲座、阅读材料或其他在线资源进行自主学习,而课堂时间则用于深入讨论、实践练习和个性化指导。

首先,混合式翻转课堂允许教师为学生提供个性化的学习路径。通过在线资源,学生可以根据自己的学习速度和理解程度进行学习,这增加了学习的灵活性。同时,教师可以根据学生的在线学习表现调整课堂活动和讨论主题,确保课堂内容能够满足学生的具体需求。这种个性化的方法有助于提高学生的学习效率和成绩。其次,这种教学模式增强了学生的参与度。在课堂上,教师可以采用小组讨论、案例研究和角色扮演等互动教学方法,鼓励学生积极参与。此外,利用在线论坛和社交媒体平台,学生可以在课外继续讨论和合作,进一步加深对课程内容的理解。

在实施混合式翻转课堂时,有效的课前准备是关键。教师需要确保学生在课前完成必要的在线学习,如观看讲座视频和完成阅读材料。同时,提供指导性问题和目标,帮助学生聚焦于关键概念和学习目标。在课堂上,教师应设计与在线学习材料紧密相关的活动,如讨论、实验和项目,将理论知识与实践相结合。技术的有效整合对于混合式翻转课堂的成功至关重要。选择合适的在线学习平台和工具,如中国大学慕课(MOOC)、雨课堂和微信等互动软件,并确保学生和教师都能熟练使用这些技术工具。此外,教师应提供定期和及时的反馈,帮助学生了解自己的学习进展,并对遇到困难的学生提供额外的支持和资源。

总之，线上线下混合式翻转课堂通过结合传统教学和现代技术的优势，为学生提供了一个更加灵活、互动和个性化的学习环境。这种教学模式不仅优化了教学方法，还提高了学习效果，特别是在促进学生的主动学习、提高参与度和理解深度方面。随着教育技术的不断发展，混合式翻转课堂将继续在教育领域发挥重要作用。

二、大学生实现有效学习的需求

在当今的教育环境中，大学生的学习习惯、挑战和需求正在经历着显著的变化。这些变化主要受到技术进步和社会文化发展的影响。现代大学生普遍对技术高度依赖，他们习惯于使用智能手机、平板电脑和笔记本电脑进行学习。这种技术依赖性使他们更倾向于通过在线资源和数字工具获取信息和知识。同时，他们常常在处理多个任务，如同时听课、查看社交媒体和完成作业，这种多任务处理能力使他们能够在繁忙的学习和生活中保持平衡，但也可能影响他们的专注力和学习效率。此外，现代大学生更倾向于自主学习，他们喜欢自己安排学习时间和内容，而不是完全依赖于传统的课堂教学。

然而，这些学习习惯也带来了一系列挑战。信息过载是现代大学生面临的一个主要挑战。互联网时代带来了海量的信息，大学生在筛选和处理这些信息时可能会感到不知所措。这种信息过载现象可能导致注意力分散和学习效率下降。同时，许多大学生在时间管理上存在困难，尤其是在平衡学习、工作和社交活动方面。这种困难可能导致学习成绩不稳定和学习压力增大。此外，由于重视考试成绩和短期目标，一些大学生可能忽视了深度学习和批判性思维的培养。

在这种背景下，大学生的需求也在发生变化。他们需要个性化的学习体验，以满足他们不同的学习风格和兴趣。他们期望教育内容能够与自己的需求和目标相匹配。同时，大学生希望在学习过程中有更多的互动和合作机会。这种环境不仅能提高学习兴趣，还能培养团队合作和沟通能力。此外，大学生期望能有效利用现代技术和丰富的在线资源来支持他们的学习。

混合式翻转课堂通过结合线上自主学习和线下互动教学,能够有效地满足现代大学生的学习需求。这种模式通过提供在线学习材料,如视频讲座和数字化阅读材料,满足了大学生对技术和个性化学习体验的需求。学生可以根据自己的节奏和兴趣选择学习内容,从而提高学习动机和效率。同时,混合式翻转课堂的线下部分,通常包括小组讨论、项目合作和实践活动,能够提供丰富的互动和合作机会。这种教学模式鼓励学生在课堂上积极参与讨论和合作,从而提高学习的深度和广度。此外,混合式翻转课堂还能帮助学生更好地管理学习时间和资源。通过在线学习部分,学生可以在任何时间任何地点进行学习,这有助于他们更有效地安排时间和平衡不同的学习任务。同时,教师可以通过在线平台提供及时的反馈和支持,帮助学生解决学习中的问题。

由此可见,混合式翻转课堂作为一种创新的教学模式,能够有效地满足现代大学生的学习习惯、挑战和需求。通过这种模式,可以提高学习动机、优化学习过程,并最终提高学习成效。随着教育技术的不断发展,混合式翻转课堂将在未来的高等教育中发挥越来越重要的作用。

混合式翻转课堂,作为一种结合了线上自主学习和线下互动教学的模式,为满足现代大学生的学习需求提供了新的途径。这种教学模式不仅能够应对学生的多样化学习习惯,还能有效地提高他们的学习动机和成效。

首先,混合式翻转课堂通过在线学习资源的提供,满足了大学生对技术和个性化学习体验的需求。在这种模式下,学生可以根据自己的节奏和兴趣选择学习内容,从而提高学习动机和效率。例如,学生可以在家中观看视频讲座,然后在课堂上参与讨论和实践活动。这种灵活性不仅适应了学生的不同学习风格,还允许他们在自己最适合学习的时间进行学习。这种个性化的学习体验被证明可以提高学生的学习成绩和满意度(Bishop, J.L., & Verleger, M.A., 2013)。其次,混合式翻转课堂的线下部分,通常包括小组讨论、项目合作和实践活动,能够提供丰富的互动和合作机会。这种教学模式鼓励学生在课堂上积极参与讨论和合作,从而提高学习的深度和广度。通过这种互动,学生不仅能够更好地理解和吸收课程内容,还能够培养团队合作和沟通能力。研究表明,小组讨论和合作学习能够显著提高学生的学习成效和批判性思维能力(Laal, M., & Laal, M., 2012)。这种及时的反馈机制对于学生的学习进步至关重要。研究显示,及时的反馈能够提高学生的学习成效和自我效能感(Shute, V.J., 2008)。

总之,混合式翻转课堂作为一种创新的教学模式,能够有效地满足现代大学生的学习习惯、挑战和需求。这种模式通过结合线上自主学习和线下互动教学,不仅提供了个性化和灵活的学习体验,还促进了学生的互动参与和深度学习。通过这种模式,可以提高学习动机、优化学习过程,并最终提高学习成效。随着教育技术的不断发展,混合式翻转课堂将在未来的高等教育中发挥越来越重要的作用。

三、高校教学发挥有效教学的需求

在高等教育领域,提升教学质量一直是一个持续的挑战。随着社会的发展和技术的进步,这些挑战变得更加复杂,同时也带来了新的改进机会。高校面临的一个主要挑战是如何适应学生群体日益多样化的学习需求。现代大学生拥有不同的背景、学习风格和需求,这要求教师不仅要传授知识,还要能够调整教学方法,以满足不同学生的学习需求。此外,随着教育技术的快速发展,高校需要有效整合这些新兴技术到教学中。这不仅包括在线学习平台和数字工具的使用,还包括如何利用这些技术来提高教学效果和学生参与度。同时,传统的讲授式教学方法在提高学生参与度和互动方面存在局限。高校需要探索更有效的教学方法,以促进学生的积极参与和深入学习。在知识经济时代,培养学生的批判性思维和创新能力至关重要。高校面临的挑战是如何在教学中融入这些技能的培养,而不仅仅是知识的传授。

混合式翻转课堂作为一种创新的教学模式,能够有效地应对这些挑战。这种模式通过结合线上自主学习和线下互动教学,为不同学习风格的学生提供了灵活的学习选择。在线学习部分允许学生根据自己的节奏进行学习,而线下课堂活动则提供了丰富的互动和合作机会。这种模式有助于满足不同学生的个性化学习需求,从而提高教学效果。混合式翻转课堂模式自然而然地整合了新兴的教育技术。在线学习平台、视频讲座、互动软件等工具的使用,不仅提高了学习的灵活性,还增强了学生的技术能力。同时,这些技术的应用也为教师提供了更多样化的教学手段。在混合式翻转课堂中,线下课堂时间更多地用于讨论、案例分析和项目工作,这些活动能够显著提高学生的参与度和互动。通过这种方式,学生不仅能够更深入地理解课程内容,还能够在实践中应用所学知识。混合式翻转课堂鼓励学生进行自主学习和批判性思考。在线下课堂上的讨论和项目工作要求学生运用批判性思维来解决问题,并鼓励创新思维。这种教学模式不仅传授知识,还培养学生的关键技能,为他们未来的职业生涯和终身学习打下基础。

  由此可见,混合式翻转课堂在高等教育中提供了一种有效的教学模式,以应对当前教学质量面临的挑战。这种模式通过满足多样化的学习需求、有效整合新兴技术、增强教学互动和参与度,以及培养关键技能,有助于提高教学效果和学生满意度。随着教育技术的不断发展和教育需求的变化,混合式翻转课堂将会在高等教育中扮演重要角色,推动教学方法的创新和教育质量的提升。

  在高等教育领域,提高教学效果和学生满意度一直是核心目标之一。随着教育需求的演变和技术的进步,高校面临着诸多挑战,包括如何适应多样化的学生需求、如何整合新兴技术以及如何提高教学质量。在这种背景下,混合式翻转课堂作为一种创新的教学模式,为高校提供了提高教学效果和学生满意度的新途径。

  混合式翻转课堂通过结合线上自主学习和线下互动教学,为学生提供更加灵活和个性化的学习体验。在这种模式下,学生可以在课外通过在线资源进行自主学习,然后在课堂上参与更深入的讨论和实践活动。这种方法不仅使学生能够根据自己的节奏和兴趣进行学习,还允许教师在课堂上更加专注于指导和互动,从而提高教学效果。

  在线学习部分的灵活性是混合式翻转课堂的一个重要优势。学生可以在任何时间任何地点访问在线课程和材料,这为他们提供了更大的学习自主权。这种灵活性特别适合那些需要平衡工作、家庭责任和学习的学生。此外,线上学习资源的多样性和丰富性也使学生能够根据自己的学习风格和兴趣选择最合适的学习材料。例如,视觉学习者可能更倾向于观看视频讲座,而阅读学习者可能更喜欢深入阅读相关文献。

线下课堂活动的设计是混合式翻转课堂的另一个关键要素。通过小组讨论、案例研究、实验和项目等互动教学方法,教师可以鼓励学生积极参与学习过程。这种互动不仅有助于学生更好地理解和吸收课程内容,还能够培养他们的批判性思维、团队合作和沟通能力。研究表明,互动和合作学习能够显著提高学生的学习成效和满意度(Johnson, D. W., & Johnson, R. T., 2009)。

此外,混合式翻转课堂还为教师提供了更多的机会来进行个性化教学。通过分析学生的在线学习数据,教师可以了解每个学生的学习进度和理解程度,然后在课堂上提供针对性的指导和支持。这种个性化的教学方法不仅能够满足不同学生的学习需求,还能够提高学生的学习动机和成效。研究显示,个性化教学能够显著提高学生的学习成绩和满意度(Pane, J. F., Steiner, E. D., Baird, M. D., & Hamilton, L. S., 2015)。

总之,混合式翻转课堂作为一种创新的教学模式,能够有效地帮助高校提高教学效果和学生满意度。这种模式通过结合线上自主学习和线下互动教学,不仅提供了个性化和灵活的学习体验,还促进了学生的互动参与和深度学习。通过这种模式,教师可以更有效地满足学生的多样化学习需求,提高教学质量,并最终提高学生的学习成效和满意度。随着教育技术的不断发展,混合式翻转课堂将在未来的高等教育中发挥越来越重要的作用。

第二节　线上线下混合式翻转课堂教学的政策依据

在探讨线上线下混合式翻转课堂教学的政策依据时,我们首先需要关注教育部关于一流本科课程建设的实施意见。这一政策文件不仅是中国高等教育发展的重要里程碑,也为教学模式的创新和改革提供了坚实的理论和政策支持。在当前的教育环境下,随着技术的快速发展和学生需求的不断变化,传统的教学模式正面临着重大的挑战。为了应对这些挑战,提高教学质量和效率,教育部的这一实施意见强调了教学创新的必要性,特别是在提升本科教学内容和方法上的重要性。在这个背景下,混合式翻转课堂作为一种创新的教学模式,不仅符合教育部的政策导向,而且能够有效地响应新时代教育的需求,为提升教学质量和学生学习体验提供了新的可能性。

一、教育部关于一流本科课程建设的实施意见

教育部关于一流本科课程建设的实施意见(教高〔2019〕8号)是中国高等教育发展的重要里程碑,它不仅体现了对教育质量的高度重视,也为本科教学的改革和提升指明了方向。这一政策文件的核心在于通过深化教育教学改革,全面提升本科课程的质量,从而构建更高水平的人才培养体系。

政策背景与目标:教育部的实施意见是在新时代背景下,为了进一步提升本科教育质量而制定的。这一政策的核心目标是通过深化教育教学改革,建设一流本科课程,从而全面提升人才培养的质量。实施意见提出了"双万计划",即计划在三年左右的时间内,建成万门左右国家级和万门左右省级一流本科课程。

指导思想与总体要求:实施意见强调以习近平新时代中国特色社会主义思想为指导,贯彻落实党的十九大精神。其核心是落实立德树人的根本任务,深入挖掘各类课程和教学方式中蕴含的思想政治教育元素。这一指导思想要求高校在课程建设中注重思想性和时代性,同时也强调了教学内容和方法的创新。

基本原则:实施意见提出了几个基本原则,包括坚持分类建设、扶强扶特、提升高阶性、突出创新性和增加挑战度。这些原则旨在引导高校根据自身特色和人才培养目标,建设适应不同类型人才需求的一流课程。特别是提升高阶性和突出创新性的原则,鼓励高校在课程内容和教学方法上进行创新,以培养学生的综合能力和高级思维。

建设内容:实施意见中的建设内容涉及多个方面,包括转变观念、目

标导向、提升能力、改革方法、科学评价、强化管理和政策激励等。这些内容旨在全面提升课程的质量和教学效果。1. 转变观念:强调需要以新理念引领一流本科课程建设,确立学生中心、产出导向、持续改进的理念。2. 目标导向:侧重于根据经济社会发展需求和人才培养目标,优化重构教学内容与课程体系。3. 提升能力:强调提升教师的教学能力,包括实现青年教师上岗培训全覆盖和教师职业培训、终身学习全覆盖。4. 改革方法:提倡创新教学方法,强化现代信息技术与教育教学的深度融合。5. 科学评价:强调激发学习动力和专业志趣,完善过程评价制度。6. 强化管理:提高制度执行力,严格课程管理。7. 政策激励:制定以教学贡献为核心内容的激励政策,加大课程建设的支持力度。

由此可见,教育部关于一流本科课程建设的实施意见为提升本科教学质量提供了明确的政策指导和原则。这些政策和原则不仅指明了高等教育发展的方向,也为高校在课程内容和教学方法上的创新提供了坚实的政策基础。通过这些政策的实施,高校能够更好地响应教育部的要求,有效提升教学质量和学生的学习体验。

教育部关于一流本科课程建设的实施意见,作为中国高等教育领域的重要政策文件,为混合式翻转课堂的推广和实施提供了坚实的支持和鼓励。这一政策不仅反映了对教育质量提升的迫切需求,也体现了对教学方法创新的高度重视。以下是对该政策如何支持和鼓励采用混合式翻转课堂模式的详细分析。首先,教育部的实施意见强调了教学方法的创新性和互动性,这与混合式翻转课堂的核心理念高度契合。混合式翻转课堂通过结合线上自主学习和线下互动教学,正体现了这种创新性。在这种模式下,学生在课外通过在线资源进行自主学习,然后在课堂上参与更深入的讨论和实践活动。这种方法有效地将现代信息技术与教育深度融合,符合政策中对教学方法创新的要求。其次,实施意见中提出的提升学生综合能力、重塑课程内容、创新教学方法等目标,可以通过混合式翻转课堂有效实现。这种教学模式能够激发学生的学习兴趣,提高他们的参与度和学习成效。混合式翻转课堂通过提供个性化和灵活的学习体验,有助于学生更好地理解和吸收课程内容,同时培养他们的批判性思维、团队合作和沟通能力。此外,实施意见鼓励现代信息技术与教育的深度融合,而混合式翻转课堂正是这一理念的实践体现。通过在线学习平台和数字化教学工具,混合式翻转课堂能够提供更加丰富和灵活的学习资源。在线部分的自主学习使学生能够根据自己的节奏和兴趣进行学习,而线下部分的互动教学则强化了学生的实践能力和创新思维。

综上所述,教育部关于一流本科课程建设的实施意见不仅为提升本科教学质量提供了政策支持,而且为混合式翻转课堂的推广和应用提供了明确的方向和强有力的支持。通过采用混合式翻转课堂,高校能够更好地响应教育部的政策要求,有效提升教学质量和学生的学习体验。随着教育技术的不断发展,混合式翻转课堂将在未来的高等教育中发挥越来越重要的作用。

二、对教育部相关政策的解读

中国教育部发布的《关于一流本科课程建设的实施意见》和《"双万计划"国家级一流本科课程推荐认定办法》代表了中国高等教育领域的重大政策转变,旨在提升本科教学质量和推动教学方法的创新。这些政策文件对于混合式翻转课堂的实施和推广具有重要的指导意义。

《关于一流本科课程建设的实施意见》强调了教学方法的创新性和互动性,鼓励教师采用新技术和教学手段,以提高学生的学习效率和参与度。这一点与混合式翻转课堂的教学理念高度契合,后者通过结合线上自主学习和线下互动教学,有效地实现了教学方法的创新。在这种模式下,学生在课外通过在线资源进行自主学习,然后在课堂上参与更深入的讨论和实践活动。这种方法有效地将现代信息技术与教育深度融合,符合政策中对教学方法创新的要求。

实施意见中提出的提升学生综合能力、重塑课程内容、创新教学方法等目标,可以通过混合式翻转课堂有效实现。这种教学模式能够激发学生的学习兴趣,提高他们的参与度和学习成效。混合式翻转课堂通过提供个性化和灵活的学习体验,有助于学生更好地理解和吸收课程内容,同时培养他们的批判性思维、团队合作和沟通能力。

《"双万计划"国家级一流本科课程推荐认定办法》提出了多种类型的

一流本科课程,包括线上课程、线下课程、线上线下混合式课程等,这反映了对教学多样性的重视。特别是对线上线下混合式课程的强调,显示了对混合式翻转课堂模式的支持。政策中对课程质量的要求非常高,这促使高校在课程设计和教学实施中不断追求创新和卓越。这将直接推动教学内容的更新和教学方法的改进。

在实际教学中,这些政策的实施将鼓励教师探索更多创新的教学方法,如混合式翻转课堂,从而提高教学质量和学生的学习体验。这些政策还将促进教育技术的发展和应用,使得教学活动更加多元化和个性化,满足不同学生的学习需求。高校将更加注重教学团队的建设和教师素质的提升,从而提高教学效果和学生的满意度。

综上所述,《教育部关于一流本科课程建设的实施意见》和《"双万计划"国家级一流本科课程推荐认定办法》为高等教育的发展和教学方法的创新提供了明确的指导和支持。这些政策不仅鼓励教师采用创新的教学方法,如混合式翻转课堂,还促进了教育技术的发展和应用。通过这些政策的实施,高校能够提升教学质量,满足学生的多样化学习需求,从而在未来的高等教育中发挥更大的作用。

第三节　线上线下混合式翻转课堂教学的理论基础

一、翻转课堂的理论背景

翻转课堂作为一种创新的教学模式,在全球教育领域引起了广泛关注。它的核心理念是改变传统教学模式中教师和学生的角色,将课堂内外的学习活动重新组织,以促进学生的主动学习和批判性思维的发展。

翻转课堂的概念最早可以追溯到20世纪的教育实践,但它在21世纪初才开始得到广泛的关注和应用。最初的翻转课堂模式是由两位美国高中教师,乔纳森·伯格曼和亚伦·桑姆斯在2007年提出的。他们通过录制视频讲座供学生在课外观看,而将课堂时间用于讨论、实践和个性化辅导，从而实现了课堂教学的"翻转"。这一模式迅速在全球范围内获得了认可和推广，尤其是随着互联网和数字技术的发展，翻转课堂模式得以更加广泛和深入地应用于各级各类教育中。

翻转课堂作为一种教育创新模式，其理论基础深植于多个教育心理学理论，主要包括构造主义学习理论、认知负荷理论和自我决定理论。这些理论共同构成了翻转课堂的理论框架，为其实践提供了坚实的理论支持。

构造主义学习理论认为学习是一个主动的、建构的过程，学生通过与现有知识的互动来构建新的理解(Vygotsky, L.S., 1978)。这一理论的核心观点是，知识不是被动接受的，而是通过学生与环境的互动而主动构建的。在翻转课堂中，这一理论体现在学生在课外通过观看视频、阅读材料等方式主动获取知识，然后在课堂上通过讨论、实践活动与教师和同学的互动中加深对知识的理解和应用。这种模式鼓励学生从被动的知识接受者转变为主动的知识构建者。

认知负荷理论强调在学习过程中应合理分配认知资源(Sweller, J., 1988)。这一理论认为，学习效率受到认知资源(如注意力、记忆力)的限制。翻转课堂通过将信息的传递(如观看视频讲座)和深入理解(如课堂讨论和实践)分开，帮助学生更有效地管理认知负荷。在课外，学生可以根据自己的节奏处理新信息，减少了认知过载；在课堂上，通过互动和实践活动加深理解，提高了学习效率。

自我决定理论认为，当个体感到自主性、能力感和归属感时，他们的内在动机会增强(Ryan, R.M., & Deci, E.L., 2000)。在翻转课堂中，这一理论体现在为学生提供更多的自主学习机会，增强学生的自主性和能力感。学生可以根据自己的兴趣和节奏在课外学习，这增加了学习的自主性；而在课堂上，通过教师的指导和同伴的支持，学生能够感受到归属感和能力感的提升。

翻转课堂的理论基础涵盖了构造主义学习理论、认知负荷理论和自我决定理论，这些理论为翻转课堂提供了坚实的理论支撑。通过将这些理论应用于实践，翻转课堂不仅促进了学生的主动学习，还提高了学习效率和学生的内在动机，为现代教育提供了一种有效的教学模式。随着教育技术的发展和教育理念的不断更新,翻转课堂将继续在教育领域发挥重要作用,促进教育的创新和发展。

此外,翻转课堂模式要求学生在课外主动学习,这不仅使学生在获取知识的过程中更加主动,也使他们在课堂上更加积极参与。学生需要在课外预习新的知识点,然后在课堂上通过讨论、提问和实践活动来深化理解。这种教学模式鼓励学生提出问题、参与讨论和批判性思考,从而培养了他们的批判性思维能力。在翻转课堂中,学生不再是被动接受知识的容器,而是需要主动分析、评价和应用所学知识。这种教学模式鼓励学生提出问题、参与讨论和批判性思考,从而培养了他们的批判性思维能力。

综上所述,翻转课堂作为一种创新的教学模式,不仅有着深厚的理论基础,而且在实践中显示出了极大的潜力。它通过改变传统的教学模式,促进了学生的主动学习和批判性思维的发展,为现代教育提供了新的视角和方法。随着教育技术的不断发展和教育理念的更新,翻转课堂将继续在全球范围内得到推广和应用,为提升教育质量和效率做出重要贡献。

二、混合式教学的原理

混合式教学,作为现代教育领域的一个重要概念,已经在全球范围内得到了广泛的应用和研究。它通过结合传统的面对面教学和现代的在线学习,创造了一个多元化和灵活的教学环境,旨在提高教学效果和学生的参与度。

混合式教学(Blended Learning)是指将传统的面对面教学和在线学习结合起来的教学模式(arrison, D. R., & Kanuka, H., 2004)。这种模式允许学生通过在线平台进行自主学习,同时也在课堂上进行面对面的互动和讨论。混合式教学的核心在于利用技术的优势来增强教学效果,同时保留传统教学中人际互动的优点。

混合式教学有多种不同的模型,每种模型都有其独特的特点和应用场景。以下是常见的四种混合式教学模型:(1)旋转模型(Rotation Model)。旋转模型是混合式教学中最常见的一种形式。在这个模型中,学生在课堂内部按照固定的时间表或活动计划在不同的学习站点之间旋转。这些站点可能包括面对面教学、在线学习、小组活动或个别辅导。旋转模型允许教师根据学生的学习进度和需求灵活调整教学内容和策略(Horn, Michael B., and Heather Stake, 2017)。(2)自定节奏模型(Selfblended Model)。自定节奏模型允许学生在主要通过在线课程进行学习的同时,也可以参加传统的课堂教学。这种模式特别适合于自我驱动、独立学习能力较强的学生。学生可以根据自己的学习节奏和兴趣选择课程,从而实现个性化学习(Staker, Heather, and Michael B. Horn, 2012)。(3)灵活模型(Flex Model)。灵活模型中,大部分教学活动都是在线进行的,而面对面的教学则根据学生的需要灵活安排。这种模式适用于需要高度个性化的教学环境,如特殊教育或高级课程。学生在这种模式下拥有更大的自主性,可以根据自己的进度和兴趣选择学习内容(Staker, Heather, and Michael B. Horn, 2012)。(4)富集虚拟模型(Enriched Virtual Model)。富集虚拟模型是一种混合了面对面教学和完全在线学习的模式。学生在家通过在线课程学习,定期到学校参加面对面的教学活动。这种模式结合了在线学习的灵活性和面对面教学的互动性,适用于那些需要灵活学习安排但又不愿完全放弃传统课堂互动的学生(Staker, Heather, and Michael B. Horn, 2012)。这几种混合式教学模型展示了教育技术和传统教学方法结合的多种可能性,为不同类型的学习者提供更加个性化和有效的学习途径。随着教育技术的不断发展,这些模型将继续演变,以更好地适应学生和教育环境的变化。

混合式教学作为一种结合了传统教学和现代技术的教育模式,其成功实施依赖于一系列关键原则的遵循。这些原则不仅确保了教学活动的有效性,而且增强了学生的学习体验。以下是混合式教学的五个关键原则:(1)以学生为中心。混合式教学的核心是以学生为中心,这意味着教学活动应围绕学生的需求和学习风格来设计。在这种模式下,教师应识别并适应不同学生的学习节奏、兴趣和能力,从而提供个性化的学习体验。学生中心的教学方法鼓励学生积极参与学习过程,增强他们的自主性和参与度(Bonk, Curtis J., and Charles R. Graham, 2012)。(2)技术的有效整合。在混合式教学中,技术的作用不仅限于信息传递的工具,更是促进学习的重要媒介。教师应有效整合各种技术工具,如在线学习平台、数字化工具和多媒体资源,以提高教学效果和学生的参与度。合理利用技术可以帮助学生更好地理解复杂概念,同时提供更多样化的学习材料(Garrison, D. Randy, and Norman D. Vaughan, 2008)。(3)互动与合作。混合式教学强调面对面教学活动中的互动和合作。通过小组讨论、项目合作和同伴学习等活动,学生可以在互动中加深对知识的理解,并培养团队合作和沟通能力。这种互动性不仅有助于学生更好地掌握知识,还能够促进批判性思维和创新能力的发展(Graham, Charles R, 2006)。(4)个性化学习路径。混合式教学应提供个性化的学习路径,允许学生根据自己的兴趣和能力选择学习内容和活动。这种个性化的方法有助于提高学生的学习动机和成效,同时也能够满足不同学习背景和需求的学生。个性化学习路径可以通过自适应学习系统、学习分析和学生选择的项目来实现(Dziuban, Charles, et al, 2018)。这些原则共同构成了混合式教学的基础,确保了教学活动的有效性和学生学习体验的丰富性。随着教育技术的不断发展,混合式教学将继续演变,以更好地适应学生和教育环境的变化。

混合式教学作为一种创新的教学模式,通过结合线上和线下的教学元素,为学生提供了一个灵活、互动和个性化的学习环境。这种模式不仅优化了教学方法,还提高了学习效果,特别是在促进学生的主动学习、提高参与度和理解深度方面。随着教育技术的不断发展,混合式教学将继续在教育领域发挥重要作用。

三、《地方政府学》线上线下混合式课程

将翻转课堂和混合式教学的理论与实践应用于《地方政府学》这门课程,可以极大地提升教学效果和学生的学习体验。这种教学模式不仅适应了现代教育技术的发展趋势,也满足了学生对于灵活、互动和实践型学习的需求。

翻转课堂模式适合于《地方政府学》这样的课程,因为它允许学生在课外通过自主学习掌握基础理论,而将宝贵的课堂时间用于深入讨论和实践应用。在课外,学生可以通过观看视频讲座、阅读相关文献和案例研

究来初步了解地方政府的基本概念、运作机制和政策分析等内容。这种自主学习方式使学生能够在进入课堂之前就对课程内容有基本的理解和思考。然后,在课堂上,教师可以组织讨论、案例分析和角色扮演等活动,让学生深入探讨地方政府的实际问题和案例。这种互动式教学有助于学生批判性地思考问题,提高他们分析和解决问题的能力。

混合式教学通过结合线上自学和线下互动,为《地方政府学》提供了一个灵活多样的学习环境。通过线上学习平台提供课程材料、讲座视频、讨论论坛和在线测试,学生可以在平台上自主学习,参与在线讨论,并通过测试来检验自己的学习成果。同时,线下课堂教学可以集中于讨论、实践活动和教师的个别指导,以加深学生对知识的理解。

在设计《地方政府学》课程时,应将理论知识和实际案例相结合。线上材料应涵盖理论知识,而线下活动则应侧重于实际应用和批判性分析。合理利用教育技术,如在线课程平台、互动软件和多媒体工具,来支持学生的线上学习和线下课堂互动。结合线上和线下的学习活动,设计多元化的评估方法,包括在线测试、课堂表现、小组项目、案例分析报告和个人反思日志等。

通过这种方式,翻转课堂和混合式教学的理论与实践被有效地应用于《地方政府学》这门课程,不仅提升了学生的学习动机和参与度,还增强了他们的批判性思维和实际应用能力。这种教学模式为学生提供了一个更加动态和互动的学习环境,促进了学生的深入学习和批判性思维的发展,从而提高了教学质量和学生的学习成效。

第二章
地方政府学线上线下混合式翻转课堂教学的目标

为适应新时代的教育需求和挑战,教育领域正经历着前所未有的变革,特别是在技术的融入和教学方法的创新方面。更新课程内容和教学方法以适应当代地方政府面临的挑战和机遇,这不仅涉及课程内容的更新,更重要的是教学方法的创新,以确保学生能够在理论和实践之间建立有效的联系。我们旨在为《地方政府学》课程的教学提供一个清晰的方向,以应对新时代的挑战,并为学生的全面发展奠定坚实的基础。

第一节 适应新时代需求的发展方向

一、响应社会变革的课程更新

在当今社会政治环境下,地方政府学课程内容的更新和调整显得尤为重要。这一变化不仅反映了社会政治动态的影响,也体现了教育内容与时俱进的必要性。当前的社会政治环境由快速变化的政策、技术革新、全球化趋势以及公民参与意识的提升等特点定义。这些变化对地方政府的运作方式产生了深远影响,包括政策制定、公共服务提供、社区参与和资源管理等方面。例如,数字化转型正在改变地方政府的服务交付方式,而全球化则带来了更加复杂的经济和环境挑战。

首先，来自政策制定与实施的新挑战。随着全球化和政治环境的快速变化，地方政府需要应对一系列复杂的政策制定和实施挑战（肖文涛，2004；Sellers, J.M., & Kwak, S.Y., 2011）。这包括如何在多元利益的博弈中制定有效的地方政策，以及如何应对全球化带来的经济和社会挑战，例如移民、环境保护和经济发展等。课程内容需要更新，以包含这些新的政策议题和解决方案，同时也要考虑到地方政府在全球化背景下的角色和责任。其次，技术革新的融入带来的挑战。信息和通信技术的发展对地方政府的运作方式产生了深远的影响（Meijer, A.J., & Bolívar, M.P.R., 2016）。数字化政府和电子治理成为提高政府透明度、效率和公民参与的重要工具。课程内容应包括如何利用这些技术进行数据驱动的决策过程，以及如何通过技术提高公共服务的质量和可及性。此外，还应探讨数字化带来的挑战，如数据安全和隐私保护。再次，公民参与和社区治理带来的挑战。在当前的社会政治环境中，公民对参与地方治理的需求日益增长。地方政府学课程应包括社区参与、公民参与策略和合作治理等内容，以反映公民参与意识的提升（Yang, K., & Callahan, K., 2007）。这包括如何有效地组织公民论坛、利用社交媒体进行公民参与，以及如何在决策过程中考虑公民的声音。最后，环境可持续性与资源管理带来的挑战。环境可持续性和资源管理是地方政府面临的重要挑战。课程内容需要包括可持续发展的概念、环境政策的制定和实施，以及如何在地方层面有效管理自然资源。这包括探讨城市规划、能源管理和环境保护政策等方面，以及如何平衡经济发展和环境保护的需求。当前社会政治环境对地方政府学课程内容的影响是多方面的。课程内容的更新和调整应当反映出对这些变化的理解和应对策略。通过将这些现代挑战和趋势融入课程，可以确保地方政府学的教学内容不仅与时俱进，而且能够为学生提供处理现实世界问题所需的知识和技能。

在当代社会政治环境中，地方政府学课程的教学内容和教学方法更新成为了一项重要的教学任务。这种更新不仅要求课程内容与时俱进，还要求教学方法的创新和技术的有效应用。为了适应当代地方政府的挑战和机遇，课程内容需要进行相应的调整，以确保学生能够有效地理解和应对这些挑战和机遇。

当前社会政治环境的主要特点包括全球化、技术革新、政策多样性和公民参与度的增加。全球化带来了更加复杂的政治经济关系，技术革新（尤其是信息技术）改变了政府运作的方式，政策多样性要求地方政府在处理社会问题时更加灵活和创新，公民参与的增加则要求政府更加透明和负责。因此，更新《地方政府学》课程内容，以反映这些变化，变得尤为重要。

首先，课程内容需要融入全球化视角，分析全球化对地方政府政策制定和执行的影响。讨论地方政府如何在全球化背景下处理经济、环境和社会问题。其次，强调信息技术在地方政府管理中的作用。探讨如何利用大数据、人工智能等技术提高政府服务的效率和质量。此外，分析不同地区和背景下的政策制定和实施案例。讨论地方政府如何在多元化的社会环境中制定和执行有效的政策。最后，探讨公民参与在地方政府决策中的重要性。分析如何通过提高政府透明度和鼓励公民参与来提升政策的有效性和公众的满意度。

在《地方政府学》的教学方法上，采用线上线下混合式翻转课堂的方法为课程带来了创新和活力。这种教学模式结合了线上自主学习的灵活性和线下互动教学的深度，旨在优化学习过程，使之更加高效和个性化。通过在线案例研究和数字化工具的应用，学生可以在课外自主学习地方政府的案例，了解不同地方政府在政策制定和执行中的实际情况。这种方法有助于学生在理论学习的基础上，进行实际操作和分析。

在课堂上，教师可以组织基于学生在线学习的案例讨论。通过小组讨论、角色扮演和模拟决策等活动，学生可以将线上学习的理论知识应用于实际情境中，提高理解和批判性思考能力。此外，利用在线学习平台和数字化工具来支持学生的学习，如使用在线论坛促进课外讨论，或者使用数据分析软件进行政策分析，增强了学生的参与度和学习兴趣。

结合线上自主学习和线下互动教学的策略，学生在课前通过在线平台进行自主学习，然后在课堂上参与深入的讨论和实践活动。这种模式确保了学生能够在掌握基础知识的基础上，进行更深层次的学习和应用。通过这种方式，线上线下混合式翻转课堂教学方法不仅提升了《地方政府学》课程的教学效果，也增强了学生的学习动机和参与度。

通过这种教学方式，可以确保学生能够在理解地方政府运作的同时，培养解决实际问题的能力。关于地方政府学和教育改革的更多信息。

二、技术进步与教学方法的革新

在当今时代，技术的快速发展正在深刻地影响教育领域，特别是在教学方法的创新上。技术进步不仅为教育提供了新的工具和平台，而且也带来了教学理念和实践的变革。在《地方政府学》这样的课程中，利用新技术提升教学效果已成为一种必要的趋势。

信息技术的迅速发展正在深刻地改变教育领域，尤其是在教学方法上（Bates, A.W., 2015）。随着数字化学习资源的日益丰富，教育技术如在线学习平台、虚拟现实（VR）、增强现实（AR）、人工智能（AI）和大数据等正在逐渐改变传统的教学模式。这些技术的应用不仅提高了教学的可访问性和灵活性，还增强了学习体验的互动性和实用性。

在线学习平台的出现使得资源共享和远程教学成为可能。这些平台打破了地理和时间的限制，使学生可以随时随地访问课程材料、参与在线讨论和协作。例如，平台如中国大学慕课（MOOC）和智慧树等提供了从国内各地顶尖大学的广泛课程，使学生能够接触到多样化的学习资源。这种灵活性对于忙碌的学生或在偏远地区的学生尤其重要，因为它们可以根据自己的时间表进行学习。

VR和AR技术通过模拟真实或虚构的环境，为学生提供了沉浸式学习体验。例如，VR可以用于模拟复杂的手术过程，使医学生在没有风险的情况下进行实践。AR技术则可以将数字信息叠加到真实世界中，如通过手机或特殊眼镜查看历史遗迹的历史信息。这些技术使学习变得更加生动和实际，从而提高学生的参与度和学习效果。

AI技术在教育中的应用正在变得越来越普遍。AI可以用于个性化学习内容，根据学生的学习进度和风格调整教学策略。例如，AI系统可以分析学生的学习习惯和测试成绩，然后提供定制化的学习建议和资源。此外，AI也可以用于自动评分和提供反馈，减轻教师的工作负担，使他们能够专注于更高层次的教学活动。

大数据分析在教育中的应用可以帮助教师更好地理解学生的学习行为和成效。通过收集和分析学生的在线学习数据，教师可以发现学生的学习模式、强项和弱点。这些信息对于优化教学方法和提高教学效果至关重要。例如，教师可以根据数据分析结果调整教学内容和节奏，或者提供更多针对性的支持和资源。

综上所述，信息技术的发展为教育领域带来了深远的影响，尤其是在教学方法的创新上。通过有效地利用这些新技术，教育者可以提供更加个性化、互动和实用的学习体验。随着技术的不断进步，未来的教育将继续见证教学方法的创新和变革。

在《地方政府学》的教学中，利用新兴技术提升教学效果已成为一种重要趋势。随着信息技术的快速发展，教育领域正在经历一场革命，其中在线学习平台、人工智能（AI）、大数据、虚拟现实（VR）和增强现实（AR）等技术的应用，为传统教学方法带来了新的可能性和挑战。

在线学习平台为《地方政府学》提供了一个灵活且丰富的学习环境。通过这些平台，教师可以上传视频讲座、互动模拟和案例研究等数字化学习材料，使学生能够在课外进行自主学习。这种学习方式不仅增加了学生对课程内容的接触时间，还允许他们根据自己的学习节奏进行学习。例如，学生可以重复观看难以理解的讲座部分，或者在在线论坛上与同学和教师讨论疑难问题，从而更好地准备课堂讨论和活动。

AI和大数据技术在个性化学习和评估学生学习成效方面发挥着重要作用。AI系统可以根据学生的在线学习行为和成绩分析其学习模式，从而提供定制化的学习建议和资源。例如，如果一个学生在某个特定主题上表现不佳，AI系统可以推荐额外的学习材料或练习。此外，大数据分析可以帮助教师了解整个班级的学习趋势，从而调整教学策略，以满足不同学生的需求。

VR和AR技术为《地方政府学》带来了沉浸式学习体验。通过模拟地方政府的决策过程或政策影响，这些技术可以提供一个接近真实的学习环境。例如，学生可以通过VR体验身处城市规划会议中，参与讨论和决策过程。AR技术则可以将复杂的数据和政策分析以直观的方式展现，帮助学生更好地理解和分析政策的影响。

将这些技术整合到《地方政府学》的教学中,不仅可以提高学生的学习动机和参与度,还可以增强他们的理解和批判性思维能力。在线学习平台提供了灵活的学习方式,AI和大数据带来个性化的学习体验,而VR和AR技术则提供了实践和体验学习的机会。这种综合应用新技术的教学方法,有助于学生更全面地理解地方政府的运作和挑战。

综上所述,新兴技术的应用正在改变《地方政府学》的教学方式。通过有效地利用这些技术,可以提高教学效果,增强学生的学习体验,并培养他们的批判性思维和实际操作能力。随着技术的不断进步,未来的教育将继续见证教学方法的创新和变革。

第二节 实现大数据时代高校教学改革

在当今的大数据时代,高等教育领域正经历着一场由数据驱动的变革(Daniel, B.K., 2015)。大数据技术的应用不仅为教育研究和教学实践提供了新的视角和方法,而且也为提高教育质量和效率开辟了新的途径。

一、大数据在教学中的应用

在高等教育中,大数据的应用前景广阔,涉及学生行为分析、课程设计优化、教学质量提升、教育决策支持和教学方法改革等多个方面(Siemens, G., & Long, P., 2011)。

大数据技术使得教育工作者能够收集和分析学生在学习过程中产生的大量数据。这些数据包括学生的在线学习活动、参与度、学习成果和反馈等。通过对这些数据的分析,教师可以更好地理解学生的学习习惯、偏好和挑战,从而为每位学生提供更加个性化的学习支持。例如,通过分析学生在线上课程中的互动数据,教师可以发现哪些内容对学生来说较难理解,进而调整教学策略或提供额外的辅导。

大数据技术还可以用于优化课程设计。通过分析大量的教学数据,教育工作者可以识别哪些教学方法最有效,哪些课程内容需要改进。例如,通过分析学生的成绩和反馈,教师可以了解哪些教学活动最能激发学生的兴趣和参与,哪些评估方法最能准确地衡量学生的学习成果。这些信息对于设计更加有效和吸引人的课程至关重要。

大数据技术的应用还有助于提升教学质量。通过对大量教学活动和学生反馈的数据分析,高校可以评估教师的教学效果,识别教学中的优势和不足。此外,大数据分析还可以揭示不同教学方法对不同类型学生的影响,帮助教师更有效地适应学生的多样性。

在高等教育管理层面,大数据技术提供了强大的决策支持工具。通过分析学生录取、留存率、毕业率和就业数据,高校管理者可以更好地理解和改进学校的教育质量和运营效率。例如,通过分析历年的录取数据,高校可以优化招生策略,吸引更多符合学校定位的优秀学生。

大数据技术对教学方法的改革产生了深远的影响,特别是在高等教育领域。这种影响体现在教学方法的个性化、实时反馈机制的建立以及基于数据的教学决策制定上。大数据不仅改变了教师教授课程的方式,还改变了学生学习的方式。数据技术使得教师能够根据学生的学习习惯、能力和需求来个性化教学内容和方法。通过分析学生的在线行为、参与度和学习成绩,教师可以识别学生的学习风格和需求,从而提供更加定制化的教学支持。例如,对于那些在特定主题上表现不佳的学生,教师可以提供额外的资源或者调整教学策略,以帮助他们克服学习障碍。这种个性化的教学方法有助于提高学生的学习效率和成绩。大数据技术还为教师和学生提供了实时反馈机制。通过持续收集和分析学习数据,教师可以及时了解学生的学习进度和问题所在,及时调整教学方法和内容。同时,学生也可以通过这些数据了解自己的学习表现,及时调整学习策略。这种实时反馈机制使得教学和学习过程更加透明和高效。大数据技术还促进了基于数据的教学决策制定。通过分析大量的教学数据,教育工作者可以更准确地评估教学方法的有效性,识别教学中的优势和不足。这些数据可以用于指导教学改革,如调整课程结构、引入新的教学工具和方法。此外,大数据分析还可以揭示不同教学方法对不同类型学生的影响,帮助教师更有效地适应学生的多样性。

总之,大数据技术对高等教育中的教学方法改革产生了显著影响。它不仅使教学方法更加个性化和高效,还为教师和学生提供了实时反馈机制,促进了基于数据的教学决策制定。随着技术的不断发展,大数据将继续在教育领域发挥重要作用,推动教学方法的创新和改进。

在大数据时代,高校教学正经历着一场深刻的变革,其中《地方政府学》的教学策略也不例外。大数据的应用为教育提供了前所未有的机会,特别是在优化教学策略方面。大数据帮助教师优化《地方政府学》教学方法可从以下几方面展开:

(一)个性化教学:大数据分析可以揭示学生在《地方政府学》课程中的学习偏好和难点。教师可以利用这些信息来设计个性化的教学计划,针对不同学生的需求提供定制化的学习材料和活动。

(二)课程内容的优化:通过分析学生对课程内容的反应,教师可以调整和优化课程结构和材料。例如,如果数据显示学生在某个特定主题上表现不佳,教师可以增加该主题的教学时间,引入更多实例或互动活动。

(三)教学方法的创新:大数据还可以帮助教师识别哪些教学方法最有效。通过分析不同教学活动对学生学习成效的影响,教师可以更有针对性地采用有效的教学策略,如案例研究、小组讨论或模拟演练。

(四)学习成果的评估:大数据分析还可以用于评估学生的学习成果。通过对学生的成绩、作业和项目进行综合分析,教师可以更准确地评估学生对《地方政府学》课程的掌握程度。

虽然大数据在教育中提供了许多机遇,但也带来了一些挑战。例如,数据的收集和处理需要遵守隐私和伦理原则。此外,教师需要具备一定的数据分析能力,才能有效地利用这些数据(Baker, R. S., & Inventado, P. S., 2014)。因此,高校需要提供相应的培训和资源,以支持教师在大数据时代的教学。

总之,大数据为《地方政府学》等课程的教学提供了新的视角和工具。通过有效地利用大数据,教师可以更好地理解学生的需求,优化教学内容和方法,从而提高教学效果。随着技术的不断进步,大数据在教育领域的应用将继续扩展,为教育改革和创新提供强大的支持。

二、数据驱动的教学决策

在当今的教育领域,数据驱动的教学决策正在成为一种越来越重要的趋势。通过数据分析,教师能够更有效地改进教学方法和提高学习成效。这种方法的核心在于利用收集到的教育数据来指导教学实践,从而实现更加个性化和高效的教学。

数据分析在教学中的应用主要涉及对学生学习行为、成绩、参与度等方面的数据进行收集和分析。这些数据可以来自多种渠道,包括在线学习平台、学习管理系统、学生反馈和成绩记录等。通过对这些数据的分析,教师可以获得关于学生学习过程的深入洞察,从而做出更加有针对性的教学决策。

在改进教学方法上,数据驱动的教学决策主要体现在以下几方面:1. 个性化学习路径的设计:数据分析可以揭示学生的学习偏好和难点,使教师能够为每个学生设计个性化的学习路径。例如,对于在特定主题上表现不佳的学生,教师可以提供额外的学习资源或安排更多的辅导时间。2. 互动和参与度的提升:通过分析学生在课堂上的互动和参与情况,教师可以调整教学方法,以提高学生的参与度。例如,如果数据显示学生在小组讨论中更加活跃,教师可以增加课堂上的小组活动。3. 教学内容的优化:数据分析还可以帮助教师识别哪些教学内容对学生来说最具挑战性,从而调整教学计划,确保所有学生都能有效地掌握核心概念。

在提高学习成效上,数据驱动的教学决策主要体现在以下几方面:1. 成绩和表现的分析:通过对学生的成绩和表现进行综合分析,教师可以更准确地评估学生的学习成效。这种分析可以帮助教师识别学生在学习过程中的强项和弱点,从而提供更有针对性的支持。2. 及时反馈和调整:数据分析使教师能够及时获得关于学生学习进度的反馈,从而快速调整教学策略。例如,如果数据显示学生在某个单元的理解程度不足,教师可以立即采取措施,如复习该单元或提供额外的学习材料。3. 学习成果的预测:高级数据分析技术,如机器学习,可以用来预测学生的学习成果。这种预测有助于教师提前识别可能需要额外支持的学生,从而采取相应的干预措施。

总体而言，数据分析为教育提供了一种强大的工具，使教师能够更有效地改进教学方法和提高学习成效。在未来，随着教育技术的不断发展，数据驱动的教学决策将在提高教育质量和促进学生成功方面发挥越来越重要的作用。

第三节　提升高校学生培养从知识传输向能力培养转变

在高等教育中，尤其是在《地方政府学》这类课程中，如何实现教学模式的根本转变。这种转变不仅仅是教学内容的更新，更是教学方法和目标的深刻变革。在这一节中，我们将重点讨论如何从传统的知识传输模式转向更加注重能力培养的教学模式，特别是如何培养学生的批判性思维和实践能力。

在当前的教育环境中，学生不仅需要掌握理论知识，更需要能够将这些知识应用于实际问题的解决中。因此，教育的重点正在从简单的知识传授转向综合能力的培养，特别是批判性思维和实践能力的发展。这种能力的培养对于学生未来的职业生涯和个人成长至关重要，尤其是在复杂多变的现代社会中。通过实践活动、案例研究、项目工作等教学方法，学生可以在真实或模拟的环境中学习和成长，从而更好地准备迎接未来的挑战。在接下来的讨论中，我们将深入分析如何在《地方政府学》课程中实施这种教学模式的转变，以及这种转变对学生学习成效的积极影响。

一、培养学生的批判性思维和实践能力

在当代高等教育中，培养学生的批判性思维能力是至关重要的。混合式翻转课堂，作为一种创新教学模式，提供了一个极佳的平台来促进这一能力的发展。这种教学模式结合了线上自主学习与线下互动教学，为学生提供了更多的机会来发展和练习批判性思维。

批判性思维是指能够客观分析和评估问题以形成判断的能力（Brookfield, Stephen D., 2011）。在快速变化的现代社会中，这种能力对于学生来说至关重要，不仅在学术上，在日常生活和未来的职业生涯中也同样重要。批判性思维能够帮助学生更好地理解复杂问题，做出合理决策，并在面对不同观点和信息时保持开放和客观的态度。

混合式翻转课堂的各个阶段在培养批判性思维中发挥着很大作用。混合式翻转课堂通过结合线上学习和线下互动，为学生提供了一个理想的环境来发展批判性思维。在这种模式下，学生在课外通过线上平台自主学习理论知识，然后在课堂上通过讨论、案例分析和实践活动来深化理解和应用这些知识。首先，在线上学习阶段，学生可以通过观看视频讲座、阅读相关材料和参与在线讨论来独立探索课程内容。这一阶段鼓励学生主动寻找信息，提出问题，并对所学内容进行初步的批判性思考。其次，线下互动教学阶段：在课堂上，教师可以组织基于学生在线学习的深入讨论和案例分析。通过小组讨论、辩论和角色扮演等活动，学生被鼓励挑战现有观点，提出自己的见解，并批判性地评估不同的论点。最后，案例研究和实践应用阶段：通过分析真实世界的案例，学生可以将理论知识应用于实际情境中，从而加深对复杂问题的理解。这种方法鼓励学生从多个角度审视问题，并发展出独立和批判性的思考方式。

为了有效地通过混合式翻转课堂促进批判性思维，教师需要采用一系列创新的教学策略和技术。这些策略和技术不仅增强了学生的学习体验，而且促进了他们的思考和理解能力。以下是一些关键的教学策略和技术，以及它们如何应用于混合式翻转课堂中：1. 设计引发思考的问题。在混合式翻转课堂中，设计引发思考的问题是促进批判性思维的关键。这些问题应该能够激发学生的好奇心，促使他们质疑常规知识和假设。例如，教师可以提出开放式问题，这些问题没有固定的答案，而是鼓励学生从多个角度探索和分析问题。这种方法鼓励学生进行深入的思考和讨论，从而提高他们的批判性思维能力。2. 提供多元化的视角。为了培养学生的批判性思维，教师应该在课程中提供多元化的视角。这意味着引入不同的理论、观点和案例，以展示问题的复杂性和多样性。通过这种方式，学生被鼓励考虑和评估不同的观点，从而发展出更全面和批判性的思考方式。3.使用互动工具促进讨论。混合式翻转课堂的一个重要特点是利用互动工具来促进学生之间的讨论和协作。这些工具包括在线论坛、社交媒体平台和协作软件,它们使学生能够在课外继续讨论和探索课程主题。通过这些平台,学生可以分享观点、提出问题并接收同伴的反馈,从而增强了学习的互动性和参与度。4.鼓励学生进行自我反思和评估。自我反思和评估是发展批判性思维的重要部分。教师可以鼓励学生定期反思他们的学习过程和思考方式。例如,可以要求学生撰写反思日志,记录他们对课程内容的理解和对自己思考方式的评估。这种自我评估的过程有助于学生识别自己的思考模式和潜在的偏见,从而提高他们的批判性思维能力。

综上所述,混合式翻转课堂为培养学生的批判性思维提供了一个有效的平台。通过结合线上自主学习和线下互动教学,学生可以在一个支持和挑战性的环境中发展这一关键能力。随着教育技术的不断发展,这种教学模式将继续为学生的全面发展提供强大的支持。

在高等教育中,特别是在《地方政府学》这样的课程中,实践活动对于培养学生的实际操作能力和批判性思维至关重要。这种教学方法的转变,从单纯的知识传输向能力培养转变,强调了学生实践技能的发展,这对于他们未来的职业生涯和个人成长极为重要(Moon, Jennifer A., 2013)。

实践活动,如案例研究、项目工作、实地考察和模拟演练,提供了一个平台,让学生能够将理论知识应用于实际情境中。这种方法不仅增强了学生的学习体验,还促进了他们对知识的深入理解。通过实践活动,学生能够直接参与问题的解决过程,从而培养他们的分析能力、决策能力和创新能力(Kolb, David A., 2014)。

实践活动能培养学生的批判性思维。实践活动要求学生主动思考和解决问题,这有助于培养他们的批判性思维能力。在处理复杂的地方政府案例时,学生需要评估不同的策略,考虑多种可能的结果,并做出合理的决策。这种过程促使学生不仅要接受知识,还要主动质疑、分析和评价这些知识。

实践活动能提高学生的实际操作能力。实践活动通过提供真实或模拟的工作经验,帮助学生提高实际操作能力。例如,在模拟地方政府的决策过程中,学生可以学习如何制定政策、如何与公众沟通以及如何管理资源。这些技能对于他们未来在公共管理或相关领域的职业生涯至关重要。

实践活动能促进学生综合能力的发展。实践活动还促进了学生综合能力的发展。在团队项目中,学生需要与他人合作,这培养了他们的团队合作能力和沟通技巧。同时,实践活动往往要求学生在有限的时间和资源下工作,这有助于提高他们的时间管理能力和资源管理能力。

总之,实践活动在培养学生实际操作能力中发挥着至关重要的作用。这种教学方法的转变,不仅提高了学生的学习动机和参与度,还为他们的全面发展打下了坚实的基础。在未来,随着教育领域对实践教学方法的重视程度不断提高,这种方法将继续在高等教育中发挥重要作用。

二、从传统教学到能力导向的转变

在高等教育领域,从传统教学模式向能力导向教学的转变正日益成为一种重要趋势。这种转变不仅体现了教育方法的更新,也反映了对现代社会需求的响应。在这一部分,我们将深入探讨传统教学模式与能力导向教学之间的主要差异,并分析这种转变对学生学习成效的影响。

传统教学模式,长期以来在教育体系中占据主导地位,其特点和局限性在现代教育理论和实践中受到了广泛的讨论和评估。这种模式的核心特征是以教师为中心,重点放在知识的传递和记忆上,这在某些情况下可能是有效的,但也存在一些明显的局限性。

传统教学模式具有以下核心特征:1.以教师为中心:在传统教学模式中,教师是课堂的主导者和知识的主要来源。教师决定教学内容、方法和节奏,而学生的作用主要是接收教师传授的知识。2.以知识传递为目的:这种模式强调知识的传递,通常通过讲授和演示的方式进行。学生被期望吸收和记忆教师提供的信息,重视的是对知识内容的掌握。3.以记背为核心评估方式:传统教学模式通常采用考试和书面作业作为主要的评估方式。这些评估方法主要关注学生对特定知识点的记忆和理解能力。

传统教学模式主要具有以下几个局限性：1. 被动学习：在这种模式下，学生通常扮演被动接收者的角色。这种被动学习可能导致学生缺乏主动探索和批判性思考的机会。2. 忽视技能发展：传统教学模式往往专注于知识的传递，而忽视了学生技能的发展，特别是批判性思维、创新能力和实际操作技能。3. 缺乏个性化教学：由于传统教学模式通常采用"一刀切"的教学方法，它往往不能满足不同学生的个性化学习需求。

在现代教育中，越来越多的教育者和学者认识到传统教学模式的局限性，并寻求更加以学生为中心的教学方法。这种转变强调学生的主动参与、技能发展和个性化学习，旨在培养学生的综合能力，而不仅仅是知识的记忆(Barr, R.B., & Tagg, J., 1995)。

能力导向教学(CompetencyBased Education, CBE)作为一种现代教育模式，正在逐渐取代传统的以教师为中心的教学方法。这种教学模式的核心在于培养学生的实际能力和技能，而不仅仅是传授理论知识(Frank, Jason R., et al., 2010)。能力导向教学的几个关键特点及其在教育实践中的应用如下：

（一）学生中心的教学方法

能力导向教学以学生为中心，强调学生的主动参与和个性化学习。在这种模式下，学生被鼓励探索自己的学习路径，而教师则扮演引导者和支持者的角色。这种方法有助于培养学生的自主学习能力，使他们能够根据自己的兴趣和需求来学习。

（二）批判性思维和问题解决能力的培养

能力导向教学特别强调批判性思维和问题解决能力的培养。通过案例研究、项目工作和实践活动，学生被鼓励分析问题、提出解决方案并实际应用所学知识。这种方法不仅提高了学生对知识的理解，还培养了他们在实际工作中应用知识的能力。

（三）实际操作技能的发展

与传统教学相比，能力导向教学更加注重实际操作技能的发展。通过实践活动,如实验、实习和模拟演练,学生可以在真实或模拟的工作环境中应用他们的知识和技能。这种经验学习方法有助于学生更好地准备未来的职业生涯。

(四)教师角色的转变

在能力导向教学中,教师的角色从传统的知识传递者转变为学习的促进者和指导者。教师的任务是设计和实施各种教学活动,帮助学生发展所需的技能和能力。这要求教师具备灵活性和创新性,能够根据学生的需求和反馈调整教学策略。

能力导向教学是对传统教育模式的重要补充和改进。它通过强调学生的主动学习、批判性思维和实际操作技能的培养,更好地准备学生应对现代社会和工作环境的挑战。随着教育领域对这种教学模式的认可和采纳,我们可以预期未来的教育将更加注重学生能力的全面发展(Boud, David, and Nancy Falchikov, 2006)。

从传统教学到能力导向教学的转变是教育领域中的一项重要进步,它反映了对现代教育需求的适应和响应(Fink, L. Dee, 2013)。这种转变不仅改变了教学的内容和方法,还改变了教育的目标和重点(Fink, L. Dee, 2013)。这种转变主要体现在以下几方面:1. 教育目标的转变。传统教学模式主要集中在知识的传递,强调事实和理论的记忆。而能力导向教学则更加关注学生的技能和能力的发展。这种教学模式的目标是培养学生的批判性思维、创新能力、沟通技巧以及解决复杂问题的能力。这些技能在当今快速变化的世界中至关重要。2. 教学方法的多样化。能力导向教学采用了更加多样化的教学方法,以促进学生的主动学习和参与。案例研究使学生能够分析真实情境中的问题,提高他们的分析和决策能力。项目工作鼓励学生在实践中应用所学知识,培养他们的实际操作技能。小组讨论和实践活动则提高了学生的沟通技巧和团队合作能力。3. 学生参与度和动机的提升。能力导向教学通过提供更多的互动和参与机会,显著提高了学生的学习动机和参与度。学生被鼓励主动探索和质疑,而不是被动接收知识。这种教学方法使学习过程更加生动和有意义,从而激发学生的学习兴趣。4. 综合能力的发展。能力导向教学强调综合能力的发展,包括知识应用、批判性思维、创新和沟通能力。这种教学模式通过结合理论学习和实践活动,帮助学生发展必要的职业技能和生活技能。

总体而言,从传统教学模式向能力导向教学的转变反映了教育领域对现代社会需求的适应。这种转变不仅提高了学生的学习动机和参与度,还为他们的全面发展和终身学习奠定了基础。在未来,这种以学生为中心、注重技能和能力发展的教学模式将继续在高等教育中发挥重要作用。

在《地方政府学》这门课程中,从传统的知识传输模式转变为能力导向的教学是一项重要的教育创新。这种转变不仅关乎教学内容的更新,更涉及教学方法和评估机制的根本改变,目的是更好地培养学生的实际操作能力、批判性思维和问题解决能力。

能力导向的教学模式强调的是学生能力的发展,而不仅仅是知识的传授。这种模式要求教师不仅传授理论知识,还要提供实际应用的机会,使学生能够在解决实际问题的过程中学习和成长。在《地方政府学》课程中,这意味着需要将课程内容与现实世界中地方政府的运作紧密结合。实现能力导向教学的策略目前主要有以下几种:1.案例研究法的应用:通过引入真实的地方政府案例,让学生分析和讨论这些案例中的问题和解决方案。这种方法不仅帮助学生理解理论知识,还锻炼了他们的分析和批判性思维能力。2.项目式学习:设计与地方政府相关的项目,让学生在实际操作中学习。例如,学生可以模拟制定一个地方政策,从调研、规划到实施的整个过程,这样的实践活动有助于培养他们的项目管理和决策能力。3.互动式教学方法:采用小组讨论、研讨会和角色扮演等互动式教学方法,鼓励学生积极参与和交流。这种方法有助于提高学生的沟通能力和团队合作能力 4.反思性学习:鼓励学生进行反思性学习,即在每次学习活动后思考自己的学习过程和成果。这种方法有助于学生深化对学习内容的理解,并提高自我评估和自我改进的能力。

同时,为了支持能力导向的教学,评估机制也需要相应的改变。传统的考试和测试主要评估学生对知识的掌握程度,而在能力导向的教学中,评估应更多地关注学生的能力发展,如分析能力、批判性思维和实际操作能力(Barr, Robert B., and John Tagg, 1995)。因此,评估方法应包括项目评估、口头报告、同行评价和自我评价等。

项目评估是能力导向教学中一种重要的评估形式。在《地方政府学》课程中,学生可以通过参与模拟项目,如城市规划设计、政策分析报告或社区服务项目,来展示他们的实际操作能力。这种评估方法不仅考查学生对理论知识的应用能力,还考察他们的项目管理、团队合作和创新解决问题的能力。项目评估的优势在于它提供了一个真实的环境,让学生能够在实践中学习和成长。

口头报告是另一种有效的评估方法,它要求学生展示他们的沟通能力和知识理解能力。在《地方政府学》课程中,学生可能需要就某个特定主题进行演讲或展示,这不仅考验他们对材料的掌握程度,还考验他们的表达能力和说服力。口头报告的重要性在于它模拟了真实工作环境中的情况,学生在未来的职业生涯中很可能需要进行类似的演讲和展示。

同行评价是一种让学生相互评价彼此工作的方法。这种评估形式鼓励学生批判性地分析同伴的工作,并提供建设性的反馈。在《地方政府学》课程中,同行评价可以用于项目工作、小组讨论或任何团队活动。这种评估方法的优势在于它促进了学生之间的交流和学习,同时也帮助他们发展批判性思维和反馈技能。

自我评价是指让学生评估自己的学习过程和成果。这种评估方法鼓励学生进行自我反思,识别自己的强项和改进领域。在《地方政府学》课程中,自我评价可以帮助学生更好地理解自己在学习过程中的进步和挑战。自我评价的重要性在于它促进了学生的自我意识和终身学习能力。

总体而言,实现《地方政府学》中从知识传输到能力培养的转变,需要教师在教学方法和评估机制上进行创新和改革。通过这种转变,学生不仅能够掌握必要的理论知识,还能够发展对于未来职业生涯至关重要的各种技能和能力。通过这一章节的深入探讨,我们旨在为《地方政府学》课程的线上线下混合式翻转课堂教学提供全面而具体的设计原则和实施建议,以适应新时代的教育需求和挑战,同时提升学生的学习效果和综合能力。

# 第三章
地方政府学绪论

高等教育出版社的马工程教材《地方政府与政治》（第二版）绪论和第一章中国地方政府概述均是引论性的章节。绪论主要介绍地方政府与政治的含义与地位、地方政府与政治的学习内容、意义与方法；中国地方政府概述则主要介绍地方政府的产生与演变、中国地方政府的内涵与特征、地方政府的类型。这两个引论性的章节主要是概念等知识点的介绍，由于学生刚接触这门课的理论性知识，在教学设计中主要贯彻两点：一是强化学生线上学习的评估和反馈、及时纠正教学中的不当之处；二是着手培养学生关注地方政府的现实问题。

第一节 理论知识梳理与检测

一、理论知识梳理

（一）地方政府的界定

什么是政府？从一个国家的角度来看，国家主要由三个基本要素组成：领土、人口和政权。根据马克思主义政治学，政权是国家的核心。作为国家公共权力的一部分，政权负责对所辖的领土和人口进行管理和治理，从而建立起相应的治理秩序。国家政权由多个不同的机关构成，这包括立法、行政、司法等机关。不同政治制度下，这些国家权力机关的结构和功能组合也会有所不同。在国家的政权体系中，政府是行使国家权力的关键机构。对于"政府"这个词，我们通常有两种理解方式：广义上的"政府"指的是包含立法、行政、司法等机关国家权力的总称；而狭义上的"政府"则是指行政机关。在中国的法律框架下，人民代表大会是国家的最高权力机构，而政府则是这一权力系统的执行机关。

如何界定地方政府？我们首先需要从更广阔的国家架构的视角来看。地方政府与国家结构形式直接相关。所谓国家结构形式，就是国家为了处理整体与部分、中央与地方的关系而对国家权力进行的划分与配置。因此地方政府是一个相对性概念，需要从国家整体与部分、中央与地方的关系格局中理解。在探讨地方政府的定义之前，了解不同国家的政治结构形式对地方政府的定义和角色的影响至关重要。我们首先区分了两种基本的国家结构形式：单一制和复合制。单一制国家中，政权高度集中，地方政府主要作为中央政府的行政分支存在，其主要功能是执行中央下达的指令和政策。这种结构确保了国家政策的统一性和执行的一致性，但同时可能限制了地方在特定问题处理上的灵活性和创新能力。复合制又分为联邦制和邦联制。邦联制是松散的国家联盟，成员体只有一种类型也就是独立的国家。联邦制是主要的复合制形式。在联邦制国家采用分权体制，也就在宪法规定的权限范围内，联邦政府与联邦成员政府各自拥有一部分最高、最后的决定权。这种结构允许地方政府在不违背宪法和联邦法律的前提下，根据地方的实际情况制定和执行自己的政策。这有利于政策的适应性和有效性，但也会经常出现政策难以贯彻执行，难以协调的问题。这种政治结构的差异，使得地方政府在国家治理中的角色和功能表现出显著的多样性。理解这一点，有助于我们更全面地认识地方政府在全球范围内的运作模式，以及它们如何适应各自国家的政治和法律框架。这也解释了为什么在一些国家中，地方政府能够行使类似国家政府的权力，而在另一些国家中，地方政府则主要负责具体的行政执行任务。

在不同的国家和不同政治制度下，地方政府的缘起和含义有所不同。

首先,"地方政府"是相对于"国家政府"而言的。在当今世界许多国家,地方政府通常指的是地方的政府或者当地的政府,也就是最接近民众的一级政府。因此,除国家政府和中央政府以外,其间还有区域性政府、州政府等。有的国家把这个层级分为三种类型的政府:国家政府、区域政府、地方政府;而有的国家分为联邦政府、州政府、地方政府;中国则分中央、省、市、县、乡镇五级政府。一般而言,国家政府是涉及全国性地域的政府,具有整体性。地方政府只是国家整体中管辖的一部分地域的政府,具有部分性。其次,"地方政府"是相对于"中央政府"而言的。中央政府是管理一个国家全部全国性事务的国家机构的总称。由于国家结构形式不同,相对于中央政府而言的地方政府的含义有所不同,联邦政府与地域性的联邦成员政府之间并不构成上下从属关系。那么在单一制国家,最高权力由中央政府,也就是全国性政府来行使。其他各个层级的地域性政府由中央政府按国家行政区划来设置,是中央政府的分支机构,他们两者是一种上下从属关系。

到目前为止,详细讨论了"地方政府"的概念及其在不同政治体系中的实际应用。正如我们所见,地方政府是一个典型的相对性概念,需要从国家整体与部分、中央与地方的关系格局中理解。它的定义和职能在全球各国家和地区之间具有显著的差异性。这种差异主要源自各国的政治结构和行政需求。地方政府的角色和职能,取决于其在国家治理结构中的定位。在一些国家,地方政府主要执行中央政府的政策和方向,确保法律和规章在地方层面得到遵守。然而,在其他国家,地方政府可能拥有更广泛的权力,能够就地方特有问题制定和实施政策。理解地方政府的相对性质是关键,因为它帮助我们认识到,尽管"地方政府"这一术语在全球范围内广泛使用,但其具体含义和功能必须在每个国家的具体政治和行政框架中进行解读和应用。通过这种方式,我们能够更好地理解地方政府如何在全球不同的政治和行政环境中操作,以及它们如何响应居民的具体需求和挑战。

由此可见,地方政府的界定及其在不同国家政治体系中的功能和角色,地方政府作为一个学术和法定的概念,在全球范围内呈现出多样性和复杂性。它们在维持国家治理结构中起着至关重要的桥梁作用,连接中央政府与地方需求。在中国，地方政府作为一个法定概念，主要指中央政府之下的地方各级人民政府，是地方各级国家权力机关的执行机关和地方各级国家行政机关，并接受上级国家行政机关领导的地域性政府。地方政府不仅是中央政府政策执行的前线，也是公民与国家互动的直接平台。这些地方政府机构确保了中央决策的有效传达和实施，同时也反馈地方的具体情况和需求，助力政策的调整和优化。这种从上至下及从下至上的双向互动，是中国单一制政治结构的一大特色，也是其高效治理的关键因素之一。地方政府的正确界定和理解，对于我们深入学习地方政府学和更广泛的政治学理论至关重要。通过这门课程，希望同学们能够不仅掌握地方政府的理论基础，更能洞察其在实际政治操作中的实际意义和作用，为将来可能的公共服务或政策制定工作打下坚实的基础。

（二）地方政府与政治的界定

什么是地方政府与政治？首先，让我们明确地方政府的概念。地方政府不仅是国家的行政分支，而且是国家在地方事务治理中的核心行使者。然而，地方政府并非在真空中运作，它们是在复杂的政治环境中活动的，受到多种政治力量的制约。这些政治力量共同塑造了地方的治理结构和能力。政治是社会经济利益的集中反映，是围绕国家政权进行的一系列社会活动和关系。政治的表现形式因地域和层次的不同而有所差异。正如地方政府的存在一样，地方政治也随政府层级的不同而呈现多样化。地方政治涉及的范围远比地方政府的功能和责任广泛，它包括在特定历史背景下各政治主体之间的互动和关系。地方政府与政治的关系并不是将地方政府以外的政治主体都包含进来，也不是将地方政府与地方政治简单相加。它主要围绕地方政府在运行中不可避免地会遇到的各种政治主体及其相互作用。地方政府与政治中的"政治"侧重于地方政府须遵循的基本政治规范，强调的是地方政府的政治属性而非内容的简单扩展。这有助于我们将地方政府放在特定政治关系中来考察，关注地方政治在具体政治格局中与相关政治主体的良性互动。这种互动助力形成地方治理的合力，进而推动地方治理体系和治理能力的现代化。总的来说,地方政府与政治涵盖地方政府的建立及其在管理地方事务中所面临的特定政治关系的影响、约束以及形成的规范,从而构成以地方政府为主体的政治过程。

地方政府与政治是一个有机的整体。它包括三个层层递进的含义。一是地方政府是地方事务治理的主要主体;二是地方政府进行地方事务治理时遵循和坚持相应的政治方向;三是地方政府在治理地方事务时的形式、任务和内容都与相应的政治关系和政治方向密切相关并受其制约。地方政府与政治的有机整体性表明,地方政府的行为和决策是在一个多维度的政治框架中进行的,这要求地方政府领导者不仅要具备良好的行政能力,更需具备高度的政治敏感性和策略性思维。这种复杂的操作环境要求地方政府在实践中不断调整和优化其策略,以满足不断变化的政治和社会需求。首先,地方政府作为地方事务的治理主体承担着基础但关键的角色。它是国家权力结构在地方层面的延伸,主要负责实施中央政府的政策,同时也需要处理地方特有的问题和需求。这包括公共安全、教育、城市规划、经济发展等多个方面,地方政府需确保其政策和执行活动符合法律规定和民众的期待。其次,地方政府在进行地方事务治理时,必须遵循和坚持相应的政治方向。这种政治方向通常受到更广泛的政治环境的影响,如在西方国家,党派政治、选举结果以及中央政府的政策倾向的影响。例如,一个由特定政党控制的地方政府可能会优先推行该党的政策议程。在中国,地方政府在进行地方事务治理时,必须严格遵循国家的政治方向和政策要求。这种政治方向由中国共产党的领导和国家的法律法规明确设定,确保中央政府的决策能够在地方得到正确执行。例如,地方政府在推动社会福利、环境保护和经济发展方面,都必须在中央政府的五年规划和国家战略的框架内进行,同时充分考虑地方实际情况和特有需求。第三,地方政府在治理地方事务的形式、任务和内容上,都必须与相应的政治关系和政治方向保持密切联系并受其制约。地方政府不仅仅是行政执行者,更是政治博弈的参与者。地方政府的决策和行为必须在复杂的政治关系网中进行操作,这涉及与其他政府机构、商业团体、民间组织以及公众的互动。例如,地方政府可能需要在环保政策的推行中平衡工业利益集团的压力和公众对健康环境的需求,这需要政治智慧和谨慎的策略。

在探讨中国特色社会主义的地方政府与政治时,我们首先需要理解其总体原则的核心,即坚持党的领导、坚持人民当家作主,以及坚持依法治国。这三大原则不仅是理论上的指导,而且在实践中具有深远的影响力,塑造了地方政府的运作模式和政治行为。这三大原则相辅相成,共同构成了中国特色社会主义地方政府与政治的核心架构。在日常管理和决策过程中,地方政府需要在党的领导、人民主导和法治原则的指导下行事,确保政策的正确性、公正性和法律性,促进社会的和谐稳定和经济的持续健康发展。首先,坚持党的领导是中国特色社会主义地方政府与政治的根本特征。这一原则确立了中国共产党在政治生活中的领导地位,是地方政府行为和决策的最高指导原则。在这一框架下,地方政府在制定和实施政策时,必须确保其方向和策略与党的指导思想和政策要求保持一致。这种领导方式确保了政策的统一性和连续性,同时也强化了政治稳定和社会秩序。其次,坚持人民当家作主体现了中国特色社会主义地方政府与政治的民主性。这一原则表明,所有政权机构都源于人民,为人民服务,受人民监督,并在人民中间产生。地方政府在实际工作中,需要通过广泛的社会参与和民意反馈,确保政策的民意基础和社会支持。地方各级人民代表大会系统是这一原则的体现,通过选举产生的代表收集民意,决策地方事务,保障人民的知情权、参与权、表达权和监督权。第三,坚持依法治国是地方政府行为的法治化保证。这一原则强调在法律框架内行政,保证所有政府行为都必须基于法律、依法进行。地方政府在这一原则指导下,不仅要执行国家法律,还要制定和执行地方性法规,处理地方事务,解决地方问题。同时,这也要求地方政府在行使公权力时必须公正无私,确保法律的公平执行,防止任何形式的法外施权。

综上所述,我们要深入理解地方政府与政治的定义,明确我们将地方政府放在特定政治关系中来考察,关注地方政治在具体政治格局中与相关政治主体的良性互动。其次,我们将探讨地方政府与政治如何构成一个有机整体,其中每个部分都在相互作用和相互依赖中发挥作用,共同推动地方治理的有效性。最后,我们将学习中国特色社会主义的地方政府与政治的总体原则,这包括坚持党的领导、坚持人民当家作主、坚持依法治国等原则,这些都是地方政府行为的基本规范。

(三) 地方政府与政治的地位

在深入探讨地方政府与政治的地位时,首先要明确地方政府的基本性质和作用。地方政府作为国家治理体系的组成部分,虽然没有国际法意义上的主权,但它在中国特色社会主义体制下扮演着至关重要的角色。在中国单一制国家中,地方政府的设立主要是为了更有效地管理国家的各个区域,保证中央政策的贯彻实施。尽管地方政府的权力来源于中央政府,需要对中央政府负责,并在中央政府的领导和监督下运作,但它在处理地方事务、反映地方需求和特点方面具有一定的自主性。地方政府不仅是政策执行者,更是地方经济社会发展的推动者和地方利益的代表,其有效运作对于国家的整体稳定与发展至关重要。

首先,维护国家统一和领土完整是国家治理系统的核心。这不仅是国家政权存在的基础,也是确保国家能够有效行使权力、管理辖区内的各项事务的前提条件。国家统一与领土完整性的保障,使得国家政府能在一个稳定的框架内推行法律、政策和行政指令,确保从中央到地方各级政府的指令和政策得到一致和均衡的执行。这种统一性不仅体现在政治行政管理上,更涵盖了经济和社会发展的各个方面,为国家的长远发展和民族的共同繁荣提供了坚实的基础。中国地域辽阔,人口众多,地方的差异性大,国家治理困难。在长期的历史发展中,经历过多次的地方分裂割据造成的社会动乱。中华人民共和国成立后原有的基本国情和历史原因,共同导致各地经济社会发展不平衡。一部分领土尚未完全纳入中央人民政府的统一管辖,在中国这样一个经长期历史形成的大国,维护国家统一和领土完整,对全国进行有效治理,是一项长期而艰巨的任务。地方政府作为国家行政体系的基本单位,负责将中央政府的政策和意志有效地传达并实施于各地区,确保政令的顺畅执行。缺乏地方政府的参与和执行力,国家的方针政策难以落到实处,可能导致地方自行其是,甚至出现地方分裂的情况。因此,地方政府不仅是政治生态形成的关键,也是国家统一和领土完整性维护中不可或缺的纽带。通过地方政府的合理运作和治理，可以确保国家的全面协调发展，实现有效的治理和社会稳定。

其次，地方政府与政治不仅维护治理秩序，还是推动地区经济和社会发展的关键动力。通过制定和执行符合地方特色的发展策略，地方政府能够促进经济增长、提高社会福利，并确保其发展活力。这样的行政作用保证了国民经济的持续健康发展，并在提高地区居民生活质量中起到了核心作用。通过优化资源配置和增强公共服务，地方政府塑造更加繁荣和谐的社会环境。在中国的长期发展过程中，国家传统上承担着政治统治的核心角色。自中华人民共和国成立后，尤其是在改革开放后，国家将重点转向推动经济和社会的全面发展，以实现社会主义现代化的宏伟目标。鉴于中国地大物博，区域差异显著，单靠中央政府的努力难以全面促进经济和社会进步。因此，早在1956年，毛泽东在《论十大关系》中就已经提出要充分发挥中央和地方的双重积极性。改革开放的初期，邓小平进一步提出"让一部分人、一部分地区先富起来"的策略。地方政府在这一历史时期内，尤其是在推动地区经济和社会发展方面，扮演了不可或缺的角色，极大地促进了中国改革开放的巨大成功。地方政府在推动国民经济与社会发展中发挥关键作用，这主要得益于其对中央政策的精准理解与执行。通过形成稳定的政治生态和积极响应中央指导，地方政府能够有效激发区域经济活力。此外，地方政府通过自身的能动性和创新举措，进一步促进经济增长和社会福祉，确保国家政策在地方层面得以顺畅实施，为维持和增强社会整体活力提供坚实支撑。

最后，地方政府在推进民生改善和深化基层民主方面扮演着关键角色，这对巩固中国共产党的长期执政基础至关重要。通过有效落实中央关于民生改进的政策和措施，地方政府直接影响和提升了民众的生活质量。此外，地方政府在推动基层民主的实践中，不仅提升了政府工作的透明度和公信力，还增强了公民参与公共事务的意识和能力，从而有效地支持了党的基层治理和响应人民的需求，确保了政策的有效实施和民众的广泛支持。人民是国家发展的动力和政权稳固的根基。中国的古训"水能载舟，亦能覆舟"深刻地揭示了民众对政权的影响力。地方政府与广大民众的距离更近，人民的政治选择往往通过地方政府的实际行为体现。

因此，中国历史上对地方官员有"为官一任，造福一方"的期望。但受制度限制，不少地方官员往往滥用职权，"官逼民反"最终可能导致政权的不稳定。为防止重蹈覆辙，新中国成立后明确规定政府是"人民的政府"，突出政府服务人民的本质。地方人民政府是与民众距离最近的政府层级，其行为直接影响民众对党和国家的看法及态度。在这样的背景下，地方政府在促进民生、深化基层民主、巩固党的长期执政地位方面，起到了不可替代的基础性作用。地方政府与政治应致力于完善和发展中国特色社会主义制度，并推进国家治理体系及治理能力现代化。为此，地方政府需不断在制度创新和功能优化上进行改革，建设以人民为中心的人民政府，加强法治建设，确保政府行为依法进行，同时也要打造服务型政府，更好地满足民众需求。学习《地方政府与政治》这门课程，可以帮助我们深刻理解中国特色社会主义地方政府与政治的发展目标和我们在推动社会主义现代化进程中的责任与担当。

二、课堂测试

为了了解学生线上学习的效果，针对学生线上学习的内容设计三个练习题，下面三题单元作业是本章节内容中最核心、最显见的问题，要求每个同学当堂开卷独立完成。

1. 什么是地方政府？

回答：地方政府是个相对性概念，需要在国家与整体、中央与地方的关系格局中理解。在不同国家和不同政治制度下，地方政府的缘起和含义有所不同。

首先，地方政府是相对于国家政府而言的。一般而言，国家政府是涉及全国性地域的政府，具有整体性；地方政府只是国家整体中管辖的一部分，具有部分性。

其次，地方政府是相对于中央政府而言的。在单一制国家，国家最高权力由中央政府行使，其他各个层级的地域性政府由中央政府按国家行政区划设置，是中央政府的分支机构，二者是一种上下从属关系。

地方政府是指除中央政府以外的治理国家部分地域的地域性政府。

在中国,地方政府作为一个法定概念,主要指中央政府之下的地方各级人民政府,是地方各级国家权力机关的执行机关和地方各级国家行政机关,并接受上级国家行政机关领导的地域性政府。

地方政府是国家的行政机关,是国家治理地方事务的主要行使者。但是,地方政府的行为不是孤立的,它是由各种政治关系构成的整体政治环境下运行并受其制约,从而共同构成地方治理体系和治理能力。

2. 什么是地方政府与政治?

回答:地方政府与政治,是指地方政府的设立及在治理地方事务中受特定的政治关系影响、制约,从而形成以地方政府为主体并涉及相应政治关系的政治过程。地方政府与政治是一个有机的整体,包括三个层层递进的含义:一是地方政府是地方事务治理的主要主体;二是地方政府进行地方事务治理时遵循和坚持相应的政治方向;三是地方政府在治理地方事务时的形式、任务和内容都与相应的政治关系和政治方向密切相关并受其制约。

中国的地方政府与政治的总体特征:

坚持党的领导。地方政府要接受地方党委的领导,地方政府的负责人同时是地方党委主要成员。这是中国特色社会主义地方政府与政治最基本的特点,也是地方政府行为的基本规范。

坚持人民当家作主。中国宪法在政府之前都加以人民的限定,充分体现中国特色社会主义各级政府的人民性原则和为人民服务的宗旨,是中国特色社会主义民主政治的具体体现,也是地方政府的基本行为规范。

坚持依法治国。地方政府的设立和运行都要在依法治国的总体框架下展开,依照宪法和法律活动,建立法治政府是地方政府的目标和规则,体现了中国特色社会主义地方政府与政治的法治化原则。

3. 地方政府与政治的地位

回答:地方政府与政治有助于维护国家统一和领土完整,有助于国家对所管辖的领土及其事务进行有效治理。地方政府作为地方各级国家行政机关,担负着将国家意志传导给社会,实现政令畅通的重要职责。地方政府与政治在实现国家的有效治理中发挥着积极的连接性和保障性作用。

地方政府在推动经济社会发展方面发挥着能动性作用，有助于国民经济与社会发展保持和发展活力。

地方政府与政治在促进民生改善和落实基层民主方面发挥着基础性作用，有助于巩固中国共产党的长期执政基础。

学生回答上述问题的时长为 30 分钟，回答完后要求上传中国大学 MOOC 课 SPOC 课程教学绪论章的单元作业平台。教师通过批改学生的作业可以了解学生线上学习的效果，并将批改后的单元作业反馈给学生。教师在中国大学 MOOC 课 SPOC 课程平台可以得到绪论单元作业的课程统计数据（见下图）。关注成绩在平均以下的同学，询问其线上自学的时长和学习情况。

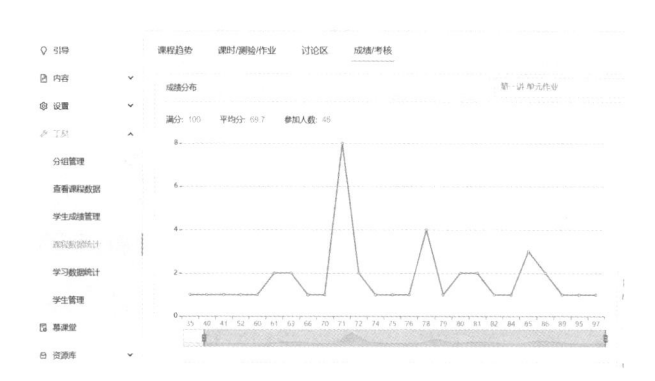

图 3.1　绪论单元作业成绩统计图

三、课堂答疑和提问

1. 回答学生问题

为了了解学生线上学习和课外自学的情况，教学设计中专门留出时间让学生就课外自学过程中不懂的或感兴趣进一步了解的内容进行提问。在第一节课时，学生也许没有问题。教师可以点名观看视频比较长的同学先回看一下所学内容，然后提问。因学生基础不同，文化背景也有差异，教师对学生的任何问题都耐心、认真回答；对一定内涵的问题应给予高度肯定。

同时教师应鼓励学生积极提问,要求每位同学在自学时将不懂的或感兴趣的问题记下来,在以后的教学中根据学生所提问题的数量来做合理的设计。

2. 教师提问学生并讲解本章节的重点和难点。

教师在上课前应根据本章节的重点和难点设计好问题,在学生提问教师后,教师向学生提问。主要考查学生是否掌握了本章节的重点和难点,同时教师在点评学生的回答过程中加强对重难点的传授。

本章节设计问题：

1. 什么是大政府,什么是小政府?

学生对这个问题有不同回答。有的同学认为,"大政府"即政府的规模比较大。一是指政府人员在国家总人口中的比重较大,即官民比例;二是指政府预算支出占国家 GDP 比例较大。也有的同学从国家职能理念出发,认为"大政府"即是在国家各项事务发展中起支配作用,在社会事务管理中,占据较多的领域,对市场经济的发展进行过多干预,"小政府"则反之。还有人基于权力大小的考虑,主张"大政府"是指政府的权力超出了合适的限度,对社会发展产生了制约作用。有部分同学认为,我们通常所说的大政府、小政府是指广义政府和狭义政府。广义政府是对国家权力总称的指代;狭义政府是依据各国法律对政府组织的指称。

其实大政府、小政府并不是很严密的概念,根据不同的语境,上述含义均是对的。所以,当同学们在看到大政府、小政府时首先需要搞明白它具体的涵义。

2. 政府是行政部门,行政是执行与管理,为什么和政治相关?

从狭义政府的概念来看,政府是行政部门,它行使政治决策、管理国家行政事务。但是任何一个国家,政府与政治都是息息相关、紧密联系的。我国的政治制度是中国共产党领导下人民代表大会制度。在行政体制框架中是党政双轨制,坚持党对国家、对政府组织的领导。因此,在我国政府是行政部门,但它与政治是息息相关的。

第二节　知识深化与运用：寻找现实中的地方政府

一、请在网上搜索一个地方政府运作过程或相关事件的信息，与大家分享

在学习巩固完本章节的理论知识后，教师安排 20 分钟时间在课程教学平台的讨论区要求大家"寻找现实中的地方政府"，要求同学们在网上搜索一个地方政府运作过程和相关事件的信息与大家分享。为了引导大家寻找有故事、有意义的事件，教师上传以下案例做示范：

基层干部：图斑整治，我连自己都不相信
王波　武汉大学社会学院博士生

（一）图斑整治之"拔树"任务

今年 5 月份笔者来到北方某省份一个普通乡镇调研，当我想要了解该镇规划办的主要工作内容时，我被忙碌的工作人员带到了一处执法现场。出于好奇，我询问了此次外勤的工作任务。带头的干部利索地回答了两个字："拔树！"

一番询问我得知了他们正在进行耕地流出整改工作。2019 年以来，为了更有效保护耕地，保障粮食安全，全国范围内推动进行耕地流出整改工作，打击各种违法占地行为，保证耕地数量。其工作方式主要是通过卫片执法，也就是通过卫星拍照的方式判断土地用途是否发生变化。具体而言，卫片上耕地影像呈现绿色，若在耕地上动工建房，影像就变成土黄色，变更其他用途也是同样的道理。一旦某个地方有变化，系统会自动提取图斑。这些卫片会下发到基层，基层根据这些卫片上的图斑信息到现场进行执法。而如何判断是否为耕地，则依据 2009 年第二次全国国土调查（简称二调）以及 2019 年第三次全国国土调查（简称三调）的统计数据。

这次乡镇工作人员处理的正是一处上级要求处理的图斑——一片几

亩的林地。规划办工作人员介绍说,现在这里种了树被卫星拍到,对比三调数据此处应该是基本农田,因此必须拔树整治。经过了解后,我发现实际的情况远比这复杂。要求整治的所谓"耕地"的周围都是林地,为什么仅仅这几亩地被划为耕地呢?其实最开始此处为耕地,此地在2019年之前为了防风沙曾大力推行平原造林,这块耕地被转变成林地。随后,为了保持耕地面积相对不变,一些土地被划成基本农田。此处的耕地就是当时强行从一片林地"挖出来"的耕地。后又因为此处临近公路处有坟地,为了美观当地政府又在"耕地"上种了树木,成为了林地,而且他们通过二调数据发现此处确实是林地。这也是现在林地的由来。但是问题来了：首先,三调在当时的时间节点上将此地划为基本农田,与二调林地的划定产生冲突；其次,种树的时候树苗不大,卫星认定这是农田,也就不做处理。但是等树苗成形之后,卫星就认定是林地。因此目前林地必须整改。就这样,在上级的严厉问责之下,规划办的干部必须赶在当天中午12点前将几亩地的树苗全部拔掉,平整后变成耕地。当天上午规划办统筹林业局带来十几个人、几台挖掘机将林地变成了耕地。短短几年,这片土地的性质经历了耕地、林地、耕地、林地、耕地的变化,让人哭笑不得。更让人感到魔幻的是,林地还原成耕地之后按规定不能撂荒,必须种上粮食作物。但是本村的农民在平原造林之后早就不种地了。政府必须想办法求着农民去种地,在必要时甚至需要"出钱雇人种地"。

(二) 精准技术的不精准

"拔树"的案例虽然极端,但是它具有典型性,是当前国土治理领域困境的一个缩影。除了以上提及的地区,笔者七、八月份在中部两省的两个乡镇也观察到了类似的现象。乡镇干部普遍对耕地流出和卫片执法工作叫苦连天。

保护耕地主要有两个指标：防止基本农田"非粮化"和防止一般农田"非农化"。在基层,具体表现为防止农民占用农田种树、搭棚、挖池塘养鱼、建房、修路等违法行为。是否存在违法行为,用卫星一拍,再对照三调数据,很快便可确定。如果违法事实判定精准,那么基层执法人员实际上并不存在压力,依法办事即可。但是最担心的是,违法的判定往往并不精准。这种不精准是由于各种原因导致的,主要有以下几点：

一是二调与三调的结果相冲突。在 H 省,乡镇干部表示至少 30% 耕地流出的任务是由于第三次国土调查结果失真导致的。例如错把坟地、林地、建设用地划为耕地。为什么会错划,原因很复杂。部分出于技术落后的原因,例如在卫星识别精确度不高时,田间的道路被认定为耕地,等技术进步之后,卫星拍到了硬化的道路。单从"图上对比"来看,田间突然多出一条路来,显然是违规占用耕地,但是实际上完全不是。除了技术落后,自上而下的国土统计工作与熟悉情况的地方人士衔接错位也是失真的来源之一。在 J 省的某乡镇,出现了村庄集中居住区中心某块地被划为基本农田的情况,其原因是:农民在预备建房的宅基地种上蔬菜,自己则长期在外务工,攒够钱回来建房。三调时,由于周围邻居无人为其解释,下乡统计的工作人员误将这块地划为基本农田。各种原因导致的两次调查结果相冲突,为了把握耕地红线,基层在执法中往往同时参考两次调查的结果,一处地方但凡有一次调查中被划定为耕地,那么就按照耕地处理。这种冲突给基层执法带来很大的困扰。

二是卫星监察的不精准。除了两次调查结果相互冲突,卫星监察的不精准也是基层干部吐槽最多的。近年来,国家加强了卫片执法的力度。从调研来看,部分地区卫片下发频率由一个季度一次变成一个月一次。卫星拍照能够精准捕捉到土地上的变化,再以生成图斑的形式下发到属地进行整治。表面上看,卫星拍照具有很强的精确度。它表现为识别度高、对变化敏感两个方面。一些乡镇干部表示,现在的卫星技术可以精确到厘米级别,甚至可以看清马路上汽车的车牌号。而对变化的敏感更是卫星技术的主要优点。在实际执法中,图斑生成的灵敏度有时超过了基层工作人员的想象。卫星对颜色的变化特别敏感,农户家的水泥地从灰色变为蓝色会被拍到,甚至农民屋顶换一个颜色都会被拍到。但是这种看似精准的技术在操作过程中存在大量不精准。这种不精确表现在三个方面:

——拍摄的滞后性。卫星主要拍摄土地的变化,但是实际上当变化是缓慢发生时,卫星的拍摄可能并不敏感。例如一些农民在基本农田上种植价值更高的经济作物,在树苗尚小时卫星并不能拍出来。当树苗长大时,卫星则立马拍摄,认定违法。但问题是,一些果树种了三四年,甚至有的已经到了挂果的时候了,这时候叫农民把树拔了,农民肯定不干。也正是这样,针对田间种树问题,基层执法遇到的阻力特别大。类似的问题包括农民挖塘养鱼,挖的时候没有被拍,结果用了十几年被卫星认定占用基本农田。最麻烦的是,农民住了十几年的房屋,突然被认定是占用基本农田。

——拍摄的偶然性。有的地方乡镇干部反映,五口鱼塘都属于违法占地,但是卫星只生成了其中一口的违法图斑,这种对比很难不让群众怀疑执法的合理性。而且在基层执法中,图斑生成的规则让人捉摸不透。最让人印象深刻的是,J省的某位农民因为给自家油茶林除草被卫星拍到,结果一查发现油茶地是一般农田,不能种树,于是强制改种番薯。有趣的是,这位农民并不是因为种油茶树这种直接占用耕地的行为被发现的,反而是因为除草这种看似无关紧要的行为被发现。

——拍摄的片面性。卫星拍摄的唯一标准是土地性质及其变动。这种过分追求静止的土地用途的技术导向可能忽视土地实际使用的变动性。例如H省某乡镇农民有稻虾连种的种植习惯。这样的生产方式本身具有一定的波动性,当地农民在龙虾行情好时候会将农田部分变成坑塘进行养殖。但是这样的行为被卫星认定为将耕地改变成水面。这种片面性对当地的产业发展产生了一定的影响。

当前基层干部图斑整治的重点和难点就在于这些因为调查和技术导致的偏差中。J省某乡镇规划办的负责人说:"(执法中)主动违法的情况特别少,大部分是被划错了的。"

(三)基层干部:"我连自己都不能说服"

既然存在这么多不精准,那么更加熟悉情况的基层政府及其工作人员可以向上反映吗?理论上可以,但实际上很难。这主要是由于严厉的考核监督与漫长的反馈周期之间的矛盾导致的。近些年来,国家高度重视耕地保护,中央会议曾表示"要压实地方各级党委和政府责任,实行党政同责,从严查处各类违法违规'非农化'、严格管控'非粮化',对在耕地保护方面有令不行、有禁不止、失职渎职的,要严肃追究责任"。与之相对应的是,违法占地的卫片一经下发到地方政府,地方政府就有责任进行迅速整改。整改不及时、不到位的地方可能面临上级领导、纪委的斥责和约谈。因此基层政府往往迅速做出反应。相反，一旦发现偏差，基层向上反馈的周期则十分漫长。H省某乡镇的副镇长表示："有的问题要求我们2个月整改到位，而我们向上反馈材料、证明，走程序至少90天，根本没有回旋的余地。"

紧急的考核问责压力促使基层政府想方设法完成整改任务，而将技术带来的对错之争放到相对次要的位置。常规的手段包括执法与做工作。但是事实证明这两种方式大部分情况会失效。抛开执法力量不足、法律下乡困难等客观因素，其实最大的问题在于执法者自己都无法说服自己。某位乡镇执法队员说："我跑去农民家给他做工作，说他违法占地了，但是人家一句话就把我噎住了——我这鱼塘自己用了十几年了，怎么突然变成农田了？我的老房子，住了几十年了，为什么划成基本农田了呢？——其实，我自己都没办法说服自己，我认为他说得有道理。"执法与群众工作都没办法，基层不得不采取补偿的方式"花钱保平安"。无论是拔树、拆房还是填平池塘都得由基层买单。我们调研中听乡镇干部介绍，某村有一个活动中心被划定为基本农田，只能拆除。到最后是政府帮助村民找项目建新楼并且进行赔偿。

即使如此，花钱真能"保平安"吗？我们在J省某乡镇调研发现了这么一个案例：当地一家竹制品加工厂扩建时被卫星发现，经过调查发现此处土地在2009年是基本农田。当时建厂时管理比较松，该厂未办手续就建立了，一直延续了10年以上，直到这次装修变动被发现。按理说工厂补办相关手续就行，但矛盾的是，该厂因为这次被卫星抓拍认定为违规占用农用地，有了违法记录，也就不能办理相关手续。而消除违法记录又需要办理相关建厂手续，两者形成相互需要证明的矛盾境地。最后没办法，该加工厂只能被拆除，老板宣布破产。此事给基层政府带来了巨大的麻烦，当地不仅损失了一份产业，也损失了几十个就业机会，本来可以就近工作的村民不得不背井离乡外出打工。同时，老板破产之后，拖欠了农民的工资，只能由政府兜底。更为关键的是，农民觉得是政府错了，农民不懂土地性质，他们只想知道：为什么厂子开了十几年都没问题，现在突然说违法，要拆除呢？基层政府应对不合理卫片的策略性的处理可能透支农民对政府的信任，为基层治理带来新的矛盾。

(四) 技术治理的反思

总体而言,近些年兴起的卫片执法、图斑整治及背后隐含的技术治理的倾向给基层治理带来了新的变化。我们发现依赖于所谓"高科技"进行的治理行为似乎并没有显著提高基层的治理效能,相反,它有可能产生一些非预期后果。技术对于基层治理的影响至少可以讨论两个方面的内容。

一是作为中间层级的乡镇地位弱化。卫星执法通过高科技实现对全国土地的全方位监控,国家不再依赖基层政府逐级反映违法行为。直接的监控摆脱了科层体制可能出现的偏差和惰性,体现出强大的国家能力。通过技术监控,土地的规划和管理实现了全息化,任何违法行为都难逃"法眼"。但是,从另一个角度说,这种自上而下的监控将基层的治理主体的地位转变为单一执行者的地位,来自技术和上级的权威压缩了基层自治的空间。某位副镇长表示:"之前是人管人,发现问题了,有回旋的余地,可以慢慢发现问题,慢慢解决。现在是高科技管人,立马发现问题,立马整治……慢慢做可能还不出问题,着急做肯定要出问题。"

二是治理的空中视角忽视了基层社会的复杂性。卫星执法本质上是一种空中视角。它以俯视的角度客观地抓拍地面的物理属性及其变化。这样一种俯视的、外部的生态学视角忽视附着在土地之上的文化、习俗和关系,简单来说没有以平视、内部的视角看待土地上的人及其生活。生态学视角带来的是一种治理简单化倾向,这种视角下,土地是耕地还是林地一目了然。只需要按照所划定好的客观属性执法即可。但是这种视角忽视了,土地不仅仅具有物理属性,也是居住在它之上的人生产、生活、交往、寄托意义的所在——人们赋予了它更多的意义。人们对土地的使用和意义的感知往往叠加了多种因素并且是处于变动之中的,它具有很强的不规则性。简单化的治理可能导致生产灵活性的丧失、村庄内矛盾的激化和个人怨气的产生。在使用技术时如何做到既"俯视众人"又"目中有人"是一个需要思考的问题。

特别声明:以上内容(如有图片或视频亦包括在内)为自媒体平台"网易号"用户上传并发布,本平台仅提供信息存储服务。

二、老师就大家查找的案例做评论、扩展

每位同学都在讨论区里上传了自己在网上寻找到现实中的地方政府。这些内容的质量差异很大。有的只是一个简单地浮在面上的新闻报道;有的是带有明显宣传表扬性的内容;有的则是些缺乏足够事实依据、价值判断较多的文字;有的则是相对比较中肯、有事实、有细节、有数据、有问题、有冲突的案例。教师选择典型性的上传内容做出点评,告诉大家什么样的内容比较靠近现实中的地方政府。同时,也选择几个案例,要求大家顺藤摸瓜,进一步做实地调研,搞清楚细节、充分内容,争取撰写出原创性案例。同时,要求每位同学继续在生活中留心现实中的地方政府,到期末结束时每位同学都要上交一份原创性案例。

第四章
中国地方政府概述

中国地方政府是中国政府体系中的重要组成部分,扮演着关键的角色。在本章中,我们将深入探讨中国地方政府的概述,以便在以后的各章节中更好地理解其职责、权力和责任。同时,我们将探讨地方政府在中国政府体系中的位置,以及其与中央政府之间的关系。在此之前,让我们进行一次理论知识梳理与检测,以确保我们准备好深入研究这个重要主题。随后,我们将进行小组定题研讨,以深化对地方政府概述内容的理解。

第一节　理论知识梳理与检测

一、中国地方政府的产生和演变

地方政府的产生与演变的第一部分是古代中国的地方政府。地方政府是人类历史发展到一定阶段的产物,它跟国家并不是同步产生的。郡县制度出现就标志着中国古代地方政府的产生。这个问题我们分成三个部分给大家介绍:第一部分,地方政府的起源。第二部分,中国古代地方政府制度变迁。第三部分,中国古代地方政府体制变迁的原因。中国原始社会没有地方政府,黄帝之治建构在氏族社会的血缘关系基础之上,没有反映地缘的行政区划关系。从国家产生一直到西周王朝,中国没有地方政府。周朝初期,天子诸侯、大夫、士同为有土之君,都有相对独立的统治地位。这种全面分封,没有产生行政区划之分,也就没有地方政府。县起源于西周,春秋时期的县经历了县鄙、县邑、郡县三个阶段。最早的县鄙主要从面积上、从外形上划分出了国都与郊野的区别。"县鄙"是古代的一个行政单位和军事防御点;"县邑",除了作为行政单位和军事防御点外,还有了地方政府和集市交易中心的功能;"郡县"则具有地方行政管理和征税中心的双重职能。在我国历史上,县邑的建立主要有三种方式。首先是通过灭亡其他国家,将其变为本国的县。例如,公元前738年,楚武王灭掉权国后建立了权县,这是中国历史上最早的县城之一。其次,也可以通过消灭国内某些家族,将其封地改设为县。最后一种方式是通过将小乡聚集,形成更大的县级行政单位。权县作为行政单位具备几个显著特征。首先,权县的设立源于对外扩张,具体到楚武王对权国的征服。其次,权县的官员是由中央政府下派,不采用世袭制,体现了中央对地方的直接控制。最后,权县的官员不再采用世袭制,可根据需要或定期进行更换,确保了中央对地方的有效管理和控制。秦始皇统一六国后,为加强中央集权,废除分封制并全面推行郡县制,这一政治革新标志着中国地方政府制度的初步形成。通过郡县制,中央政府得以直接管理地方,从而确立了一种稳定的行政管理体系,这个体系随后成为中国历史上持续二千多年的中央集权制的基础。

  地方政府的产生与演变的第二部分是中国古代地方政府制度变迁。中国古代地方政府的体制变迁主要可分为三个重要阶段。在这里,我们主要从行政区划和行政管理的角度来探讨这些变革。我们来回顾中国古代地方政府的第一阶段,这一时期从秦汉到隋朝。最初,秦朝通过统一六国确立了郡县二级制,这一制度由地方政府的简单机构关系标志着政治中心与地方的直接管理。西汉初年继承并维持了秦朝的郡县制。然而,到了西汉末期,汉武帝设置刺史以监察地方长官,虽然初始刺史职权相对有限,被称作虚三级制。东汉末期,随着黄巾起义的爆发,刺史的职权得到全面加强,转变为实质性的政府级别,标志着从二级制过渡到三级制的开始。三国时期,地方政府结构更为复杂化,出现了都督这一更高级别的官职,超越刺史,使得政府层级从三级增至四级。西晋时期再次调整为州、郡、县三级制。北周之后，隋朝废除了多层级体制，回归至更为简化的州、县二级制，这一系列变革展示了地方政府结构的逐步演进和优化。第二阶段，即唐朝到元朝，地方政府结构的变化多端，反复在二级制和三级制之间切换。唐朝初期，地方政府维持二级制。到了开元二十二年（公元734年），唐玄宗将"道"提升为行政级别，由此形成了道、州、县的三级制度。进入宋朝，初期地方政府简化为府和县两级，后增设"路"作为中间行政单元，由此地方二级制又扩展为三级制。宋朝的地方政府首长均由中央直接派遣，这标志着中央集权体制的加强。辽朝在政府结构上基本仿效唐朝，实行道、府州、县的三级制度。金朝则主要参照宋朝的模式。元朝的地方政府结构更为复杂，实行三级到五级不等的行政体系，包括省、路、府、州、县等多级。特别是"省"的概念首次作为地方政府的最高一级出现，并从中央派出机构转变为常设的地方行政单位，这一变化对中国历史的政治格局产生了深远影响。在第三阶段，即从明朝到民国初期，地方政府从多级制过渡到主要的三级制，有时也简化为二级制。明代的地方政府结构为四级：省、府、州、县。明太祖洪武九年（1376年）开始实施集中权力的"三十分立"的行省制度，废除了之前的五级和四级制，改为省、府、县的三级制。清代地方政府继承了元、明的体制，雍正年间进一步简化为省、府、县三级。民国初期，地方政府机构被改为省、道、县三级，但实际上道级往往没有实际行政作用，严格说来是省和县的二级制。这段历史展示了中国地方政府结构的重大转变。

地方政府的产生与演变的第三部分是中国古代地方政府体制变迁的原因。地方政府体制在中国古代历史上的变迁受多种因素影响，主要包括以下四个方面：首先，社会持续的动荡和冲突导致地方政府结构频繁变动。其次，中央政府在制衡地方权力方面的不力，使得地方行政结构常处于混乱状态。第三，门阀政治的盛行加剧了人身依附关系，这种关系对正常的行政隶属关系构成挑战，进而影响到地方政府的稳定性和功能性。最后，对中华传统的中央集权"大一统"模式的认识不足，没有深刻理解其对地方政府结构稳定的重要性，也是造成体制不断变动的一个重要原因。这四个因素共同塑造了中国古代地方政府的发展轨迹。

第二个大问题，近现代中国地方政府。这个阶段从1840年鸦片战争爆发到1949年国民党蒋介石集团逃往中国台湾为止。第一阶段北洋军阀时期的地方政府。1911年，辛亥革命推翻了清王朝，南京临时政府应运而生，袁世凯去世，北洋军阀皖系、直系、奉系三大派系混战不断。北洋军阀政府为了加强中央集权，就由以前的单一制转为中央政府和地方政府双重管理体制，形成了省管道、道管县这个三级行政体制。第二阶段南京国民政府时期的地方政府。1928年，南京政府在形式上统一中国，撤销了道，完全恢复省县二级制。各省在乡一级普遍设置政权组织，城镇地区被统一称为"市"。市作为地方一级行政机关，分为行政院直管的院辖市（后称"特别市"）和省直辖的普通市。县所辖地区的城镇不设市而设镇，乡、镇成立农村基层政府。第三阶段中华人民共和国成立以后的地方政府。1949年中华人民共和国诞生，地方政府从1954年到1982年先后经历了三次变化。

第一次变化是1954年至"文化大革命"前。人民委员会的历史见证了地方政府结构的四次重要变革。首先，传统乡政府被撤销，转而由人民公社接管，这标志着地方治理结构的一次根本变化。第二，实行了市管县体制，增强了市级政府对县级行政的直接管控。第三，地方政府开始直接介入经济管理领域，这一变化显著提升了其在地方经济发展中的角色。最后，地方行政部门实施了双重领导制，即接受本级政府及其上级主管部门的领导，确保了行政命令和政策的一致性与有效执行。

第二次变化成立革命委员会。1966年开始，人民委员会被革命委员会取而代之。革命委员会是由军队、干部、群众三方面代表组成的"三结合"机构，体现了当时社会政治环境的特点。1979年，随着宪法的修订，革命委员会被废止，恢复各级地方政府。

第三次变化就是成立人民政府。1982年宪法明确规定地方各级人民政府被正式确定为地方国家权力机关的执行机关，同时也担任地方行政机关的角色。

二、中国地方政府的职权关系和特征

从历史的角度来看，中国地方政府的职权关系经历了不同的发展阶段。我们分成以下几个阶段来讲：秦汉到隋朝时期、唐及宋辽金元时期、明清及民国初期、南京国民政府时期、中华人民共和国成立以后地方政府职权关系。

秦汉到隋朝时期,地方政府的职权关系经历了显著的演变。秦汉时期,地方行政长官负责制下,郡守、县令为首的地方官员负责地方事务。汉代初期,郡的权力大为增加,不仅有行政权,还具有立法权,这极大地发挥了地方政府的积极性,因此汉制备受推崇。西汉中期,地方政府实行分曹治事,内部精密分工,标志着职权体系的成熟。东汉末年,黄巾起义后刺史权力全面提升,三国时期,天下大乱催生出都督,由军权干预地方民事和行政事务,成为凌驾于刺史之上的更高级地方官员。这时期地方对抗中央的力量增强,逐渐形成了分裂的局面。魏晋南北朝时期,地方政府的州郡文职首长兼管军务,军权独大,导致政务冷落、民生荒废,动摇了国家政权的根基。这是秦汉到隋朝时期地方政府职权关系的主要特点。

第二个阶段是唐宋元时期地方政府的职权关系。唐代地方政府实行设置专门化,州郡也设置与中央尚书省六部对口的六个机构,标志着地方政府职权关系的成熟。唐代吸取了汉代的教训,将州的权力限制,不再管辖地方军队和财政,仅负责收税。安史之乱后,道集军权、财权、行政权、人事权于一身,县则被藩镇完全掌控,导致藩镇割据,最终唐朝灭亡。宋代吸取唐朝教训,将地方高级政府权力虚化、弱化,将行政、财赋、司法、社会治安、物价监管等职能划分给平行的诸司管理。地方政府设立议事厅,对重大、艰难、有疑问的公事需要经过协商,开创了中国地方政府历史上"合议制"的先河。然而,由于地方政府的虚弱,导致地方豪门势力崛起,中央权力开始旁落。元朝的地方政府职权关系更复杂。行省由中央派出机构转变为最高一级的地方政府,具有地方分权与中央集权的双重性质。相比之下,路、府、州、县的职务繁重,权力有限,常常处于应付上级的状态,表现出元代府州县政府权轻责任重的特点。

第三个阶段是明清及民国初期地方政府的职权关系。明初推行分封制,洪武九年(1376年),朱元璋将原行省权力一分为三,形成互相牵制、互不统属的格局,中央掌握大权。明清两代的总督和巡抚统称为督抚,虽为省级政府首长,但差别明显。明代督抚为临时差遣,清代督抚权重位高,集行政、司法、民政、监察、军事及任命官员等权力于一身。督抚对皇帝负责,下对道、府、州、县管理,并可弹劾、改调或撤销官员。清朝加强都督权力以巩固皇权,但权力过大导致离心力和吏治腐败,最终导致清朝灭亡。辛亥革命后,封建专制统治动摇,军阀混战时期,地方政府与中央出现"统一与割据、集权与分权共存"的局面。中央权力逐渐弱化,地方实力增强。袁世凯复辟失败后,段祺瑞掌权,下令将"巡按使"改为"省长",正式确立省长职务,管辖全省民政、巡访、警察等事务,并监督行政、司法及其他特别官厅。北洋军阀加强中央集权,将财政、教育和实业从省独立出来,由中央和地方共同掌管。

南京国民政府时期,采用西方政治理论形式,但以封建旧制为基础,导致党国关系复杂。国民党在大陆执政30多年,中央政令不畅,地方各自为政,省与省之间矛盾重重。蒋介石的治理主要依靠权术而非制度,局限性明显。尽管如此,国民政府在中央到地方的职权对口设置,留下了中央集权国家的有益探索。从历史来看,各朝统治者都力图加强中央集权,但最终未能厘清职权关系,未能建成地方自主与中央权威相结合的合理职权关系结构。

中华人民共和国成立后的地方政府职权关系经历了三种形式。1949年建国初期,实行高度集权体制的人民委员会,会议由人民委员会主席主持,闭会期间由主席主持协调各行政机构的日常工作,承担地方行政首长的职责。"文化大革命"期间,人民委员会被革命委员会取代,权力极大,集党政军于一体,成为唯一的地方权力机关。"文革"结束后,1982年宪法规定将革命委员会改为人民政府。人民政府是混合型的,既是同级人民代表大会的执行机关,又是上级人民政府的下级机关,接受其领导并对其负责,实行首长负责制

中国地方政府主要有四个特征,第一个特征,地方政府角色的双重性。中国地方政府既从属于中央政府,又隶属于同级权力机关,地方政府主要领导人一般由地方同级权力机关直接或者间接选举产生。地方政府对地方立法机关负责,受它的监督。第二个特征,地方政府职权的有限性。地方政府的权限主要受到两方面的限制,一是地域范围的有限性,二是职权边界的法定性。即使在管辖中有一定的自由裁量权,也是有限的。比如说东北兴安岭地区的地方政府,它的主要职权就是对森林的治理、保

护和开发。第三个特征是地方政府功能的主导性。在中国历史上,地方政府官员在其辖区内拥有极大的权力,一人独大,这种现象在各个朝代普遍存在。地方政府的主导作用不仅在于执行中央的政策,还包括地方事务的全面管理和决策。在治理地方事务时,地方官员的权力和责任都非常大,体现了地方政府在整个治理体系中的关键作用。这种主导性一直是古代地方政府传承的法宝,确保了地方治理的高效和有序,同时也反映了中央与地方关系中的微妙平衡。在现代中国,虽然地方政府的权力受到法律和制度的规范,但其在推动地方经济发展和社会稳定中的主导作用依然显著。第四个特征是地方政府权力的非主权性。地方政府的权力不具有主权性,自治的地方政府实际上是中央政府授权的,这个自治权不拥有主权属性。即使是实行高度自治的地方政府,它拥有的自治权也不具有主权性。比如说香港特区政府,它有一定的外事权,但是它必须严格按照《香港基本法》的授权,因此它也是有限的。

三、地方政府的类型

影响地方政府类型划分主要有三大因素,一个是地方制度安排,一个是地方政府设置目的,还有是在层级关系中的角色。我们下面就从三个因素来讲分别讲解。第一个因素地方制度的安排。地方制度安排是指中央政府对地方政府做出的制度安排,其中涉及中央政府与地方政府之间的政治关系、行政关系、财政关系,它反映了地方政府在国家生活中的角色定位,规定了地方政府在国家制度中的法律地位,还展示了地方政府之间横向关系的协同方位。

按制度分类,地方政府可以分为行政性地方政府、自治型地方政府、混合型地方政府。第一种类型,行政性地方政府。行政性地方政府由中央政府或者上届政府产生,其行政首长由中央或上级政府任命。它的权限范围大小取决于中央政府或上级政府的授权的大小。事实上,中央对地方如何授权成为行政性地方政府治理中的一个难题。如果授权范围过大过广,会助长地方势力,导致割据、分裂的不良后果;如果授权范围过窄过小,地方政府就难以完成所承担的职责,更难以应对意外的突发事件。

第二种类型,自治性地方政府。自治性地方政府由当地民众依法选举产生,同国家行政机关或上级行政机关之间不存在行政隶属关系。这类地方政府在法律规定的自治范围内,有独立刑事行使职权、处理地方公共事务的权力。第三种类型是混合体地方政府。混合体地方政府由当地居民选举产生,同时又跟上级政府存在不同形式的上下级关系。这种混合型地方政府就是试图将自治性地方政府与行政性地方政府的优点集于一身。当然在实践中是不是能够真正地集中到一块?如何集中?还有很多问题就要讨论。

影响地方政府划分的第二个因素是地方政府设置目的。一般来说,地方政府设置的目的就是实现社会和谐、人民富裕、经济繁荣,维护和巩固国家政权稳定。这是一般性目的,但在现实运作过程中根据具体设置的不同目的,会存在不同的机构设置、职责重点、与运行方式。

从地方政府设置的目的来看,地方政府可划分为地域型、民族区域型、城镇型、特殊型四大类。一般地域性地方政府是指其管辖区域涵盖了城镇和乡村地区的政府单位。这类地方政府并没有特定的设置目的,而是为了全面管理和服务于辖区内的所有事务。例如,大多数的县级政府和市级政府通常属于这一类,它们负责管理辖区内的经济发展、社会事务、公共安全、环境保护等各个方面。在整个地方政府体系中,这类地方政府占据了绝大多数,确保了国家政策的有效实施和地方事务的有序管理。例如,中国的浙江省下辖的宁波市和温州市,它们不仅管理城市区域,还负责周边的乡村地区,提供基础设施建设、公共服务和社会管理等方面的支持。第二类是民族区域性地方政府。民族区域型地方政府是在多民族国家中,少数民族聚居地区所建立的地方政府。这类地方政府不仅需要实现一般的行政管理职能,还肩负着落实国家民族政策的重要职责,确保少数民族的权益和文化得到尊重和保护。例如,中国的新疆维吾尔自治区和西藏自治区就是典型的民族区域性地方政府。这些地方政府在管理当地经济社会事务的同时,还注重保护和弘扬少数民族的文化传统,推动民族团结进步。第三类是城镇性地方政府。城镇性地方政府的设置主要基于两方面考虑:一是满足城市社会的需要,二是体现国家整体先进性与现代化建设的需求。随着城市化进程的加快,城市人口和经济活动迅速增加,城镇性地方政府需要在城市规划、基础设施建设、公共服务提供等方面发挥重要作用,确保城市的有序发展。例如,北京市和上海市作为中国的特大型城市,其地方政府不仅负责城市内部的管理,还需要统筹协调周边地区的发展,推动区域一体化和协同发展。此外,城镇性地方政府还肩负着促进科技创新、推动经济转型升级的重要任务,努力建设现代化、智慧型城市。第四类是特殊性地方政府。它是指从政治管理需要出发设立的地方政府。这类地方政府的设立通常不考虑居民人口数量或民族构成,而主要依据其职责和功能。比如,香港特别行政区政府和澳门特别行政区政府就是典型的特殊性地方政府,它们在经济、法律和社会治理方面拥有高度自治权。此外,经济特区如深圳,也因为其特殊的经济和政策环境而被赋予了不同于其他地方政府的权力和职责。

影响地方政府划分的第三个因素是地方政府层级关系中的角色,地方政府层级关系是指上下行政隶属关系、法律监督关系、缔约包容关系等关系结构。地方政府在层级关系中的角色反映出它与中央政府的紧密程度,也反映出与辖区居民关系的紧密程度。

第一类是高层地方政府。高层地方政府是由中央政府直接监督的地方政府,数量有限。当代中国的高层地方政府包括四种形式:省、自治区、直辖市和特别行政区,通常统称为省级政府。高层地方政府权限广泛且全面,但直接管理具体公共事务的范围较小,大多表现为抽象的管理职能,而不是具体的操作。省级政府在国家治理中扮演着关键角色,负责协调和监督下级政府的工作,同时执行中央政府的各项政策和战略,确保国家的统一和稳定。第二类是中层地方政府。它通常由"地""县"两级政府组成。20世纪80年代以后,我国推行了"地市合并"和"地改市"的改革,目前主要存在五种形式:自治州、设区的市、自治县、县、不设区的市。中层地方政府的管辖范围较广,职权也相对全面。例如,设区的市在经济管理、公共服务、城乡规划等方面具有较大的自主权。中层地方政府在中国行政体系中扮演着重要角色,既要落实中央政府的政策,又要处理辖区内的具体事务,是连接中央和基层的重要纽带。第三类是基层地方政府。它是指位于最底层的地方政府,直接面向辖区民众,直接承担辖区公共事务,影响辖区民众的生活水平和生活质量。基层地方政府的具体职责包括维护社会稳定、提供基本公共服务、促进经济发展和改善民生等。目前我国的基层地方政府主要有四种形式:乡镇政府、民族乡政府、镇政府和街道办事处。例如,某乡镇政府负责辖区内农业发展、乡村基础设施建设和社会保障等事务;而街道办事处则负责城市社区的管理和服务工作,确保城市生活的顺畅和便利。

四、课堂测试

学生线上学习时长统计只反映了学生课外学习的量,为了进一步了解学生课外学习的质,针对学生线上学习的内容设计三个练习题,下面三题单元作业是本章节内容中最核心、最显见的问题,要求每个同学当堂开卷独立完成。对这些问题是否能在开卷的情况下在规定时间内顺利完成,是检验学生课外线上学习质量的一个基本手段。

(一)中国古代地方政府产生的标志是什么?简述中国古代地方政府演变的基本轨迹。

回答:郡县制标志着古代中国地方政府的产生。公元前221年,秦统一中国,全面实现郡县制。中央政府之下设郡,郡之下设县,县之下有乡,从此,中央政府直接管辖的地方政府体系正式形成,并延续两千多年,其间先后经历了郡县制、州县制、府县制的发展阶段。而县一直是地方政府的基本单元,从出现至今已二千多年,县在地方政府序列中的角色、地位、功能等,基本没有实质性变化。七百多年前设置的省级政府,依然为当今继承沿袭。

中国古代地方政府变迁大致经历了从秦代到民国初年三个阶段:第一阶段是秦汉魏晋南北朝时期,地方政府层级从二级制变成三级制;第二阶段是隋唐五代宋辽金元时期,重复了从二级制到三级制的演变;第三阶段是明清及民国前期,从多级制逐步简化为相对稳定的三级制,也出现过短期的二级制。

(二)中国地方政府的基本特征有哪些?

回答:中国地方政府的特征:

1. 地方政府角色的双重性

各国地方政府一般都具有执行性职能和领导性职能。从纵向而言，地方政府既具有程度不同的服从性，又具有相对的独立性。在我国，地方政府具有明显的双重隶属关系。一方面从属于中央政府，必须在它所设定的权限内活动；另一方面，权力机关直接或间接选举产生，地方政府要对地方立法机关负责，受其监督。

2. 地方政府职权的有限性

地方政府的权限主要受到两方面的限制：一是管辖的地域范围的有限性，从空间上讲，地方政府只能在其所管辖的行政区域内行使权力，不能超越行政区域；二是职权边界的法定性。

3. 地方政府权力的非主权性

主权是行使某种权力的最权威的决定权，现代民主国家的主权属于这个国家的全体人民，主权是在一个国家中进行指挥的绝对和永久的权力，没有主权，国将不国。当代中国是单一制国家，国家主权由中央政府行使，地方政府的权力来自中央政府的授予，因而，中央政府可以依法对地方政府的权力予以变更甚至撤销。

4. 地方政府功能的全面性

按地方制度划分中国地方政府有哪几种类型？

回答：按地方制度分类的地方政府，从地方政府在国家生活中的角色定位、法律地位来看，地方政府一般可分为三种类型：行政型的地方政府、自治型的地方政府、兼具上述两类地方政府特点的混合体地方政府。

（1）行政型地方政府

行政型地方政府由中央政府或上级政府任命产生，其行政首长由中央或上级政府任命，其权限范围大小取决于中央政府或上级政府的授予，其管辖事务的范围除了只能由中央政府承担（如国防、外交、货币、金融等）的以外，其他都可由中央政府授予。行政型地方政府从上层获得权力的授予，秉承上层的命令，在他们的指挥、监督下，执行治理本区域的公共事务，因此，实质上是中央政府或上级政府在当地的代表，是集国家政治统治与区域行政管理于一体的地方国家机关，本身不具备独立的法人资格。

（2）自治型地方政府

自治型地方政府是指由当地民众依法选举产生的地方政府。这类由当地民选的地方政府,依据国家法律所赋予的权限,在法律规定的自治范围内,遵照并代表当地民众的意志与愿望,独立行使职权,处理地方公共事务,并只对选举产生它的当地民众负责。

（3）混合体地方政府

混合体地方政府与自治型地方政府相同,都是由当地居民选举产生,但它同上级政府的行政机关之间存在着不同形式的上下级关系,这又与行政型地方政府有相同之处。这类地方政府力图集地方自治型地方政府与行政型地方政府的优点于一身。

学生回答上述问题的时长为 30 分钟,回答完后要求上传中国大学 MOOC 课 SPOC 课程教学中国地方政府概述章的单元作业平台。教师通过批改学生的作业可以了解学生线上学习的效果,并将批改后的单元作业反馈给学生。教师在中国大学 MOOC 课 SPOC 课程平台可以得到中国地方政府概述单元作业的课程统计数据(见图 4.1 和 4.2)。

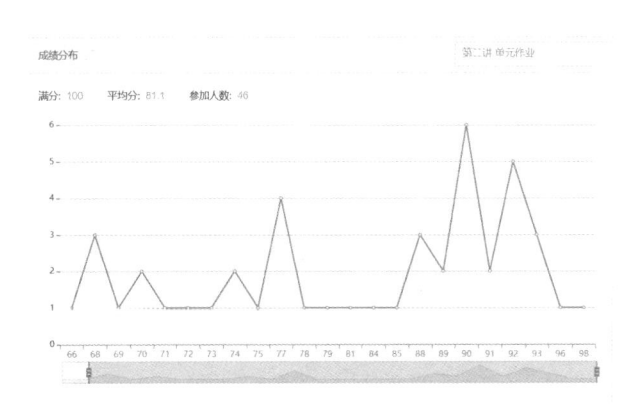

图 4.1　中国地方政府概述单元作业成绩统计图

比较绪论单元与中国地方政府概述的作业成绩统计表可以发现,从总体上看,学生第二次的线上学习质量有了大幅度提升。这表现在:一、班级平均分从 69.7 分上升到 81.1 分;二、不再出现 60 分以下的分数;三、没有答完题的学生数大幅度减少。由此可以看出,经过第一次绪论课

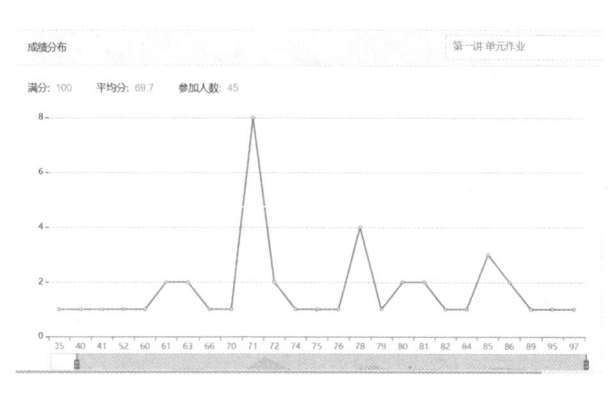

图 4.2　绪论单元作业成绩统计图

的教学后,学生对线上线下混合式翻转课程的教学要求有了更好的认知和执行。同时,教师还要分析平均分以下学生的答题情况和线上学习情况。导致成绩不理想的原因是课堂答题速度慢、课外线上学习不够认真,还是思想上不够重视。教师可通过课外单独了解情况,让每次成绩均比较出色的同学与大家分享他(她)的线上学习经验和线下答题技巧。单元作业教学的努力目标是平均分在 90 分以上。

五、课堂答疑和提问

(一) 回答学生问题

在上一次课时,教师要求每位同学在自学时将不懂的或感兴趣的问题记下来,因此,在本次课程的学生提问环节开始时,教师留出 2 分钟时间,让同学们将自己记录下来的问题发到班级群里去。结果只有一位同学提交了一个问题:即教学视频中中国地方政府的特征有四点,而教材中只有三点,即没有地方政府功能的全面性。为什么?老师对地方政府功能的全面性做出回答,同时解释地方政府职权的有限性,以及两者之间看似矛盾的关联。

从本堂课的学生提问环节可以看出,学生虽然都重视观看教学视频了,对教材内容的理解也与第一次课相比有了显著提升,但学生在学习过程中习惯于被动吸引、记忆知识,自主思考、质疑少。当然,这种情况可能与这两次课是引论性内容有关。下一次课的内容将涉及地方政府的权力,是现实地方政府运作中的核心问题。教师继续布置学生在自学时记录不懂的或感兴趣的问题。同时在中国大学 MOOC 课 SPOC 教学平台的讨论区设置"自学后互问互答互赞"板块(如图 4.3),要求同学们在课外自学时(观看视频、阅读教学、理解 PPT)记录不懂的或感兴趣的问题,争取每个同学每次课提 1 个问题,回答 1 个问题,点赞 1 个最好的问题。

图 4.3　自学生互问互答互赞板块

(二) 老师向线上学习时长不达标的同学提问

教师通过点名让线上学习时间不达标的同学回答以下两个问题:

1. 如何理解地方政府特征的非主权性?

主权是行使某种权力的最权威的决定权,现代民主国家的主权属于这个国家的全体人民。主权是在一个国家中进行指挥的绝对的和永久的权力,没有主权,国将不国。当代中国是单一制国家,国家主权由中央政府行使,地方政府的权力来自中央政府的授予,因而,中央政府可以依法对地方政府的权力予以变更,甚至撤销。地方政府的权力不具有主权性质,即使是地方政府自治权也是如此。地方自治权实质上是中央政府对地方政府自治事物管辖权的授予,正是由于这种授予,自治的地方才有权以自己的名义、按自己的意愿管理公共事务。自治权并不是自治的地方政府固有的权力。地方政府拥有的自治权不具有主权属性。

2. 为什么中国从古代、近代到现代会有不断的地方政府制度变化，你认为促动地方政府制度变化的原因是什么？

中国古代地方政府制度的变迁为：首先，郡县制起源于春秋，形成于战国，全面推行于秦始皇统一天下。郡县制标志着中国地方政府制度的形成。秦汉到隋朝时期，郡县二级制向三级制演变；唐宋辽金元时期，地方政府从二级制到三级制的演变恢复；明清地方政府从多级制到三级制或短期二级制变化。这些都是以行政区划与行政层级的变迁为主线。由此可见，历史上的中央与地方关系就像钟摆一样摇摆不定。中央集权过大了，地方运转不好，那就要放一点权；放权放得太厉害了，容易造成地方各自为政，中央管不了了，那就要收权，形成一种动态平衡。

为了进一步强化学生对课外线上学习的重视，本节课教师提问对象为线上学习时长不达标的同学。其中第一题完全来自教材，第二题不完全来自教材，可由学生储备的知识和经验来支撑。对于"促动地方政府制度变化的原因"的回答，几位同学提供了很丰富的答案。概括起来主要有以下几点：政治体制中最核心人物的意志、中央与地方政府的博弈、社会经济环境的影响、国际环境的影响、中央财力的大小、中央管理能力的强弱、科技的进步等等。这时，教师可向全班同学提问，邀请所有同学参与到这个问题的回答中，可以通过班级微信群收集同学的答案。最后，教师可以向同学们介绍行政管理学中制度主义和新制度主义关于制度变迁的研究视角，介绍相对比较通俗易性的专业书，吸引有研究兴趣的同学进一步深入。

第二节　知识深化与运用：小组定题研讨

一、分小组讨论以下题目

1. 请大家结合中国古代地方政府制度变迁，谈谈对我国古代中央与地方关系的理解。

2. 本章第二节内容概括几点中国地方政府的特征？什么是特征？

你是否认同本教材所概括的中国地方政府的特征？为什么？

3. 本章第三节内容中，对地方政府做了几种划分？为什么要对地方政府做不同类型的划分？

4. 小组可自由设计讨论题，讨论题需向老师汇报并同意。

小组讨论需递交讨论记录。

第一小组讨论记录：

1. 中国古代地方政府制度的变迁为：首先，郡县制起源于春秋，形成于战国，全面推行于秦始皇统一天下。郡县制标志着中国地方政府制度的形成。秦汉到隋朝时期，郡县二级制向三级制演变；唐宋辽金元时期，地方政府从二级制到三级制的演变恢复；明清地方政府从多级制到三级制或短期二级制变化。这些都是以行政区划与行政层级的变迁为主线。由此可见，历史上的中央与地方关系就像钟摆一样摇摆不定。中央集权过大了，地方运转不好，那就要放一点权；放权放得太厉害了，容易造成地方各自为政，中央管不了了，那就要收权，形成一种动态平衡。但总的趋势是中央集权不断加强，地方权力不断削弱，地方越来越依附于中央。同时从这儿我们可以看出地方政府角色的双重性，它具有执行职能，就是执行中央的决策，还有一个就是领导性职能，就是在中央授权下领导地方。

2. 中国地方政府具有四点特征，分别是地方政府角色的双重性，地方政府职权的有限性，地方政府功能的全面性和地方政府权力的非主权性。地方政府执行中央政府决策，具有执行性职能，地方政府管辖地方社会经济，具有所谓领导性职能，所以具有角色上的双重性。地方政府只能在该管辖区域内的行政领域进行管理工作，且地方政府一般只能在法律范围内行使权力，且受中央监督，具有管辖的地域范围的有限性和职权边界的法定性，因此具有有限性。中国古代地方政府无非在集权与分权两大治国思想中摇摆前行，但无论地方政府的权力被削弱与否，它的职权范围都较为广泛，因此具有全面性。由于当代中国是单一制国家，国家主权由中央政府行使，地方政府的权力来自中央政府的授予，因此具有非主权性。所以我认同教材中提出的这四点特征。

3. 本章第三节内容对地方政府做了以下三种划分：一个是以地方制

度安排为标准来划分,一个是以地方政府的设置目的为标准来划分,一个是以地方政府层级结构中的角色为标准来划分。划分有利于从科学分类基础上对同类地方政府进行研究,寻找相同点;对不同类型地方政府进行比较分析,寻找其差异,有助于更好地了解、认识地方政府活动的特点和规律,更好地发挥地方政府的应有功能。

第二组讨论记录:

1. 中国古代地方政府制度的演变主要以行政区划和行政层级的变迁为主线。周朝实行世袭分封制,地方政府与中央政府是独立分权自治。春秋战国时期,形成了郡县制,郡县制从体制上奠定了地方政府的基础。从秦汉到隋唐时期,郡县制从二级向三级演变,三国以后,州郡县三级政府成为正式的制度。唐宋辽金元时期,地方政府又从二级制到三级制的演变回复。明清及民国前期中国地方政府制度从多级制逐渐简化为相对稳定的三级制。中国古代地方政府与中央政府的关系始终处于一种动态的平衡。中央需要下放一定的权力给地方政府,提高行政效率;但同时又惧怕地方权力过大,形成地方割据,因此会限制地方权力的范围以达到牵制的目的。

2. 第二节概括了四点特征。(1)地方政府角色的双重性 (2)地方政府职权的有限性 (3)地方政府权力的非主权性 (4)地方政府功能的全面性。

我们同意本教材所说的地方政府的四个特征,从第一点来看,地方政府的双重性是由于我国是一个单一制国家,所以地方政府会具有明显的双重隶属关系。第二点讲的是有限性,主要体现在地域范围的有限性和边界的法定性。第三点讲的是非主权性。原因就是因为我国是一个单一制的国家,国家主权由中央政府形式有行使。所以地方政府的权力是不具有主权性质的,因为他的权力是来自中央政府的授予。

3. 在第三节中,对地方政府进行了三种划分。分别是根据地方制度,安排地方政府的设置目的以及地方政府层级结构中的角色来进行划分。要对地方政府进行划分的原因,是影响地方政府制的因素,有很多方面,上面说到的地方制度安排、地方政府设置的目的以及在地方政府层级结构中的角色是影响地方政府活动最重要,也是最直接的三大因素,所以要对其进行划分,来明确各个地方政府的权限范围、设置目的以及其独特性。

第三组讨论记录:

1. 中央与地方的关系,说到底是中央与地方权力如何分配的问题。而诸项权力中,又以军、财、刑三权为核心。军队的统领管辖,大部分由中央及中央派出专职官员直接掌握,是非常必要的。至于财政权在中央与地方间的分配,不应过分偏重中央。而这一切,又直接关系到对百姓的剥削量、税源培植和整个社会生产的发展。中央对地方财政搜刮太狠,势必使地方难以为继。其结果不仅地方官府的公益职能无法正常发挥,还会逼迫它们变换手法加重剥削量,破坏财源和社会经济。而且,地方财政拮据和财源破坏,还会进一步导致中央"积贫积弱"。司法方面,历代均是中央掌握立法和监督大权,地方官只有执法权。不过,地方官府行使执法权也有差异。行政与司法合一,为古代政治的通病。这是毫无疑义的。但在当时的历史条件下,地方官府保持相当程度的执法权,也是树立自身权威和稳定地方秩序的需要。

2. 双重性,差异性,服务性,有限性,规范性特征:特征是一个客体或一组客体特性的抽象结果。特征是用来描述概念的。任一客体或一组客体都具有众多特性,人们根据客体所共有的特性抽象出某一概念,该概念便成为了特征。我赞同本书特征概括,但我们仍觉得有可以完善的部分。

3. 按地方制度安排可分为行政型自治型和混合体地方政府,按设置目的可分为一般地域型民族区域型和城镇型以及特殊型地方政府,按层级分类可分为高层、中层、基层地方政府。原因:1. 国情。地方制度反映了地方政府在国家生活中的角色定位,规定了地方政府在国家制度中的法律地位,还展示了地方政府之中的角色定位。在中国这样的单一制国家,需要按行政区划来设置地方政府的管辖区域。2. 优点。便于学科研究,便于清晰地方政府承担的职责范围和管理方式,加强辖区与居民之间关系的紧密程度。也便于加强中央对地方的管理,维护国家统一,使国家政策更好落实。有助于准确界定各级地方政府的职权范围、职责重点、工作方式的差异,帮助民众更好地了解并监督各级地方政府工作的合理性和合法性。

第四组讨论记录：

1. 中国古代央地关系在历朝历代都有着不同的表现和变迁。总体趋势是中央权力不断加强，地方权力不断受到削弱与制衡。

在秦汉时期，郡县制度是中央集权的重要体现。中央政府对郡县进行直接管理，并严格控制其权力，体现了强干弱枝的特点。然而，在两汉时期，由于地方豪强的兴起和中央政府的软弱，形成了地方割据的局面，中央集权的程度有所降低。

隋唐时期，实行了三省六部制，中央政府的权力得到了加强。同时，地方政府的权力也得到了限制，地方官员的任免权被收归中央。这一时期，中央集权得到了进一步的体现。

在宋代，中央政府进一步收回了地方权力，并实行了严格的监察制度。同时，中央政府也给予地方官员一定的权力，以增强地方政府的积极性。但是，在宋代后期，由于地方势力的不断增强，中央政府逐渐失去了对地方的控制。

在明清时期，中央政府再次加强了对地方的控制，实行了严格的府州县制度。同时，也给予地方官员一定的自主权，以增强地方政府的积极性。然而，在清代后期，由于地方势力的不断增强和中央政府的衰微，地方坐大的情况再次出现。

综上所述，中国古代央地关系经历了多次变迁和调整。总体来说，中央政府在不断地加强其权力，而地方政府则在不同程度上扮演着执行者的角色。然而，在某些历史时期，由于各种原因的影响，中央政府和地方政府之间的关系也出现了失衡的情况。因此，维护央地关系的平衡是实现国家治理的关键之一。

2. 中国地方政府的特征：(1)地方政府角色的双重性(对上级和同级人大而言为执行性，对下级而言为领导性)；(2)地方政府职权的有限性(管辖的地域范围的有限性；职权边界的法定性)；(3)地方政府功能的全面性；(4)地方政府权力的非主权性。

我认同教材中概括的中国地方政府特征。其较好地概括了中国地方政府在行政体系中的鲜明特点，合乎中国单一制的政治现实。

3. 地方政府分类：

按地方制度分类——行政性地方政府;自治性地方政府;混合体地方政府。

按设置目的分类——一般地域性地方政府;民族区域性地方政府;城镇性地方政府;特殊性地方政府。

按层级分类的地方政府——高层地方政府;中层地方政府;基层地方政府。

对地方政府进行不同类型的划分可以有以下好处:

便于管理和指导:不同类型的地方政府可以为国家提供不同的管理和指导方式。例如,有些地方政府的规模较大,人口较多,需要中央和省级政府更多的支持;而另一些地方政府的规模较小,人口较少,可能更容易管理和控制。

提供差异化的服务:不同地区的社会经济状况和文化背景存在差异,因此需要根据实际情况对地方政府进行分类,以便更好地满足当地居民的需求。例如,在经济发展较快的城市或地区,可能需要加强城市规划和环境保护等方面的工作;而在贫困地区,则需要更多关注教育、医疗和社会福利等问题。

总之,对地方政府进行不同类型的划分是为了更好地适应现实情况的需要,提高国家治理的效率和质量。

第五组讨论记录:

1. 古代我国实行中央集权制度,中央对地方拥有统帅权,地方听命于中央。在漫长发展中,统治者不断加强中央权力,削弱地方权力。如汉朝实行推恩令,北宋的重文轻武。于元朝时,实行行省制度,这也是中国省制的开端。

2. 地方政府角色的双重性、地方政府职权的有限性、地方政府功能的全面性、地方政府权力的非主权性。

3. 按地方制度分类,有行政性地方政府,自治性地方政府,混合体地方政府;按设置目的分类,有一般地域性地方政府,民族区域性地方政府,城镇性地方政府,特殊性地方政府;按层级分类,高层地方政府,中层地方政府,基层地方政府。

二、老师就每个小组的讨论做点评、补充回答和扩展

这一节课的小组讨论是本门课程的第一次小组讨论尝试，主要有以下三个教学目的：一是初步了解本班学生小组讨论能达到的水平、班级总体的自由表达氛围、学生对小组讨论的认知等，以便后面的教学设计有针对性地加以应对和改进；二是了解每一小组的讨论情况，组员个性情况如何、组员的学习态度和讨论态度如何、是否有一个合格的讨论主持人，能否开展组员间的讨论。对于不能开展讨论的小组，教师对于组员自身无法克服的困难，可采取在征求同学意见的基础上，与其他几个小组更换几名成员，或者干脆把该组员分配到其他能有效开展讨论的小组中去。

为了在小组讨论时让学生能在思考的基础上展开讨论，教师在设计讨论题目时尽量留足了让同学自由发挥的空间。比如第一题让大家谈谈对我国古代中央与地方关系的理解；第二题让同学们谈谈是否认同本教材所概括的中国地方政府的特征；第三题谈一谈为什么对地方政府做不同类型的划分，或者划分的目的是什么。这些问题都超出了教材的范围，让同学们能够结合自己的知识自由发挥。同时老师也设计了第四个题目及让小组成员可自由设计论题，经过老师同意以后可以作为本组的讨论题。这样设计的目的是能够让学生跳出教材、不被教材局限，能够让自己所掌握的知识和教材中的话题结合来做出延伸性思考和回答。

从五个小组的讨论过程和提交的讨论记录来看，本次课程的讨论主要存在着以下问题：第一，基本上每个小组都没有跳出教材、局限于教材之中去寻找答案，而不是把讨论的核心放在教师设计的让学生自由发挥的地方。有的小组对内容有发挥，但也只是围绕着教材内容做进一步地阐释和说明，而不是提出新的观点；有的小组虽然有了不同于教材的观点，比如第三小组提出教材所概括的特征可以有完善的地方，但是如何完善没有展开充分的说明和讨论。第二，有个别小组如第五讨论小组，从他们的讨论过程和讨论记录来看，小组没有形成讨论的氛围和集体行动。

小组成员没有投入到讨论中来这可能是有很多原因造成的。缺乏有一个组织能力的讨论召集人、小组成员的知识水平相对薄弱、小组成员性格均比较内向等等。第三，从五个小组的讨论过程和提交的讨论记录来看，同学们对"小组讨论应该是什么样的"还缺乏认识。每个小组基本上都以找到问题的答案记录下来上交为目的，没有认识到在讨论过程中形成观点的交流、分享乃至冲突后达成的共识才是讨论的目的。

针对上述小组讨论情况，教师结合上面三个问题展开点评，同时让同学们认识小组讨论的目的是什么，什么样的小组讨论过程和讨论结果是优秀的。

第三节 引论性内容翻转课堂教学设计与实施面临的问题及解决方案

任何一门课程几乎都以引论性内容开始，所以当教师想要开始一门线上线下混合式翻转课堂教学时，首先要面对的就是引论性内容翻转课堂如何进行教学设计。所谓良好的开始是成功的一半，设计与实施好引论性内容翻转课堂的教学过程，对整个课程的教学成败有着重要的意义。但是，引论性内容不同于课程后面的主要内容，教师在教学中往往拥有相对较少的发挥空间。这会使引论性内容翻转课堂教学与实施面临不少问题，而教师也必须设计给这些问题找出解决方案，才能渡过线上线下混合式翻转课堂教学的第一个难关。

从总体上看，引论性内容翻转课堂教学设计主要面临以下三个问题，作者在教学过程也尝试了若干解决方案。

第一，翻转课堂可能会出现翻不转现象。线上线下混合式翻转课堂于传统的大学课堂教学有着显著的差异。这种教学方式可以改变以往以教师讲授知识点为主的教学模式，但它对学生的学习时间投入、学习态度、学习热情有着更高的要求。翻转课堂要求学生来出席教师的线下课之前，对本节课的学习内容先预习好，并初步掌握本节课程应该掌握的知识点，并找到自己的有待进一步弄懂和深入的问题带到线下课堂中来。

在线下课堂教学中,学生的学习方式也不再是简单地听、记和理解,而是要投入到课堂活动中来,发表见解、分享知识、参与研讨。因此,对刚刚接触线上线下混合式翻转课堂的学生来说,这是一个巨大的挑战,从而出现翻转课堂翻不转现象。具体表现在:一、学生线上学习和课外自习时间不足,没有预习好课程内容;二、学生只看了教学视频,但对所学内容没有深入思考,找不到需要弄懂和深入的问题;三、学生无法有质量地完成教师设计的线下课堂教学任务;四、教师在线下教学中依旧花很多时间来教学课程的基础内容。

对于翻转课堂翻不转的现象,教师在教学过程中要时刻保持警惕。特别是课程开始之初,要为课程的教学立好应有的规则。具体而言,可采取以下措施来防止翻不转课堂的出现。首先,关注学生线上学习时长。在开始几节课,教师要严密关注学生线上学习时长,并及时将检查结果反馈给学生,必要时进行单独谈话。争取尽早让学生认知并做好课外线上学习是本门课程学习的开始,是必不可少的一部分。其次,设计好的教学过程,推动学生对线上所学内容进行思考,让每位同学对线下教学有备而来。比如,本门课程在第三次线上教学前设置了讨论区的"学生互问互答互赞"板块。最后,线下课堂教学的教学设计难度先不要太高,让学生先有参与课堂活动的意识。因为,在翻转课堂刚刚开始之初,学生线上课外学习的质与量都还没有完全保障,这时较高的线下课堂教学设计,势必会出现翻不转课堂出现,这时应该暂时放下教学活动难度,以培养课堂活跃氛围为首要条件。

第二,教学设计与学生水平不匹配现象。《地方政府学》课程开设在不同的培养方案中,开设的年级不同,即使相同年级的学生,学生的水平也有很大差异。在引论性内容中,教师和学生很有可能是首次接触,即使以前有接触,线上线下混合式翻转课堂的教学方式也很有可能是第一次共同面对。因此,教师对学生在翻转课堂中的能力、态度、兴趣点都不太清楚。因此,教师从第一节的教学设计开始就面对教学设计与学生水平不匹配的现象。这种不匹配有可能是教学设计要求高于学生的真实水平,导致学生在教学活动中无力下手;也有可能是教学设计要求低于学生的真实能力,导致学生没有充分的兴趣投入到教学活动中来。这些现象都会影响学生对翻转课堂的良好学习印象,从而逐渐形成学生注意力和兴趣点逐渐抽离线下课堂教学。

因此,在引论性内容的教学设计实施过程中,教师应该抱着试探性的态度进行教学设计,并在教学实施过程中及时加以调整和改进。比如,在本课程第一次线下课堂的教学中,教师原来的教学设计是让学生在网上"寻找现实中的地方政府"。教师在教学设计中并不认为这是有难度的教学活动,但是在教学实施过程中,教师发现,学生寻找的现实中的地方政府,并不是生动的案例,而是一些简单的新闻报道、宣传稿件等。针对这一情况,教师现实做了点评、讲解,告诉大家应该找什么样的材料才比较接近于现实中的地方政府,与此同时,教师在讨论区发布了"基层干部:图斑整治,我连自己都不相信"作为范本供大家参考。经过这一调整和改进后,之后学生上传的案例质量就有明显提升。

第三,引论性教学内容无法激发学生深入思考。引论性内容的扩散性相对较小,主要涉及概念、特征、类型等教学基本内容。这类内容大多有确定答案,没有太多的讨论空间。因此,教师在教学设计时如果紧扣住教学内容,就无法激发出学生深入思考和投入讨论的热情。因此,教师在教学设计和实施过程中要大胆突破教学内容限制,拓展到可供学生批判、讨论或学生司空见惯又不曾细想的领域。

比如,在本课程中国地方政府概述的线下课堂教学设计与实施。教师设计了讨论题,什么是特征?为什么要分类?特征与分类是每一本教材里都大量出现的内容,学生学过很多,背过很多,但什么是特征?为什么要分类?这两个问题却没有深入思考过。特征从字面上理解,应该是研究对象相对于其他同类事物而言所具有不同的性质。但目前绝大多数教材中,特征概括的是研究对象所具有的属性。尽管这已是我们的约定俗成,但什么是特征,这一问题的提出,可以培养学生在阅读教材时批判性地接受知识,而不是不加思考地全盘接受。为什么要分类?这个问题其实是科学研究的起点。科学是格物致知,只是分类了,科学了才真正开始。但同时也要明确,分类是我们认知或研究的需要,是人为的,可以根据人的需要进行任何方式的分类。这一问题的提出,可以培养学生的认知和科研素养。

由此可见，引论性内容翻转课堂的教学设计和实施应该突破内容局限，把学生的思路引到更有探索性的领域，根据学生的认知能力和水平，对学生的智识构成合适的挑战，才能将学生的学习兴趣调动起来、培育良好的课堂研学气氛，为以后的探究式翻转课堂建设打好扎实的基础。

第五章
地方人民政府权力

本章将深入探讨地方人民政府权力的翻转课堂设计与实施。本章将分为两节,每节都将关注不同的教学和学习活动,以促进学生对地方政府权力的深入理解和运用。在第一节中,我们将进行理论知识梳理与检测。这一环节旨在帮助学生回顾和巩固第四章中介绍的地方政府权力的相关理论和概念。通过这次检测,学生将有机会评估自己的理解程度,并填补可能存在的知识漏洞。第二节将重点关注知识的深化与运用。在这一节中,学生将以小组自由选择的议题为基础展开研讨,并运用他们在前一节中检测和巩固的知识。这将为他们提供一个实践性的平台,以应用理论知识来分析和讨论地方政府权力的实际问题和情境。

通过本章的学习,我们期望学生能够更全面地理解地方政府权力的概念,并将其运用到实际问题中。这将有助于他们培养批判性思维、团队合作和问题解决能力,为未来的学习和职业发展奠定坚实的基础。让我们开始探讨本章的具体内容,以便学生能够充分参与和受益于这一学习过程。

第一节 理论知识梳理与检测

一、地方人民政府权力概述

地方人民政府权力是什么？地方人民政府权力是宪法和法律赋予地方人民政府管理本辖区公共事务的权力，是地方国家权力和国家行政权力的重要组成部分。地方人民政府根据法律规定获得相应的权力并形成一定结构。这一节的主要内容包括地方人民政府权力的概念、地方人民政府权力的性质和特点，以及地方人民政府权力的内容。

第一部分是地方人民政府权力的概念。马克思主义认为，国家权力是统治阶级按照自身意志在一定地域内实施对政治和社会公共事务的管理。这种权力不仅对内代表国家进行统治，还对外代表国家行使主权。国家权力的行使依赖于国家机构的保障。其本质是统治阶级实现其政治统治的工具，具有明显的阶级性。此外，国家权力还具有社会管理的属性，体现在对公共事务的管理和服务上。例如，现代国家通过立法、行政和司法系统，维护社会秩序，提供公共服务，保障公民基本权利。以中国为例，政府通过执行法律，管理公共事务，提供教育、医疗等公共服务，从而实现对社会的有效管理和服务。

当政府被划分为中央政府和地方政府时，国家权力便相应的配置给中央政府和地方政府，形成中央政府权力和地方政府权力。中央政府权力是在国家领土范围内、社会公共领域中发挥作用的国家权力。它包括制定法律法规、国家安全、外交政策和宏观经济管理等方面。例如，中央政府有权通过全国人大制定和修改宪法与法律，如《中华人民共和国宪法》和《民法典》。中央政府还负责外交事务，如与其他国家签订条约和协定，这些都是中央政府权力的体现。地方政府权力是在国家部分地域内的公共领域发挥作用的国家权力，是地方政府在所辖行政区域内管理公共事务的权力。例如，地方政府可以制定地方性法规和政策，如某省政府制定的环境保护条例，以应对本地区的环境问题。地方政府还负责地经济发展和社会服务，如城市规划、公共交通和教育卫生等方面的管理。这些权力使地方政府能够根据本地实际情况，更好地服务于辖区内的居民。

在中国，地方政府权力作为一个法定概念，是指地方人民政府行使的国家行政权力，是地方国家权力的重要组成部分。具体而言，地方人民政府权力是国家权力机关或上级人民政府通过一定程序，依法授予地方人民政府在地方性公共事务管理过程中执行法律、履行政府职能，对自然人、法人和非法人组织施加强制性、支配性的影响，以实现地方经济社会发展目标的强制性力量。以北京市政府为例，北京市政府作为地方政府，负责首都的城市建设与管理，比如地铁线路的规划和建设、垃圾分类政策的实施以及社区医疗服务的提供。这些具体事务的管理体现了地方政府在其行政区域内的权力和责任，同时也需要与中央政府的政策和法律相协调。从上述概念中可以看出：第一，地方人民政府权力的来源是国家权力机关和上级人民政府。第二，地方人民政府权力的适用范围主要是地方性公共事务。第三，地方人民政府权力的根本目标是通过管理地方性公共事务、执行法律、履行政府职能，实现地方经济社会发展和人的全面发展。第四，地方人民政府权力的作用方式是以国家强制力为后盾。第五，地方人民政府权力的客体是所辖区域内的所有自然人、法人和非法人组织。需要指出的是，随着社会文明程度的不断提高，地方人民政府权力行使的直接强制性色彩逐渐淡化，而平等、协商、参与日益成为行政的基本模式或重要特征。

第二部分是地方人民政府权力的性质和特点。地方人民政府的权力具有人民性、管理性和服务性。人民性是其根本属性，体现了国家权力的阶级性。管理性表现为地方人民政府依据国家法律和宪法，在中央和上级政府领导下，进行计划、组织、协调、控制和领导等一系列管理活动，这体现了国家权力的社会管理属性。服务性则体现在地方人民政府为地方社会和居民提供基本保障的公共产品和公共服务，这不仅体现了国家权力的社会管理属性，也体现了国家权力的人民性。例如，地方政府通过修建道路、提供医疗服务、改善教育资源等方式，直接服务于辖区居民，满足其基本需求，保障其生活质量。

其次是地方人民政府权力的特点。具体而言,其具有法定性、强制性、普遍性、单方性、优异性、不可随意处分性、执行性以及区域性等特点。作为国家权力的组成部分,它具有一般国家权力所表现出来的法定性、强制性和普遍性等特点。作为国家行政权力的组成部分,它具有国家行政权力所表现出来的单方性、优异性、不可随意处分性的特点。需要指出的是,随着经济社会的发展和依法治国战略布局的全面推进,地方人民政府权力的单方性也在相对缩小其范围,双方甚至多方参与并形成合一的行政方式逐渐增多,行政优益权的行使受到了诸多限制,如时间限制、公务目的限制、手段必须的限制等。作为地方政府所行使的权力,它具有执行性、区域性的特点。所谓执行性,是指在整个国家权力结构中,地方人民政府权力具有明显的执行性特征。根据宪法和组织法的规定,一方面,地方各级人民政府是国务院统一领导下的地方各级国家行政机关。另一方面,地方各级人民政府又是地方各级国家权力机关的执行机关。因此,地方人民政府权力的行使过程就是执行宪法、法律、法规、规章、国家权力机关的决议以及上级人民政府的命令和决定的过程。还应当说明的是,地方人民政府是治理法定范围的政府单位,它的治理权限只能在所辖的法定行政区域内存在,不能超越中央政府划定或认可的行政区域。

第三部分是地方人民政府权力的内容。在坚持国家权力统一不可分割的前提下,国家权力划分为立法权、行政权、监察权、审判权、检察权等,在不同的国家机关之间进行分工,以国家权力机关为中心,各机关相互协作,统一行使国家权力。地方人民政府权力是地方国家行政权力,是国家行政权力的有机组成部分。就具体内容而言,地方人民政府权力包括行政立法权、行政命令权、行政许可权、行政确认权、行政给付权、行政奖励权、行政征收、征用权、行政检察权、行政强制权、行政制裁权、行政合同权、行政司法权等。

二、地方人民政府权力的来源

地方人民政府权力的来源包括三部分,分别是地方人民政府权力的获得与授予、地方人民政府权力获得的方式和影响地方人民政府权力获得的因素。

第一部分是地方人民政府权力的获得与授予。地方人民政府权力的获得,是指地方人民政府基于历史、宪法、法律、政体形式、国家结构形式以及现实的依据,为履行对地方公共事务的管理服务职能,从权力机关、上级政府那里,通过一定的方式和途径取得权力的活动。例如,地方人民政府依据《中华人民共和国宪法》,有权制定地方性法规,管理本行政区域内的经济、教育、卫生等事务。地方政府在应对突发公共事件时,通常会被赋予临时的应急权力,以便快速有效地应对危机。新冠疫情期间,中国的地方政府被赋予了更多的防疫和控制权力,保障了公共卫生安全。地方人民政府权力的授予,是指国家权力机关和上级人民政府,依照宪法和法律规定或实际需要,通过一定程序将权力赋予或委托给地方人民政府的过程。授权是权力合法转移的形式,主要分为政治授权和行政授权。政治授权是指中央政府或上级政府通过立法程序,将特定权力下放给地方政府。例如,《地方组织法》规定了地方政府的职权范围。2020年,为应对新冠疫情,全国人大常委会通过了特别授权,允许地方政府根据实际需要采取更加灵活的防疫措施,如封锁特定区域、调动资源等。行政授权是指上级行政机关将某些行政职能委托给下级政府。例如,国务院可以通过行政命令将特定经济发展的审批权下放给省级政府,以促进地方经济的发展。

地方人民政府权力的获得与授予之间存在密切的关系,既有联系也有区别。联系在于地方人民政府的权力获得通常需要通过授予来实现。区别在于在授予关系中,地方人民政府是授予的对象,是客体;在获得权力中,地方人民政府是主体,具有主动性质。例如,地方政府在经济开发区的建设中,可以通过中央政府的授权来获得特殊的经济管理权限,再比如中央政府通过法律授权地方政府对某些公共事务进行管理和服务,在突发公共卫生事件中,中央政府可能会授予地方政府更多的管理权限,以应对紧急情况。通过这些具体的例子,可以看到地方人民政府权力的获得和授予在实际操作中是如何紧密相连的,同时也体现了两者之间的角色和地位的差异。

第二部分是地方人民政府权力获得的方式。地方人民政府获得权力的两种基本方式分别为：国家权力机关授权和中央政府或上级政府的府际授权。这两种授权方式共同确保了地方人民政府能够依法行使其职权，推动地方公共事务的有效管理。国家权力机关授权是指国家权力机关将权力授予地方人民政府，包括全国人民代表大会的授权和地方各级人民代表大会的授权。主要有三种情形，第一种，通过宪法和法律设定地方人民政府对某类事项所拥有的管理范围。第二，通过法律法规设定地方人民政府对某一行政事项依法所拥有的专有管理范围。第三，通过法律、法规、规章等具体的法，设定地方人民政府做出某种行政行为的权力，表现为做出行政许可决定、行政处罚决定、行政征收征用决定等等。府际授权则是中央政府或上级政府通过行政命令、规章等形式，将部分行政权力委托给下级地方人民政府，以实现更有效的行政管理和地方治理。例如，国务院可以授予地方政府一定的环境保护职责。这样，地方政府能够在自己的行政区域内执行相关政策和措施，保护环境，改善空气和水质。再比如，中央政府可以授权地方政府在一定范围内实施经济特区政策，以促进地方经济发展和吸引外资。这样的授权不仅提高了地方政府的行政效能，还能够更好地回应当地居民的具体需求，促进地方经济和社会的协调发展。

第三部分是影响地方人民政府权力获得的因素。从马克思主义观点看，人类生活的环境既是人类活动的结果，也是人类活动的条件。行政生态学研究表明，地方人民政府与行政环境之间存在相互作用的辩证关系：行政环境不仅制约地方人民政府的行政行为，还推动行政发展；同时，地方人民政府在适应环境的过程中，也通过自身活动对环境产生影响。地方人民政府的权力获得受到行政环境的影响，这包括外部环境和内部环境。外部环境是指地方人民政府系统界限之外，直接或间接影响其生成与发展的因素或条件的总称，如政治环境、经济环境、社会环境、文化环境、生态环境等。除外部环境外，内部环境也是影响地方人民政府权力的重要因素。内部环境是指地方人民政府系统界线之内，影响其生成和发展的各种因素或条件的总称，如政府职能、政府能力等。政府职能的清晰界定和合理分配有助于提高行政效率，避免职能重叠和行政资源浪费。政府能力包括政策制定能力、执行能力和应急管理能力等，直接影响政府的权力行使和治理效果。此外,内部环境还包括政府的组织结构、管理机制和人员素质,这些因素决定了地方人民政府的运作效率和服务质量。

三、地方人民政府权力的结构

地方人民政府权力的结构的内容包括地方人民政府权力的主体结构、内容结构、运行结构和地方人民政府权力结构的变动。

地方人民政府权力的主体结构,是各权力主体相互关系及其运行原则的结构性构成,反映的是各种权力主体在权力格局中的地位,它集中体现地方人民政府内部的分工和协作关系。对于权力主体结构的分析,一般从纵向结构、横向结构和立体结构三个方面来进行。纵向结构通过层级划分形成的层级节制关系,反映了地方人民政府内部上下层级之间的领导与服从关系。它体现了政府各层级之间的指挥与被指挥的关系,确保了行政命令和政策能够从上级政府有效传达到下级政府,并得到贯彻执行。例如,省级政府向市级政府、市级政府向县级政府层层传达政策和指令,保证国家政策和法律法规在地方各级政府中的落实。同时,纵向结构也使得下级政府在执行过程中可以逐级向上级政府汇报工作、反馈情况,从而形成一个自上而下和自下而上的双向沟通渠道。这种层级节制关系在保证政策一致性、提高行政效率方面起着重要作用。横向结构指同级人民政府之间以及每级政府各组成部门之间所构成的合作协调的平行关系。这种结构反映了在同一层级上的各政府机构如何通过合作与协调来完成共同的治理目标。例如,各省级政府之间需要在区域发展、环境保护等方面进行协调,以确保政策的一致性和有效性。同时,各省级政府内部的组成部门,如教育、交通、卫生等部门,也需要通过横向合作来实现资源的优化配置和服务的高效提供。通过这种横向结构,地方人民政府能够更好地整合资源,提升行政效率和服务质量。立体结构通过结合纵向和横向关系,形成了一个既有层次分明、又有部门协作的完整系统,有利于地方政府在其行政区域内全面有效地管理公共事务。例如,江苏省在生态环境治理中,通过纵向的省、市、县三级政府协调机制与横向的环保、农业等部门联动,成功实施了一系列环境保护措施,从而体现出立体结构的有效运作。

第二部分是地方人民政府权力的内容结构。地方人民政府权力的内容从结构的角度来考察，包括行政立法与行政命令制定权、行政执行权、行政领导权、行政管理权、人事行政权和行政保护权等。行政立法权是指地方政府依据法律和宪法，制定本地区的行政法规和规章，以确保地方治理的合法性和规范性。行政执行权指地方政府在依法制定的政策和法律框架内，执行和落实各项行政事务，确保政策目标的实现。行政领导权是地方政府对下级行政机关进行领导和指导的权力，以实现行政工作的统一和高效。行政管理权则是指地方政府对所辖区域内的社会事务和公共事务进行管理和调控的权力。人事行政权涉及地方政府对公务员和其他工作人员的任免、考核和管理，确保行政队伍的素质和效率。最后，行政保护权是指地方政府在履行职责过程中，依法保护公民的合法权益和公共利益，确保社会的稳定和谐。例如，地方政府可以通过制定地方环境法规来保护自然资源，同时在自然灾害发生时，负责组织救援和恢复工作。需要指出的是，上述分析适用于县级以上人民政府，乡镇人民政府权力配置在内容结构上则有所不同，主要包括行政执行权、行政管理权和行政保护权。例如，乡镇人民政府负责具体的农业生产管理（行政执行权）、村庄建设与维护（行政管理权），以及环境卫生与安全保护（行政保护权），这些权力配置更贴近基层社会和日常民生，体现了基层政府在直接服务和管理当地居民方面的职责与功能。民族自治地方的地方人民政府，除享有一般地方人民政府的权限外，还享有民族自治权。例如，内蒙古自治区政府不仅行使普通的行政管理和服务职责，还可以根据当地民族的特殊需要，制定自治条例和单行条例，以保护和发展民族文化，促进民族团结。比如，在教育方面，民族自治地方可以开设双语学校，保护和推广民族语言文字。这种特殊权限的设立，旨在尊重和保障少数民族的合法权益，促进民族地区的经济和社会发展。

第三部分是地方人民政府权力的运行结构。地方人民政府权力的运行结构，指的是地方人民政府在执行决策、监督权力时形成的一种相对稳定的相互关系模式。党的十七大提出，建立健全决策权、执行权、监督权及相互制约、相互协调的权力结构和运行机制。党的十九大进一步强调，构建科学决策、坚定执行、有效监督的权力运行机制。这些措施旨在通过合理配置和科学运作权力,确保政府各项职能得以高效落实,形成既相互制约又相互协调的权力结构,进而提升政府治理能力和行政效率。这是中国共产党在权力科学配置方面的创新实践。决策权是地方人民政府管理本行政区域内公共事务,达成特定的行政管理目标的前提。比如,在环境保护方面,地方政府有权制定地方性的环境保护政策和法规,以应对本地区的污染问题和生态保护需求。这些决策需要综合考虑地方经济发展、社会稳定、生态环境等多方面因素,确保政策的科学性和可操作性。执行权是地方人民政府贯彻落实宪法、法律法规、决定、命令和公共政策的关键。例如,某地方政府收到上级下达的环境保护命令后,需要具体执行相关政策,落实到辖区内的污染治理、环境监测和生态修复工作。这些执行行为不仅确保了政策的有效实施,也促进了区域内的可持续发展。监督权是确保权力正确行使的基本保证。监督权通过对决策和执行过程的监控,确保决策权和执行权的合规性和有效性。决策权、执行权和监督权必须相互制约和协调,才能使地方人民政府职能切实履行。例如,地方人大对政府财政预算的监督,确保资金使用透明、公正,同时行政监察部门对公务员的行为进行监督,防止滥用职权。这种相互制约和协调的机制,有助于提升政府的公信力和行政效率。

　　第四部分是地方人民政府权力结构的变动。地方人民政府权力结构的变动反映了地方社会、经济、政治和文化不同阶段的发展。例如,改革开放初期,地方政府的权力集中在经济建设上,重点是发展经济,吸引投资。在这一阶段,地方政府被赋予了更多的经济管理权,以促进区域经济发展。随着社会的发展,环境保护成为重要议题,地方政府的权力结构也相应调整,增加了环境管理和保护的职责。例如,某地原本以工业发展为主,但随着环境污染问题的严重,该地政府调整了权力结构,设立了专门的环保部门,加强了环保执法权力。这样的调整体现了地方政府在不同发展阶段,根据实际需要进行权力配置的变化。地方人民政府权力的变动包括中央与地方权力的调整、地方各级政府之间的权力调整以及同一政府内部各部门的权力调整。党的十九大和十九届三中全会提出深化机构和行政体制改革,统筹优化地方机构设置和职能配置。具体措施包括赋予省级及以下机构更多自主权，构建简约高效的基层管理体制，规范垂直管理和地方分级管理体制，确保中央加强宏观调控事务管理的同时，地方能合理管理本地区事务，科学配置各层级机构职能，形成运行顺畅的工作体系。

四、地方人民政府权力的规范

地方人民政府权力的规范的主要内容包括规范地方人民政府权力的意义、规范地方人民政府权力的内容以及规范地方人民政府权力的原则。强化对地方人民政府权力的规范，确保其依法正确行使，是治国理政必须解决的关键问题。从中国特色社会主义事业发展全局和战略高度出发，必须深刻认识强化对地方人民政府权力规范的重要意义。通过明确权力的合法性、透明性和责任性，地方政府可以更加高效、公正地服务于人民，促进社会的和谐稳定和国家的长远发展。

第一部分是规范地方人民政府权力的意义。首先，全面推进依法治国，必须强化对地方人民政府权力的规范。例如，在土地管理方面，地方政府需依法执行土地征收和使用的相关法规，避免违法侵占农民土地的情况发生。2019年，某地方政府未经依法批准，强制征收农民土地用于房地产开发，导致大规模抗议。此事不仅损害了农民的合法权益，也暴露了地方政府在土地管理上的违规操作。通过强化对地方政府权力的规范，确保其依法行使，能够更好地保护公民权益，促进社会和谐稳定。坚持人民当家作主的主体地位，必须强化对地方人民政府权力的规范。例如，在教育领域，地方政府需严格遵守国家教育政策，确保公平分配教育资源，保障每个孩子都能接受良好教育。地方人民政府有分配社会资源的功能，如果不能规范权力，可能导致资源分配不均，影响社会公平。因此，只有通过强化规范，才能真正体现人民当家作主的主体地位，促进社会和谐发展。推进国家治理体系和治理能力现代化，必须强化对地方人民政府权力的规范。这意味着地方政府在处理本地事务时，不仅要依据法律，还要考虑中央政府的战略和方针。例如，在城市发展规划中，地方政府需按照国家的总体规划，合理分配土地资源和控制人口增长，确保经济发展的可持续性。这不仅有助于维护社会的稳定和和谐,还能提升治理的有效性和透明度,从而实现治理体系的现代化目标。要实现市场在资源配置中起决定性作用和更好发挥政府作用,必须强化对地方人民政府权力的规范。例如,在推进市场化改革过程中,地方政府可能会为了追求短期经济利益而进行不规范的土地征收和分配。如果没有规范的权力约束,这些行为可能导致社会矛盾和资源浪费。通过强化地方政府权力的规范,可以确保政府在尊重市场规律的前提下,合理规划和使用土地资源,避免不合理的行政干预,提高资源配置效率。

第二部分是规范地方人民政府权力的内容。规范地方人民政府权力涉及多个方面,是一个庞大而复杂的内容体系。首先,地方人民政府职能转变是关键,确保政府在社会管理和公共服务中的角色得以合理调整。其次,地方人民政府权力主体结构的调整至关重要,这包括明确各级政府和部门之间的职责分工,避免职权重叠和推诿。授予和获得权限的确定,需根据宪法和法律明确地方政府在不同领域和层级的权力范围,保证其行使权力的合法性。此外,权力的执行与监督同样重要,规范地方人民政府决策行为,确保决策的科学性和民主性,规范执法体制和执法方式,确保执法的公平、公正和透明。最后,对地方人民政府权力的制约和监督体系应完善,包括人大监督、政协监督、司法监督和社会监督等多种形式,确保权力在阳光下运行。通过这些措施,地方人民政府权力的规范化将更好地服务于经济社会的发展,维护人民的根本利益。

第三部分是规范地方人民政府权力的原则。关于规范地方人民政府权力的原则,依法行政是基本原则,包括合法行政、合理行政、程序正当、高效便民、诚实守信、权责统一等要求。例如,城市建设中必须依法审批项目,环保政策需科学合理,避免一刀切;征地拆迁要依法公告、听证,保障权益;通过"互联网+政务服务"简化流程,提高效率;政府及工作人员要诚信待人,信守承诺,财政预算要公开,接受审计和监督。这样可以有效规范政府权力,保障其依法行使,促进社会和谐稳定。科学有效原则、系统性原则是规范地方人民政府权力的重要原则。科学有效原则强调地方政府应在法律框架内,采用科学的方法,提高行政效率。例如,政府在公共卫生管理时,需通过数据分析和专家咨询,制定科学的防疫措施,以有效应对疫情。系统性原则要求地方政府在行使权力时,要从全局出发,统筹兼顾各方面利益,避免局部利益凌驾于整体利益之上。例如,在推进教育改革时,地方政府不仅要提升教学质量,还要平衡教育资源分配,确保城乡教育公平。这些原则的实施,有助于提升政府的治理能力,保障公共利益。在规范地方人民政府权力的现实实践方面,党的十九大报告提出了构建党统一指挥、全面覆盖、权威高效的监督体系。这一体系强调把党内监督同国家机关监督、民主监督、司法监督、群众监督、舆论监督贯通起来,形成监督合力。例如,在处理扶贫资金分配时,通过党内监督发现问题,通过司法监督追究相关人员责任,并借助媒体曝光案件,形成全方位、多层次的监督网络。这种做法不仅确保了权力的透明运行,还有效防止了腐败的发生,提升了政府公信力,为新时代完善权力制约和监督体系指明了方向。

国家监察委员会的设立是规范地方人民政府权力的重要现实实践之一。作为对马克思主义国家学说和政府理论的重大创新,监察委员会有效地构建了党统一指挥、全面覆盖、权威高效的权力制约与监督体系。设立监察委员会的目标在于强化对地方政府权力的监督,确保其权力行使符合法律和政策规定。例如,监察委员会可以对地方政府官员进行调查,以防止腐败和滥用职权行为。这一制度的设立为地方政府权力的规范提供了坚实的制度基础和保障,促进了政府权力的透明化和合法化,确保了地方政府能够更好地服务于人民和社会发展。

五、课堂测试

针对学习线上学习设计三个练习题。

(一) 地方人民政府权力的内涵、性质与特征是什么?

1. 地方人民政府权力的内涵:
第一,地方人民政府权力的来源是国家权力机关和上级人民政府。
第二,地方人民政府权力的适用范围主要是地方性公共事务。
第三,地方人民政府权力的根本目标,是通过管理地方性公共事务,执行法律、履行政府职能,实现地方经济社会发展和人的全面发展。

第四,地方人民政府权力的作用方式以国家强制力为后盾。

第五,地方人民政府权力的客体是所辖区域内的所有自然人、法人和非法人组织。

2. 地方人民政府权力的性质:人民性、管理性、服务性。

3. 地方人民政府权力的特点:执行性、区域性、法定性、单方性、优益性、不可随意处分性。

(二) 地方人民政府权力的来源及获取方式是什么?

1. 地方人民政府权力的来源:

地方人民政府权力的授予是指国家权力机关和上级人民政府,依照宪法、法律法规或实际需要,通过一定程序将权力赋予或委托给地方人民政府的过程。政治实践中的授权反映了权力的合法转移关系,形式上可分为政治授权和行政授权。

政治授权是指以人民为一切权力所有者为前提,一切具有强制力的公共权力必须来自人民。这种授权方式往往通过选举授权。

行政授权是指上级行政机关或行政首长,通过书面或口头形式,授予下级行政机关或行政人员管理有关事务的职权,是行政体系内部的授权;

2. 地方人民政府权力的获取方式:

一是国家权力机关授权,主要有三种情形:(1)通过宪法和法律设定地方人民政府对某类事项所拥有的管理范围;(2)通过法律、法规设定地方人民政府对某一行政事项依法所拥有的专有管理范围;(3)通过法律、法规、规章等具体的法设定地方人民政府做出某种行政行为的权力。

二是中央政府或上级政府的府际授权,包括两个方面:(1)政府内部自上而下的层级间的授权;(2)上级人民政府通过地方政府规章、行政规范性文件、命令、决定等方式,对下级地方人民政府及其政府部门进行自上而下的层级间授权。

(三) 影响地方人民政府权力获得的因素有哪些?

1. 影响地方人民政府权力获得的外部环境:政治环境、经济环境、社会环境、文化环境、生态环境；

2. 影响地方人民政府权力获得的内部环境：地方人民政府职能、地方人民政府能力。

六、课堂答疑和提问

（一）回答学生问题

在这一环节，课堂上很少有提问的学生。学生对在课堂上提问有思想顾虑，担心自己的问题只是自己个人的问题，对其他同学没有价值，也担心自己的问题比较肤浅。因此，老师改变了传统的课堂教学方式，要求学生从这节课开始看完教学视频后，在中国大学慕课（MOOC）《地方政府学》课程讨论平台的"互问互答互赞"版块提问或答题。应用这一个模式后，学生提问、阅读同学问题、回答同学问题的兴趣有所改善。

表 5.2 学生互问互答互赞区问题示例

问题	浏览	回复	投票
如何理解地方人民政府权力来源于国家全体公民？ 行管史梦蕊_N... 2023/10/10 发表	13	0	0
行政特权是否与公平相悖呢？ 王斌垦_NBU_... 2023/10/10 发表	10	0	0
行政强制权适用于哪些情形？ 孙艺函226002... 2023/10/10 发表 ｜ 吴柳炫_NBU_... 最后回复 (2023-10-10)	22	1	0
我国地方人民政府权力的主体结构方面进行了哪些变革 游蕊萍_NBU_... 2023/10/10 发表 ｜ 赵一帆_NBU_... 最后回复 (2023-10-10)	30	1	0
1 黎泽鑫226002... 2023/10/10 发表	47	0	0
如何理解地方政府的行政合同权？ 赵_帆_NBU_... 2023/10/10 发表 ｜ 黄伊果_NBU_... 最后回复 (2023-10-10)	40	2	0

(二) 老师向同学提问并讲解以下三个问题：

1. 什么是权力？权力有几种来源？

权力是一个多面的概念，通常被定义为影响或控制他人行为的能力。在社会科学中，权力可以从不同的角度来理解和分类。社会学家和政治学家经常研究权力的来源、形式和后果。马克斯·韦伯提出了三种不同的权力来源：1.传统权威：这种权力来源于长期存在的习俗和传统，如君主制或部落领袖的权力。2.合法权威：这种权力基于法律和规则，是现代国家和官僚机构的基础。合法权威依赖于规章制度和法律程序。3.魅力权威：这种权力来自个人的魅力和领导能力，如革命领袖或宗教先知。

2. 地方政府的权力来源属于上题所列举权力来源的哪一种或哪几种？

根据马克斯·韦伯的权力来源进行分析。中国地方政府的权力主要属于"合法权威"，但也可能包含"传统权威"和"魅力权威"的元素。1.合法权威：这是中国地方政府权力的主要来源。中国是一个具有强烈法律和制度框架的国家，地方政府的权力基于国家法律和宪法。这些法律和规章制定了地方政府的职责、权限和运作方式。地方政府官员通常通过正式的政治程序和官僚体系获得职位，他们的权力和职责是由国家法律和政策界定的。2.传统权威：虽然中国的现代政治体系主要是基于合法权威，但在某些地区，传统习俗和文化可能仍然对地方治理产生一定影响。在一些地方，传统的社会结构和文化习俗可能会在地方政府的决策和治理中发挥作用，尤其是在较为偏远或民族地区。3.魅力权威：在特定情况下，个别地方政府领导人可能会展现出魅力型权威的特征。这种情况通常发生在某个领导人因其个人魅力、领导风格或特定成就而获得广泛认可和支持时。这种个人魅力可能会增强其影响力和权力，尽管这种情况在中国的政治体系中相对较少。

总的来说，中国地方政府的权力主要来源于合法权威，即基于国家法律和官僚体系的权力。然而，传统习俗和个别领导人的魅力也可能在特定情况下对地方政府的权力产生影响。

3. 地方政府的权力与地方政府官员的权力两者之间的联系与区别？

地方政府的权力与地方政府官员的权力之间存在着密切的联系,但也有明显的区别。理解这两者之间的关系对于深入了解政府结构和政治动力学非常重要。从两者的联系上看,首先,地方政府官员是地方政府权力的执行者。他们负责实施地方政府的政策和决策,并在其职责范围内行使权力。其次,地方政府官员通常被视为地方政府的代表。他们的行为和决策被视为地方政府的行为和决策。最后,地方政府官员的权力通常来源于地方政府的法律和规章。他们的职位和权力是由更高级别的政府或通过民主选举的方式授予的。从两者的区别来看,首先,地方政府官员的权力是个人的,而地方政府的权力是机构的。地方政府作为一个实体,拥有其自身的职责和权限,这些通常超出任何单一官员的权力范围。其次,地方政府官员的权力受到更严格的个人职责和法律限制。他们必须在地方政府授权的范围内行事,而地方政府作为一个整体可能拥有更广泛的职责和权力。再次,地方政府官员对其行为和决策负有个人责任,并可能需要对上级政府或公众负责。而地方政府作为一个机构,其责任和问责制通常更为复杂,涉及整个机构的运作和政策。最后,地方政府作为一个机构,其存在和运作通常具有持续性,不会因为个别官员的更替而改变。相比之下,地方政府官员可能会经历选举或任命的更替,他们的权力和影响力可能随着时间和政治环境的变化而变化。

总的来说,地方政府官员的权力是在地方政府授权和监督下行使的,他们是地方政府权力的执行者和代表。然而,他们的权力是有限的,受到职责范围和法律的约束,而地方政府作为一个机构则拥有更广泛和持续的权力和责任。

第二节　知识深化与运用:小组自由选择议题研讨

一、分小组自由选择以下议题,讨论以下题目:

1. 什么是结构？请列举各种各样的结构,并加以说明。在梳理权力结构的已有文献的基础上,回答什么是权力结构。

2. 请描述我国地方政府的权力结构。

3. 在实际生活中,我们发现地方政府权力运行结构存在一些与经济社会发展不相适应、不够完善的地方,比如权力配置和结构不尽科学、权力运行过程不够公开透明、监督不够有力等等,那么针对地方人民政府权力结构的如何完善这一问题,谈谈你的看法。

4. 小组可自由设计讨论题,讨论题需向老师汇报并同意。

小组讨论需递交讨论记录。

教学设计目的:本节课设计分小组自由选择议题讨论。除了小组讨论培养大家在交流中倾听别人的观点,以及在公开场合表达自己观点的能力外,还希望达到两种教学目的:一是培养学生的研究思维,通过文献查找去分析、综合开放式的思考问题,改变以往教材式寻找唯一正确答案的思维模式。二是,有意识地引导学生去关注现实,培养学生理论联系实际的能力。

小组讨论记录样稿:

问题一:

结构是组成体系的各个部分的组织与搭配方式,指事物系统的诸要素所固有的相对稳定的组织方式或联结方式,体现为要素的组织、总和、集合,诸多要素借助于结构形成系统。

常见的有组织结构、建筑结构等、建筑结构、色彩结构、经济结构、主谓宾结构、编程的循环结构、房屋结构、机械结构、文章结构等。

"结构"一词在不同语境下拥有不同的含义,例如色彩结构指一定情形下不同色彩的组合情况,主谓宾结构是指在一个短语中三个要素的搭配。而在本文研究中指的是:事务与现象背后的显著影响,甚至决定全局的系统与规则;是该事务与现象所包括的基本社会关系与要素的总和。

"权力结构"并无一个明确的定义,可以先参考社会学家对"社会结构"的定义,如特纳引用《社会科学大辞典》的观点认为:"对专门化的、彼此依存的社会制度,以及由各种职位和(或)其行动者相互作用所形成的组织的特殊性安排"。布朗将"社会结构"定义为"实际存在的这个社会关系的网"。那么结合"结构"一词的含义,本文将"权力结构"定义为:实际存在、运行中的政治权力关系中,网罗了各种职位与权力要素,对国家、社会的全局构成系统性影响的网络。

根据福柯的权力理论,权力是一种关系。这种权力关系不是一种自上而下单向性控制的直线关系,而是一个相互交错的网络。福柯摒弃了西方传统法理主义的法权模式以及马克思主义的经济学模式,重新建构了权力关系理论,探寻权力的本质。在他看来,权力有多重内涵。第一,权力是一种关系,是一种结构性活动,是各种力量关系的、多形态的、流动的场。第二,权力是一种相互交错的网络,没有统一的权力中心以及由权力中心发出的统治对象,不能简单区分占有权力的统治者和被权力控制的被统治者。第三,权力是无主体的自由交互,没有操纵权力的主体,每个人都只是权力的一个点或者一个权力分支。第四,权力与知识是内在联系在一起的,两者有共生性联结关系。总而言之,权力是多主体的、动态的、多元的、异质的,因时因事会向一方倾斜,形成外部治理结构中新的权力网络。

政治权力的构成,按照恩格斯的说法,包括公共权力机构即国家机关及国家公务员,还有它的物质附属物——军队、警察、法庭、监狱,等等。毛泽东称政治权力的构成要件为国家成分。马克思、恩格斯、列宁、斯大林、毛泽东、邓小平都把国家机构形象地从工具、功能的物理学意义上总称为国家机器。通常把这些统称为政治权力行使的工具或政治权力组织形式,意思是一样的,指这些构成政治权力的内容、实体或实力。政治权力的构成是权力结构的表现形式。

在政治学相关概念中,权力结构所代表的是权力在社会不同阶层中的分布和掌握情况。政治权力结构首先涉及对权力的分解,权力的分解包括横向和纵向的分解。政治权力按其内容和政治行为方式,一般分为立法权力、司法权力、行政权力;立法、司法、行政这三种主要政治权力的组合关系和构成方法方式和运行机制,即政治权力横向结构;政治权力纵向进行分解一般分为决策权、执行权、监督权,决策权、执行权、监督权的组合关系和构成方法方式、运行机制,即政治权力纵向结构。不同形式和性质的权力会互相促进或制衡,而不同的阶层和利益群体都可能拥有一种或多种权力,这些权力间的相互作用和交错,最终在整个城市政治中形成一个复杂且精密的权力结构。针对于每个不同的政治或管理活动中，由于所涉及的权力性质和大小，权力主体的多少和规模，都会形成独特的权力结构。

因此，每一项政治管理活动都有权力之间的角力，也都能在权力结构当中找到相应的权力关系对其进行分析和预测。

现实中的权力总是在与其他权力的互动中表现出来，其基本功能寓于权力结构之中。在国家层面的政治权力、经济权力、军事权力、文化权力的互动形成的结构中，四个权力处于一个动态的、竞争性的、此消彼长的关系中。如，政治权力丧失或主动放弃的某项具体的权力，可能会被经济权力迅速地获取，从而产生微观层面上的政治权力因此弱化，而经济权力因此增强的效果。四个权力之间当然不可能完全的平等，其相互之间的力量对比几乎是时时刻刻都在变化，但是，一个国家在某一个具体的阶段，四大权力之间的关系常常会有一个相对稳定的模式，可以称之为相对固化的权力结构。一般而言，权力结构是有中心的，一个权力结构完全有可能会以某个权力为核心，而这个权力"处于垂直权力结构的顶部，水平权力结构的中心"。权力结构有一定的弹性，或者说"边缘变动性"，因为国家所面临的形势和任务是在不断变化的，核心权力与其他权力的关系应当随着国家面临的形势和任务的变化不断调整，甚至是更替。

问题二：

要回答这个问题，首先我们需要先明白权力是什么。

从全能型政府到服务型政府，中国政府随着政治体制改革的不断深入，政府在自我定位和权限划分上也持续地进行改革。对地方政府而言，掌握了大量的社会公共资源，而如何对这些资源的分配和利用就形成了政府的权力。

那么对于权力结构，在政治学相关概念中，权力结构所代表的是权力在社会不同阶层中的分布和掌握情况。这里的权力指的不仅仅是政策的决策和执行权，还包括了监督权、罢免权等的权力形式。不同形式和性质的权力会互相促进或制衡，而不同的阶层和利益群体都可能拥有一种或多种权力，这些权力间的相互作用和交错，最终在整个城市政治中形成一个复杂且精密的权力结构。针对于每个不同的政治或管理活动中，由于所涉及的权力性质和大小，权力主体的多少和规模，都会形成独特的权力结构。

因此，每一项政治管理活动都有权力之间的角力，也都能在权力结构当中找到相应的权力关系对其进行分析和预测。

而地方政府作为政治管理活动主体之一，在其内部也存在着一系列的权力结构。

在包含了地方党委、人大、政府等各大领导班子在内的地方党政体制中，地方党委是领导核心，"总揽全局，协调各方"。

在组织上，这种领导核心作用是通过地方党委常兼任地方各国家机关领导，从而使地方党委成为党政生活各大领域重要事务的实际决策场所。地方党委常委会的构成及内部排位是地方各国家机关在地方党政体制中实际地位的体现。

此外，在地方政府内部，表现出了边缘权力结构，该结构的特点是互相嵌套的中心。我国同级政府部门虽然有着相同或相近的行政级别，但由于部门职能、掌握的资源、部门领导的地位等方面的差异，各部门的权力实际上存在着显著差别，权力形态呈现出明显的中心——边缘结构，一些部门处于权力的核心，一些部门属于权势部门，还有一些部门则是典型的弱势部门，由此形成一个以核心部门为主的中心——边缘权力结构。

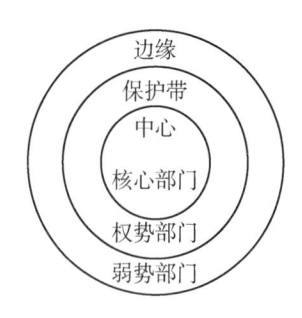

```
        边缘
      保护带
       中心
      核心部门
      权势部门
      弱势部门
```

问题三：

一、提升政府部门的专业技能。地方政府应对各部门人员加强政治教育与专业知识技能培训以实现提高行政能力，优化管理方式与权力结构。一方面，使其树立正确的权力观与政绩观，保障政府公权力科学运行；另一方面，提升政府行政人员的专业素养，提升工作效率，从而优化各部门的权力配置和结构。地方政府领导者要以身作则,秉持科学的政绩观,鼓励公务人员加强理论学习与实践锻炼,这是提升行政效率的根本所在。为实现这一目标,地方政府可构建技能提升激励机制,对于主动学习专业技能并有效提升工作效率的公务人员给予相应奖励。

二、遵循科层制规则是权力规范运行的保障。地方政府要严格按照制度设计进行决策制定、部门协商与资源调配。地方政府还要坚持程序正义,在决策过程中充分体现民主性与科学性,在民主集中制原则下广泛收集民意,这种时间成本是必要且必需的。对政府部门之间的协商与资源调配,适当的妥协与让步是节省时间成本的有效措施,这要求各部门以大局为重,抛开狭隘的部门主义、本位主义,增强协商意识、合作意识,促进有限的资源在各部门中的合理配置,实现地方政府整体行政效率最大化

三、改革行政管理体制,科学设置权力。要打破因权力过分集中而导致的权力扩张和滥用,必须从改革行政管理体制入手,科学配置权力,从源头上规范权力运行,铲除权力腐败的土壤和条件。1. 要转变政府职能。全面落实《行政许可法》,充分发挥市场在资源配置中的基础性作用,完善网上审批,实现电子监察系统的网络对接和互联互通,提高网上审批和电子监察的整体水平。2. 要实行权力分解。抓住"清权确权、职权分解、流程再造"等环节,进行事权分解,合理划分部门之间、各部门内设机构之间的职责权限,实行决策、执行、监督适度分离,保证权力链上每一个环节的廉洁高效。3. 要倾力实行大部制改革。按照十七大报告的要求,加大机构整合力度,探索实行职能有机统一的大部门体制,健全部门间协调配合机制。精简和规范各类议事协调机构及其办事机构,减少行政机构,降低行政成本,着力解决机构重叠、职责交叉、政出多门问题。4. 要引入竞争机制。进一步完善招标、采购等制度,降低政府行政运作成本,并逐步加大运用市场机制提供社会公共产品和公共服务的比重,减少因权力介入而产生的腐败问题。5. 要规范行政自由裁量权。建立了统一的行政自由裁量基准,明确行政裁量权行使的具体标准,压缩权力自由裁量空间,防止"滥用权力"和以权谋私。

四、建立健全相关法规制度,促进权力规范运行。公共权力的行使,

既要符合法规和制度关于实施机关、条件、幅度、方式等实体性规定,又要符合关于步骤、形式、时间和顺序等程序性规定。要做到法律制度没有授予的权力,一概无权行使;法律制度规定的职责,必须积极履行。1.要加快法规制度建设步伐,力求有法可依。通过法规制度明确界定权力主体的权力和职责,规定每个干部在所分管工作范围内有什么样的权力,做到权力行使过程中的有章可循。2.要抓紧法规制度的"立、改、废"工作,堵塞漏洞。对那些不切实际难以执行的,过于笼统抽象给执法人员留下过多自由裁量空间的,要及时予以废除或修订;加快对有关廉政制度的立法工作,着重加快公职人员个人收入申报、财产申报、收入馈赠登记、公务消费的立法工作。3.要狠抓法规制度的落实。加大对法规制度执行情况的执法监察、效能监察力度,及时发现和解决落实过程中出现的问题,绝不能搞"情有可原""下不为例",维护法规制度的执行力。

五、健全地方政府行政决策机制。科学、合理界定地方政府及其各部门的行政决策权,完善地方政府内部决策规则。建立健全公众参与、专家论证和政府决定相结合的行政决策机制,在地方政府决策过程中推行实行依法决策、科学决策、民主决策。此外,完善地方政府行政决策程序。除依法应当保密的外,地方政府的决策事项、依据和结果要公开等等。建立健全地方政府行政决策跟踪反馈和责任追究制度。地方行政机关及相关的职能部门应当确定机构和人员,定期对决策的执行情况进行跟踪与反馈,并适时修正、调整和完善有关决策。

六、实行阳光操作,公开权力运行。权力运行公开是社会主义市场经济发展的内在要求,权力"暗箱操作"与市场经济的宗旨背道而驰,必须根治。1.要落实办事公开相关制度。深化政务公开,贯彻落实好《政府信息公开条例》,推行电子政务,加快政务公开进程,凡是不涉及党和国家机密的用权行为,都要公开,让权力的运行过程处于众目睽睽之下,推进权力的公开透明运行。2.要扩大公开的范围。公开的内容要详实、具体,从产生到结果,每个程序和关键环节都要公开,重点是政务公开,市、地方、乡、村的公开面要达到100%,防止"阳光运作"下的"暗箱操作"和正常程序下的"权力腐败"。3.要创新公开的形式。除以公开栏和职工代表大会、村民代表大会为主要载体外,要重点创新听证会、数字厂务、数字院务等公开载体,督促落实建立政务信息阅览室,完善政务公开信息网站。4.要提升公开效果。通过点题公开、依申请公开和"回音壁"等形式,扩大群众的知情权、参与权、选择权、监督权,增强权力运行的透明度,防止"暗箱操作",形成遏制权力腐败的公众力量。

七、加强权力监督,形成严密的权力运行监控机制。加强权力监督,就要"以权力制约权力",才能有效地防止权力滥用。1.要对权力运行进行全程监督。加强事前监督,重点对制度设计进行监督,把好制度的"出口"关。加强事中监督,及时纠正行政决策、行政执行过程中出现的偏差,防范有令不行、有禁不止以及以权谋私、滥用权力等问题的出现。加强事后监督,重点对违反制度行为的查处。通过查处违纪违法行为,督促有关部门纠偏查错、完善制度、堵塞漏洞。2.要强化对权力主体的监督。落实《党内监督条例》《党员权力保障条例》,做到权力行使到哪里、监督就延伸到哪里,既防范于未然,又及时发现、纠正和惩处违纪违法行为。3.要强化专门监督机关的监督。要在现行体制下,积极探索监督的有效性。比如,龙岩市为加强党的纪律检查和行政监察工作,开展了处级领导干部廉洁自律情况巡查工作,促进了党政机关和领导干部廉洁、勤政、务实、高效。4.要强化监督的惩戒功能。对无视法纪,屡屡滥用权力的权力主体,必须加大惩处力度,提高不规范用权的政治成本和经济成本,使不规范用权成为高风险、高代价的行为。

八、合理厘清地方党委与地方政府之间的关系。地方党委是否与地方政府实行"党政合一"的权力体制运行模式其根本标准在于两个因素的衡量:(1)"党政合一"是否有利于公共政策的科学制定及其有效执行,是否有利于行政决策的科学化、民主化,最终取决于能否极富效率地解决地域范围内的经济与社会发展问题。(2)"党政合一"的权力运行机制是否符合当今世界宪政与法治的基本要求,是否有利于我国社会主义民主政治与法治文明的建设与发展。党政关系改革的基本思路在于:首先,要实现地方范围内公共决策的科学化、民主化权力机构的优化,就必须理清党政关系。必须实现党政关系的制度化、规范化。党政关系必须实现法治,运用法律规定和划分各自的权力运行范围,为党政关系的协调运作提供基本的制度基础。其次,党委就具体的行政事务进行决策就必须就此承担决策法律责任,实现决策与责任相对等与相统一。这是党的活动必须在宪法与法律范围内活动的基本要求。

九、进一步改善党的领导,完善党的领导方式,实现党的科学执政、依法执政。目前加强和改善党的领导应该做好如下几个方面的事情:(1)基层党组织所需要做的主要事情就是如何在基层落实和贯彻党中央的基本决策、路线、方针,如何将党中央的重大决策在基层予以具体化和落实。(2)基层党组织应该尽快学会通过法定途径将党的意志上升为权力机关意志,从而发挥党在地方政治中的领导作用,实现党对地方事务的正确领导。党委决策应该通过公开、透明的民主科学的法律程序进行,决策违法应承担法律责任。(3)进一步加强党的思想领导。党的思想领导是马克思主义政党的灵魂。按照党的十八大的要求,深入学习贯彻中国特色社会主义理论体系,着力用马克思主义中国化最新成果武装全党。(4)进一步加强和改善党的组织领导。党应该通过组织途径加强对干部的管理,党既能通过权力机关推荐党的优秀干部进入各级人大与政府任职也能通过有效手段罢免不合格的党员干部,从而实现党对干部的控制作用。

二、老师就每个小组的讨论做点评、补充回答和扩展

教师对问题所涉及的基础知识作补充、扩展如下:

结构是一个多面向的概念,它在不同的学科和领域中有着不同的含义和应用。总体来说,结构指的是组成任何实体或系统的元素及其相互之间的排列和关系。以下是一些常见类型的结构及其说明:

1. 物理结构:在物理学和工程学中,结构指的是物体或系统的物理组成,如建筑物、桥梁、机器等的构造。这些结构的设计和分析关注于其稳定性、强度和耐久性。

2. 生物结构:在生物学中,结构可以指生物体内部和外部的组织,如细胞结构、骨骼系统、植物的根茎系统等。这些结构决定了生物体的功能和适应性。

3. 化学结构:在化学中,结构通常指分子的三维排列,如DNA的双

螺旋结构、蛋白质的折叠等。化学结构决定了分子的性质和反应。

4. 社会结构：在社会学中，社会结构指的是社会中个体和群体之间的关系和排列方式，如家庭结构、社会阶层、组织结构等。社会结构影响着社会行为和文化发展。

5. 数据结构：在计算机科学中，数据结构是指组织和存储数据的方式，以便有效地访问和修改。常见的数据结构包括数组、链表、树、图等。

关于权力结构，这是一个主要在政治学和社会学中讨论的概念。权力结构指的是在一个社会、组织或群体中，权力和控制是如何分布和行使的。这包括了谁拥有决策权、权力是如何在不同的层级和部门之间分配的，以及这种分配是如何影响政策制定和执行的。权力结构可以是显性的，如政府机构和公司的组织架构，也可以是隐性的，如社会规范和文化价值观在权力行使中的作用。

根据从学术文献中获得的信息，权力结构在政治学和社会科学中的定义和理解有多个方面：

1.《Structures of Discourse and Structures of Power》(T. V. Dijk)：这篇文章探讨了话语和社会权力之间的关系。它特别关注意识形态的作用，并尝试将社会认知理论与权力结构联系起来，从而在社会宏观层面（如阶级、群体或机构的社会权力）和社会微观层面（如互动和话语中的权力实践）之间建立理论桥梁。

2.《In Search of Fundamentals》(John D. Robertson)：这篇文章讨论了政治科学中关于政治行为的不同假设，特别是关于权力关系的形成和定义。它强调了政治发展研究中对权力和权威的关注，并探讨了不同国家和地区权力结构的特点。

3.《Politics and Society》(F. D. Nardis)：这篇文章将政治社会学定义为一门"连接性社会科学"，它通过与其他视角建立联系来研究政治现象。文章强调了政治和社会结构之间的关系，并提出政治分析应该考虑个体、文化、经济安排和地域等多个维度。

4.《Resilient governance under asymmetric power structure：The case of Enning Road Regeneration Project in Guangzhou，China》：这篇文章研究探讨了在不对称的权力结构下的城市政治，并提出了一个关于

在这种权力结构下产生的弹性治理模式的理论视角。

综上所述,权力结构在政治学和社会科学中通常被视为个体、群体、机构或国家之间权力和控制的分布和行使方式。这包括决策权的拥有者、权力在不同层级和部门之间的分配方式,以及这种分配如何影响政策制定和执行。权力结构可以是显性的,如政府机构和公司的组织架构,也可以是隐性的,如社会规范和文化价值观在权力行使中的作用。

教师观察以及阅读各组上交的材料后点评各组讨论情况:从总体上看,五个小组都非常认真地投入了讨论。参与讨论的各位同学也都在网上查找了资料,并在讨论过程中能综合大家的意见形成讨论结果。但从大家讨论的过程和提交的报告来看,大家查找资料缺乏系统性,找到什么资料偶然性很大,对资料的分析也缺乏系统性,因此,所形成的回答有偏颇或片面。同学们虽然有初步的研究意识,而不是一味地去寻找正确答案,但对研究还缺乏方法和意识上的训练。在理论联系实际的问题上,要么缺乏理论意识,要么对实际问题理解不够深入,两者之间深刻的融合和对话,还缺乏相应的方法和能力。这些能力和意识都需要在以后的课程中不断培养。

第六章
地方人民政府职能

在进入第六章的深入研究之前,我们将引导学生通过理论知识梳理与检测,确保他们对地方人民政府职能的基本概念和背景有清晰的理解。这个过程将为学生提供一个回顾和巩固已学知识的机会,同时也为后续课程内容的理解和运用打下坚实的基础。接下来,我们将采用启发式提问教学方法和小组争辩式问题讨论和班级辩论教学,旨在通过激发学生的思考,促使他们更深入地探讨和运用地方政府职能的相关知识。这种教学方法将鼓励学生积极参与课堂讨论,提出问题,分享观点,并与同学一起思考如何应用所学的知识解决实际问题。

通过这几个环节的有机结合,我们将帮助学生建立扎实的知识基础,并培养他们的批判性思维和问题解决能力。同时,我们也将强调实践与理论的结合,使学生能够将理论知识应用到实际情境中,为未来的地方政府职能工作做好充分准备。

第一节 理论知识梳理与检测

一、地方人民政府职能的概述

地方人民政府职能的概述。要介绍三个问题:地方人民政府职能的内涵、地方人民政府职能的基本特性、地方人民政府职能的类型。

第一个问题就是地方人民政府职能的内涵。地方人民政府职能是指在中央人民政府的统一领导下，依据宪法、法律、行政法规及相关文件，在特定行政区域内的行政机构及其公务人员所承担的管理地方社会公共事务的职责和功能的总称。这包括经济发展、社会管理、公共服务、环境保护等多方面。地方政府的职能多样且综合，涉及地方社会生活的方方面面，通过有效履行这些职能，地方人民政府能更好地服务于地方经济社会的发展和民生改善。

这一概念包含丰富的内涵。首先，地方人民政府职能是在中央人民政府统一领导下全面承担的职责和发挥的功能。其次，地方人民政府职能必须由法律明文规定，依法行政是调整和优化政府职能、建设服务型政府的基本要求。第三，履行职能的主体是地方行政机构及其公务人员，他们是主要的承担者和实现者。第四，地方人民政府职能是管理地方社会公共事务的法定职责和发挥功能的统一，简而言之，就是政府要做什么。第五，地方人民政府职能根据国家和社会发展的需要进行职能定位，必须适应国家和社会发展的需求，准确定位，以更好地满足人民日益增长的美好生活需要。比如，随着科技进步和经济发展，地方政府需要加强对数字经济和科技创新的管理与支持，以提升区域竞争力和改善民生。

第二个问题，地方人民政府职能的基本特性。地方人民政府职能是地方人民政府管理和服务活动的基本方向、根本任务和主要作用。地方人民政府职能具有其自身的基本特性。地方人民政府职能的双重性特征在于其既具有执行职能，又具有领导职能。执行职能指地方人民政府根据国家的法律、法规和政策，对所辖区域内的社会公共事务进行管理。例如，地方政府负责实施国家的税收政策，确保税款按时征收和管理。同时，地方政府在领导职能方面，则是负责规划和指导区域内的经济、社会发展。例如，一个地方政府不仅要执行国家的教育政策，确保学校正常运转，还要制定本地的教育发展规划，推动教育资源的合理配置和提高教学质量。因此，地方人民政府在日常工作中，既要按照中央的要求完成各项具体任务，又要结合本地区实际，发挥领导作用，推动区域发展。这种双重性使地方政府在国家治理体系中具有重要的地位和作用。地方人民政府职能基本特性的差异性表现在职能的内容、标准和水平,行使职能的机构设置、人员构成和方式方法等诸多方面。例如,在应对自然灾害时,沿海地区的地方人民政府职能侧重于防洪防潮,而内陆地区的地方人民政府可能更注重防震减灾。职能标准和水平的差异也反映在政府管理的精细化程度上,比如,经济发达地区可能会制定更加详细和严格的环境保护标准,而经济欠发达地区则可能更注重经济发展的职能。在机构设置上,沿海城市的地方人民政府可能设有专门的海洋管理部门,而内陆城市则没有这个需求。第三,服务性。地方政府的公共服务职能主要由基层政府直接提供,如教育、医疗、社会保障和环境卫生等。在教育方面,地方政府通过建设和管理学校,确保儿童接受义务教育,如在偏远地区建设教学点保障孩子们的上学机会。在医疗方面,地方政府设立社区卫生服务中心,提供基本医疗和公共卫生服务,特别是在疫情期间组织疫苗接种和防疫宣传。在社会保障方面,基层政府负责低保、养老等社会救助工作,确保困难群众的基本生活需求得到保障。此外,地方政府还负责城市环境卫生管理,如垃圾清运和公共设施维护,以改善居民的生活环境。这些具体措施展现了地方政府在公共服务职能中的重要作用,直接关系到居民的生活质量和社会和谐。

地方人民政府职能的有限性主要体现在以下三个方面。首先,权限有限,即地方政府只能在法律法规规定的范围内自主决定事项。例如,地方政府不能随意制定税收政策,必须依据国家税法进行调整。其次,职权受辖区限制,地方政府的权力只在其行政区域内有效。比如,某市的市政府只能在该市范围内行使管理权,不能跨越到其他城市。最后,公共事务有限,地方政府只能管理属于公共领域的事务,市场和社会事务需要与市场机制和社会组织划清界限。

地方人民政府职能的基本特性的规范性体现在为居民提供法治化、规范化、标准化的公共行政和公共服务。比如,地方政府在提供教育服务时,必须遵循《教育法》和相关政策,确保每个孩子都能平等接受教育。在住房保障方面,地方政府需要按照《住房保障法》的要求,规范性地为低收入家庭提供保障房。再如,地方政府在进行城市规划时,必须依照《城乡规划法》的规定,确保规划的科学性和可操作性。这些规范性措施确保了地方政府在履行职能时的合法性和透明度,保障了居民的合法权益,使得公共服务更加高效、公正。

第三个问题是地方人民政府职能的分类。地方人民政府职能的分类,可以根据不同的标准分为很多不同的类别。第一,根据地方人民政府行政区划设置的目的,可以把地方人民政府职能分为四类:1.一般地域性人民政府职能,就是包括我们所讲的省、市、县、乡镇;2.民族区域型人民政府职能,包括我们的自治区、自治州、自治县人民政府职能;3.特殊型的人民政府职能,包括我们所讲的湖北的神农架林区的人民政府职能;4.城镇型人民政府职能,像武汉市、成都市的人民政府职能。这几种地方人民政府的类型,我们在第二章第三节已经详细讲解过。第二,根据地方人民政府职能的性质和内容,可以将其划分为四类:政治职能、经济职能、文化职能和社会职能。这些职能体现了地方政府在政治稳定、经济发展、文化建设和社会服务等不同领域的职责和作用,确保地方经济社会协调发展,促进居民生活质量提升,维护社会和谐稳定。

政治职能是指地方人民政府的强力机构通过约束、控制、防御、保卫和镇压等手段,维护社会秩序,促进社会和谐稳定的职责和功能。例如,地方政府可以通过公安机关打击犯罪,维持治安秩序,如处理治安事件、打击黑恶势力等。地方政府还可以通过政策法规的制定与执行,如设立社区治安巡逻队,加强社区安全管理,从而保障社会和谐稳定。这些举措体现了地方政府在维护社会稳定方面的重要作用。地方人民政府在经济发展中的职责和功能涵盖多个方面。首先,地方政府通过制定经济政策和规划,推动区域经济增长。例如,某省政府通过出台优惠政策,吸引外资企业入驻,促进当地产业升级和经济繁荣。其次,地方政府在基础设施建设中发挥重要作用,如建设高速公路和铁路,改善交通条件,为经济发展提供支持。此外,地方政府还通过提供金融支持,扶持中小企业发展。通过这些具体措施,地方人民政府有效处理了与经济发展的关系,推动了地方经济的持续健康发展。文化职能是指地方政府发展文化事业,提高人民群众精神文化生活水平和提升人民群众文化素质的职责和功能。具体而言,地方政府通过建设图书馆、文化馆、博物馆等公共文化设施,为居民提供丰富的文化资源。例如,在乡村地区建设文化活动中心,组织开展戏曲、舞蹈、书法等文化活动,丰富村民的文化生活。这些举措不仅提高了人民群众的文化素养,还促进了社会的和谐发展。社会职能是指地方人民政府在本地区的社会性事务方面的职责和功能,亦称社会管理职能。具体来说,这包括社会保障、公共安全、环境保护等方面。地方政府负责管理和提供社会福利,如低保、养老保险等,确保弱势群体的基本生活得到保障。在公共安全方面,地方政府通过公安部门维护治安、打击犯罪,保障居民的生命财产安全。此外,地方政府还要推动环境保护工作,如垃圾分类、绿化建设等,改善居民的生活环境。这些职能体现了地方政府在社会事务中的重要作用,直接影响着社会的和谐与稳定。

第三,根据地方人民政府职能的层级和作用范围,可以将其划分为三类:第一类是高层地方人民政府职能,主要包括省级政府,负责全省市区范围内的重大行政决策和政策实施。第二类是中层地方人民政府职能,涵盖市级和县级政府,负责区域内的经济发展、公共服务和社会管理。第三类是基层地方人民政府职能,包括乡镇政府,负责具体社区和村镇的日常事务管理、基本公共服务和基层治理工作。通过不同层级的分工与合作,确保地方人民政府职能在各个层面得到有效落实,服务于人民群众的多样化需求。

二、地方人民政府职能的定位

地方人民政府职能的定位这一节的内容包括地方人民政府职能定位的原则、地方人民政府职能定位的方式与途径。

第一个问题是地方人民政府职能定位的原则。地方人民政府职能定位是指根据国家的有关法律法规,依据地方人民政府的层级位置和政府生态状况,认知和定位地方政府角色,明确地方政府承担的职责和发挥作用的过程与行为。例如,在经济发展方面,省级政府主要负责宏观经济政策的制定和大项目的引进;市级政府则注重优化营商环境,促进中小企业发展;基层政府如乡镇政府,主要负责农业生产和农村基础设施建设。这些具体的职责和角色定位,使得地方政府能够更好地服务于当地的经济社会发展需求。地方人民政府职能定位是一个复杂且亟待解决的问题。

经过新中国成立后多年的实践探索和经验总结,形成了地方人民政府职能定位的基本原则。首先,坚持职能法定原则,即地方人民政府职能必须由法律授予,不能自行设定。地方政府依法行政,因为其职能源自法定授权,必须全面正确履行政府职能。其次,坚持优化、协同、高效原则,一类事项由一个部门统筹,一件事情由一个部门负责,避免政出多门、责任不明,提高行政效能。第三,坚持责权利相统一原则,有权必有责,用权受监督,侵权受赔偿,违法要追究,建立工作责任、压力和动力机制。最后,坚持政府职能动态调整原则,地方人民政府职能受到经济社会发展、政府生态环境等因素的影响和制约。

第二个问题是地方人民政府职能定位的方式与途径。地方人民政府职能定位主要是通过政府机构的变动、政府职权的调整和政府管理方式的改革来体现。地方人民政府职能定位的方式主要就是确定地方人民政府职能时所采取的方法和形式。地方人民政府职能定位的方式主要有四种:1.科层制定位;2.分工协作制定位;3.综合性定位;4.临时性的定位。这些定位方式有助于明确地方人民政府的职责和权限,确保其能够依法、高效地履行职能,服务于地方社会经济的健康发展。

科层制定位主要依据行政层级来确定职能,通常由上级政府或中央政府设定下级政府的职责和权限。以医疗卫生为例,省级政府制定总体的卫生政策和标准,确保各市、县的卫生服务达到统一要求。而市级政府则需落实这些政策,管理和监督辖区内的医院和卫生机构,确保公共卫生服务的质量。在应对自然灾害时,省级政府制定总体的应急预案和资源分配方案,而市级政府负责具体的救援行动和灾后重建工作。通过这种方式,科层制定位确保了各级政府在不同层面上发挥各自的职能,确保政令畅通和执行有效。分工协作制定位主要从横向角度谈论职能部门的定位,强调不同职能部门在各自领域的专责。地方人民政府的各职能部门如财政局、发改局等,专门负责某一部门和领域的管理。地方政府的职能定位按功能领域划分,并在工作中协调合作,确保整体功能的发挥。例如,财政局负责预算管理和资金调配,而发改局则负责经济规划和项目审批。通过明确分工,各部门在自己的职责范围内高效运作,同时通过协作推进整体工作,确保政策和项目的顺利实施。综合性定位是指地方人民政府中某些部门的职能涉及多个领域，而不是专门针对某一领域。例如，发展与改革委员会的职能非常广泛，涵盖了经济、社会、文化等多个方面。综合性职能的设定，使得这些部门能够从整体上协调和管理各种资源和事务，以实现更高效的行政管理。同样，地方各级人民政府的办公厅或办公室也是综合性的办事机构，负责处理各类政务和事务。例如，一个地方政府的办公厅可能会负责信息发布、行政协调、会议组织等多项任务，这种综合性职能定位有助于提高政府的综合管理能力，确保各项工作顺利进行。地方人民政府职能的临时性定位，主要用于处理各种临时性事务或突发事件。此类机构职能具有临时性、变动性和模糊性。例如，在应对自然灾害如洪水时，当地政府可能会临时设立应急指挥中心，其职能包括协调救援、分发物资、安置受灾群众等。这样的机构在灾情稳定后通常会解散，职能也随之结束。临时性定位灵活，能有效弥补常规职能的不足，确保应急事务得到及时有效处理。

地方人民政府职能定位的途径包括以下三大类：首先，依据《宪法》和《地方组织法》。地方人民政府职能定位必须遵循这些法律，具有根本性、概括性和长期性特征。其次，单行法律法规及其他规范性文件。这些文件对地方政府职能做出具体规定，处理中央与地方分配关系，明确事权和支出责任的划分。最后，中国共产党会议通过的报告、决定及"三定"方案。"三定"方案即定机构、定职能、定编制，根据党中央会议精神和国家发展需要，明确地方政府职能定位。

在社会主义市场经济条件下，必须要用法律法规调整政府与市场、政府与社会的关系，努力做到政府职能法授、程序法定、行为法限、责任法究。习近平指出："各级政府一定要严格依法行政，切实履行职责，该管的事一定要管好、管到位，该放的权一定要放足、放到位，坚决克服政府职能错位、越位、缺位现象。"这一段话强调了政府依法行政和职责分明的重要性，体现了科学治理和依法治国的理念。

三、地方人民政府职能的演变

地方人民政府职能的演变分计划经济体制下的地方人民政府职能和

市场经济体制下的地方人民政府职能两个历史阶段来。

新中国成立初期,中国借鉴苏联社会主义建设的经验,结合自身的传统和治理特点,建立并实行了高度集中统一的计划经济体制。在这种体制下,各级地方政府通过集中化管理,对企业行为实行计划式控制,侧重于直接管理和微观管理。政府对社会事务进行包揽式安排,将国家、地方和个人活动都纳入政府工作的框架之中。通过这种方式,地方政府不仅在经济上实行计划管理,在文化和社会事务上也进行了全面的干预和控制。下面我们分别从经济职能、文化职能和社会职能三个方面来细看计划经济体制下的地方人民政府职能。

计划经济体制下,地方政府的经济职能主要是进行微观管理、直接管理、计划式管理。在计划经济体制下,地方政府通过制定和执行计划经济政策,直接管理地方企业,分配生产资源,制定生产目标,确保经济发展符合国家总体计划。例如,地方政府设立计划委员会,负责地方经济的规划和管理,确保地方工业和农业的生产与国家计划相一致。在计划经济体制下,地方政府的文化职能主要集中在文化事业管理和文化市场的监管,而文化产业的发展相对滞后。由于缺乏完善的文化管理法规和市场机制,地方政府主要依靠行政手段进行动员、管理和控制各项文化事业。地方政府既是文化事业的所有者、举办者、管理者和经营者,这种多重角色导致政事不分、政企不分,使得文化事业单位成为政府部门的附属物。文化单位缺乏自主权和活力,难以满足人民日益增长的文化需求。计划经济体制下的地方政府的社会职能主要注重社会控制。新中国成立后,长期实行城乡二元结构的公共政策,人口被户籍制度严格限制在户籍地,城乡之间人口流动被严格控制。地方政府通过户籍制度和行政命令实施静态管理,依靠自上而下的行政审批进行社会控制,重审批,轻管理;重管制,轻服务;重静态控制,轻动态协调。这种方式强调严格控制和行政干预,忽视了社会服务和协调机制的发展,导致社会管理较为僵化。尽管计划经济体制下的地方政府履行职能行为有效维护了国家政令的畅通和实施,但随着经济规模的扩大和经济体系的日趋复杂,计划经济体制的弊端逐渐显现:第一,政府管得过多、过细、过死,限制了企业的经营管理自主权。第二,"统一计划、分级管理"割裂了部门和地区之间的联系,阻碍了经济活动的合理流动。第三,单纯依靠行政管理手段,压抑了群众的积极性和创造性。第四,计划经济体制末期,各级政府包揽了所有经济活动,负担过重。例如,国有企业在计划经济体制下只能按照政府的指令生产,没有自主选择生产内容的权利,导致生产效率低下。群众想要自主组织文化活动,需要经过复杂的审批程序,导致群众的参与热情受挫。而地方政府不仅要管理经济,还要直接参与到企业的运营中,导致政府资源分散,不堪重负。

地方人民政府职能的演变的第二个阶段,市场经济体制下的地方人民政府职能。改革开放以来,适应党和国家工作中心的转移、社会主义市场经济发展和各方面工作不断深入的需要,原先的计划经济体制下的地方政府职能面临着巨大的挑战。改革开放以来,地方政府进行了八轮国家机构改革,进行了相应的职能转变和结构调整。随着社会主义市场经济体制的不断完善,人们对地方人民政府职能定位的认知不断清晰,逐步成熟。第一步,中共十四大提出了我国经济体制改革的目标是建立社会主义市场经济体制,提出要使市场在国家宏观调控下对资源配置起基础性作用。这一重大理论突破,对我国改革开放和经济社会发展发挥了极为重要的作用。第二步,中共十六大提出了在更大程度上发挥市场在资源配置中的基础性作用。第三步,中共十六届三中全会通过的《中共中央关于完善社会主义市场经济体制若干问题的决定》中指出,要合理划分中央和地方经济社会事务的管理责权。按照中央统一领导,充分发挥地方主动性积极性的原则,明确中央和地方对经济调节、市场监管、社会管理、公共服务方面的管理责权。第四步,中共十七大提出"从制度上更好发挥市场在资源配置中的基础性作用"。第五步,中共十八大报告指出,"更大程度、更大范围发挥市场在资源配置中的基础性作用","要按照建立中国特色社会主义行政体制目标,深入推进政企分开、政资分开、政市分开、政社分开,建设职能科学、结构优化、廉洁高效、人民满意的服务型政府"。第六步,中共十八届三中全会指出,"经济体制改革是全面深化改革的重点,核心问题是处理好政府和市场的关系,使市场在资源配置中起决定性作用"。第七步,中共十九大报告指出,"使市场在资源配置中起决定性作用,更好发挥政府作用"。第八步,中共十九届三中全会指出,指出要形成职责明确、依法行政的政府治理体系。"转变政府职能是深化党和国家机构改革的重要任务。围绕推动高质量发展,调整优化政府机构职能,全面提高政府效能,建设人民满意的服务型政府。这一系列步骤体现了中国社会主义市场经济体制的不断完善,以及中央和地方政府在推动高质量发展中的协调与创新。每一次改革都是对政府职能和市场关系的深入调整,旨在提高政府效能,满足人民需求。

在市场经济条件下,地方人民政府除了履行部分经济调节职能外,要全面正确地履行公共服务、市场监管、社会管理、生态环境保护等职能,这些职能的有效履行能够更好地发挥地方政府在推进基层管理中的优势,提升治理效能。地方人民政府的公共服务职能主要是指为社会和公民提供基本公共产品和服务。为了适应市场经济,地方政府必须从传统的重管理轻服务转变为注重公共服务。这意味着地方政府应强化公共服务理念,明确服务型政府的职能定位,合理界定其经济管理范围,进一步规范政府的经济管理职能。建设服务型政府应成为职能转变的基本取向,通过提供高效、透明、便捷的服务,满足社会和公民的需求,促进地方经济和社会的协调发展。第二个职能,市场监管职能。地方人民政府的市场监管职能主要是指其在辖区内作为制度的供给者和秩序的维护者,遵循市场经济发展规律,通过制定和执行政策法规,对市场经济运行进行监督管理。在市场经济条件下,地方政府需弥补市场失灵,并规制市场。市场失灵提供了政府干预的理由,但干预必须适度。同时,政府在推动经济发展的同时,还需促进社会公平公正,依法履行市场监管职责,确保市场秩序良好,维护公共利益。第三项职能,社会管理职能。地方人民政府的社会管理职能主要是通过制定和执行社会政策,强化社会保障,管理和规范社会组织,调节社会利益,维护社会公正与秩序,促进社会稳定与发展。其目标是维护社会公平正义,满足社会秩序需求,促进和谐稳定。基本任务包括协调社会关系、规范社会行为、化解社会矛盾、解决社会问题、促进社会公正、保持社会稳定和应对社会风险。地方政府应在保障社会福利、推进法治和公共服务方面发挥积极作用,确保社会和谐与可持续发展。第四项职能,生态环境保护职能。地方人民政府的生态环境保护职能主要指通过制定和执行环境保护政策和措施,防治和监督管理环境污染,实现人与自然和谐发展的职责。现代化建设必须实现人与自然和谐共生,不仅要创造物质和精神财富以满足人民的美好生活需要,还需提供优质的生态产品以满足人们对优美生态环境的需求。地方政府需践行"绿水青山就是金山银山"的理念,树立社会主义生态文明观,贯彻"节约优先、保护优先、自然恢复为主"的方针。

四、地方人民政府职能的转变

地方人民政府职能的转变的内容包括地方人民政府职能转变的必要性、地方人民政府职能转变的内容、地方人民政府职能的实现三部分。

第一部分是地方人民政府职能转变的必要性。导致地方人民政府职能转变的原因是多方面的,根本原因是改革开放政策的实施。具体原因包括:生产力发展推动地方政府职能转变,经济体制转变要求政府从直接干预经济向间接调控转变,行政体制改革使地方政府职能更高效、透明、服务导向,实现政府与市场、社会关系的转型明确职责,实现公共行政的规范化、程序化和制度化,增强操作性和透明度,经济全球化趋势要求地方政府适应全球经济一体化,提升国际竞争力。这些因素共同推动了地方人民政府职能的持续转变和优化。

第二部分是地方人民政府职能转变的内容。地方人民政府职能转变的内容主要体现在以下方面:首先,政企分开,地方政府不再直接干预企业经营,保障企业自主权。其次,职能分工和权限划分,明确各级政府和部门的职责,避免职能重叠。第三,强化公共服务提供,提高公共服务质量和效率,满足公众需求。第四,加强市场监管,维护市场秩序,保护消费者权益。最后,社会管理职能,提升社会治理能力,保障社会稳定和谐。这些转变有助于地方政府更好地适应市场经济和现代治理需求。

第一,注重政企分开。经济发展的主体力量是市场中的企业和公民,企业和公民才是创造财富的主体。地方政府职能转变主要是为市场主体服务并创造良好的发展环境。例如,地方政府通过简化行政审批流程,减少企业注册和经营的繁琐手续,鼓励创业和创新。浙江省通过推进"最多跑一次"改革,大幅提升了政务服务效率,极大地便利了企业和群众办事。

第二，注重职能分工和权限划分。地方各级人民政府根据层级位置和不同要求，分别有了相对明确的职能分工和权限划分。省一级政府负责宏观调控、经济规划和全省性重大项目的管理；城市地方政府主要负责城市建设、公共服务和区域经济发展；县级政府注重基础设施、农业发展和地方经济管理；乡镇政府则主要关注基层公共服务和农业生产管理。例如，广州市政府制定城市发展规划，建设地铁、机场等重大基础设施；而广东省政府则负责统筹协调这些项目的资金、政策支持，确保全省经济平衡发展。这种分工明确的体系，保证了各级政府各司其职，提高了行政效率。

第三，注重公共服务提供。地方人民政府对地方性公共基础设施，重视城市规划和环境保护，改革和规范教科文卫体的职能及其部门建立健全社会保障，深入开展脱贫攻坚，保证全体人民在共建共享发展中有更多的获得感。能由政府购买服务提供的，政府不再直接承办，仍由政府和社会资本合作提供的，广泛吸引社会资本参与，加快社会事业改革，从而为市场和社会提供优质公共服务。第四个表现，注重市场监管。地方政府在维护市场秩序方面的职能显著增强。各级地方政府被要求维护经济秩序，加强市场监管职能，转变监管理念，强化事中事后监管，创新监管机制和方式，推进综合执法和大数据监管。例如，深圳市市场监管局通过引入大数据分析，实时监控市场动态，及时发现并处理违规行为。同时，地方政府运用市场、信用和法制等手段协同监管，如建立企业信用评级系统，公开企业信用信息，接受社会监督。第五个表现，注重社会管理。地方政府逐步向社会放权，激发社会活力，正确处理政府与社会的关系，加快实施政社分开。推进社会组织明确权责，依法自治，发挥作用。例如，上海市通过"政府购买服务"的方式，将社区卫生服务交由社会组织来承担，这不仅提升了服务质量，也减轻了政府负担。适合由社会组织提供的公共服务或解决的事项，如老人护理、社区教育等，交由社会组织来承担，社会组织在公共服务领域发挥越来越重要的作用。

  地方人民政府职能的实现是指地方政府通过特定方式履行职责，管理社会公共事务，提供公共产品和服务，从而对地方经济社会发展产生影响的过程。这包括地方政府职能实现的方式方法以及履行职能所取得的绩效。我们首先来看地方人民政府职能实现的方式方法。从层次上看，可以分为宏观管理和微观管理。从方法手段上看,分为直接管理和间接管理。现阶段,地方政府职能实现的方式已经从计划经济体制时期对经济的直接微观管理,逐渐转变为间接宏观管理。在这个基础上,地方政府进一步弱化直接微观管理职能,强化经济调节、公共服务、市场监管、社会管理、生态环境保护等职责,成为其主要职能的新阶段。通过间接手段实现对经济和社会的宏观调控,以适应市场经济的发展要求。

地方人民政府职能实现的宏观管理方法主要包括三大类。第一,政策导向。主要是地方人民政府制定和发布本地区的经济社会中长期发展规划、产业政策或规划纲要。第二类就是协调控制。主要是地方人民政府利用行政权力和掌握各种资源来影响本地区经济社会发展方向,协调各种利益关系。第三种就是法律规范。往往是地方政府宏观管理的主要方式,地方人民政府依照有关法律的规定,通过各种行政执法机构,必要时可以依靠司法机构确保法律得到切实有效的实施,推动地方政府良好治理。地方人民政府职能实现的方法主要是依法行政和监督实施。依法行政是通过政府制定的法规和政策来规范和管理社会事务。例如,地方政府通过严格的环境保护法律,控制工业排放,确保空气质量。监督实施则是通过定期检查和评估来确保政策和法规得到有效执行。例如,地方政府会定期检查食品市场,确保食品安全标准得到遵守。这两种方法不仅提高了政府管理的有效性,还增强了公众的信任和参与感,促进了社会的和谐与发展。

现在我们来看地方人民政府履行职能的绩效。地方人民政府履行职能的绩效就是政府通过特定方式方法发挥职责所取得的效果。例如,北京市政府通过实施垃圾分类政策,提高了城市的废物回收率,减少了环境污染。这一政策的成功实施不仅体现在减少垃圾填埋量上,还提升了市民的环保意识。这个例子显示了政府在环境保护的实际成效,体现了政府履行职能的有效性和社会效益。

地方人民政府履行职能的绩效体现在其有效性上。例如,上海市通过精细化管理和智慧城市建设,提高了城市治理效率和居民生活质量,表现出高效的政府绩效。反之,如果绩效不高,如某地因行政效率低下导致公共服务无法及时提供,则说明职能履行不到位。政府绩效受多种因素影响，包括自然资源禀赋、职能定位、机构设置和人员素质等。比如，沿海城市因拥有丰富的海洋资源而在经济发展上具有优势，而内陆贫困地区则需在政策和资源配置上更加努力，才能提升政府绩效。

地方人民政府职能的绩效需要对其综合效益进行考核和评估，强调"生态效益优先、社会效益为主、兼顾经济效益"的原则。例如，浙江省通过"绿色发展"模式，优先保护生态环境，实施严格的环境保护政策，取得了显著的生态效益。同时，通过城乡一体化发展，提升了社会公共服务水平和居民幸福感，展现了社会效益。经济方面，通过创新驱动发展战略，推动高质量经济增长。综合考量这些效益，地方政府能够更全面地评估其职能履行情况，实现可持续发展目标。

五、课堂测试

针对学习线上学习设计三个练习题。

（一）地方人民政府职能的基本特性有哪些？

地方人民政府职能的基本特性：

1. 双重性。地方人民政府职能的双重性是指地方人民政府既有执行职能又有领导职能。地方人民政府的执行职能即地方人民政府有义务执行中央人民政府、上级地方人民政府和各级人民代表大会及其常委会制定的法律、法规、决议和决定。领导职能即地方人民政府依法有权自主决定并处理关系到本地区居民利益的公共事务。

2. 差异性。地方人民政府职能的差异性表现在很多方面，包括职能的内容、标准和水平，行使职能的机构设置、人员构成和方式方法等。各地经济和社会发展水平的不平衡是导致地方人民政府职能差异性的根本原因。

3. 服务性。地方人民政府的服务性是指政府的公共服务职能主要是由地方政府尤其是基层政府承担的，基层政府直接为公民提供公共服务。

4. 有限性。地方人民政府职能的有限性，一是指它的权限有限，即依法自主决定事项的范围有限;二是指它的权限受到辖区的限制;三是指它的公共事务有限,必须与市场、社会事务划清界限。

5. 规范性。地方人民政府职能的规范性是指地方人民政府为居民提供法制化、规范化、标准化的公共行政和公共服务。

(二) 地方人民政府职能实现的方式方法有哪些?

1. 地方人民政府职能实现的方式方法,从层次看可以分为宏观管理和微观管理;从方法手段上分为直接管理和间接管理。
2. 宏观管理方法主要有政策导向、协调控制和法律规范。
3. 地方人民政府职能实现的方法主要有依法行政和监督实施。
4. 地方人民政府职能实现的直接管理方式就是地方人民政府通过所属机构及其工作人员的行为来直接完成其所承担的职能,间接管理方式就是地方人民政府通过委托授权和监督控制非政府机构来完成其所承担的职能。

(三) 怎样理解社会主义市场经济体制下地方人民政府的职能?

在社会主义市场经济体制下,地方人民政府除了履行部分经济调节职能以外,还要全面正确地履行公共服务、市场监管、社会管理、生态环境保护等职能,有利于更好地发挥地方政府贴近基层、就近管理的优势。

具体来说,在社会主义市场经济体制下,地方人民政府要履行以下四种职能:公共服务职能、市场监管职能、社会管理职能、生态环境保护职能。地方政府职能是弥补市场失灵;地方政府职能是规制市场。

第二节 知识深化与运用:启发式问题教学

一、运用启发式教学师生共同解决探究性问题

运用启发式教学师生共同解决探究性问题是一种教育方法,旨在促

使学生积极参与学习，培养他们的批判性思维和问题解决能力。这种教学方式将学生置于学习的中心，强调问题导向的学习，让学生自主提出问题、收集信息、分析数据和提出解决方案。老师在这个过程中更像是一个引导者和促进者，而不是传统的知识传授者。通过这种方法，学生不仅能够深入理解知识，还能够将知识应用于实际问题中。

在这种教学方式下，可以是师生对话式教学，也可以学生小组合作形式，共同探讨和解决复杂的问题。他们会分享他们的观点和思考，互相启发，从不同角度审视问题。这种合作性的学习有助于培养学生的团队合作技能和沟通能力。另一个重要的特点是问题的启发性。教师通常提出一个具有挑战性和启发性的问题，激发学生的好奇心和思考。这个问题通常没有唯一的答案，鼓励学生进行深入研究和探索。通过独立研究和合作讨论，学生逐渐形成自己的见解和解决方案。最终，学生会向全班展示他们的解决方案，进行讨论和反馈。这个过程有助于学生从不同的角度审视问题，并提高他们的批判性思维。同时，学生还会对自己的解决方案进行自我评估和反思，从中汲取经验教训。

总的来说，运用启发式教学师生共同解决探究性问题是一种积极参与式的教育方法，通过问题导向的学习和合作探讨，培养学生的批判性思维、问题解决能力和团队合作技能。这种方法使学习更加深入和有趣，有助于学生在实际问题中应用所学知识。

（一）师生对话式启发性教学

地方政府职能是一个有趣也很重要的问题，主要针对本章所学内容的思考并回答以下问题：

1. 从地方政府的职能上看，你是支持大政府还是小政府？或者两者都不支持，另有观点？

好的，同学们，今天我们来讨论一个有趣也很重要的问题：在地方政府职能方面，我们是支持大政府还是小政府？或者我们有没有其他的观点？这个问题很好，也很复杂，让我们一起探讨一下。

老师：首先，谁能告诉我"大政府"和"小政府"的基本概念是什么？

学生甲：老师，我来回答。大政府通常指的是政府职能范围广泛，政府在经济和社会生活中扮演着重要角色,比如提供多种公共服务,进行市场调节等。而小政府则相反,主张政府职能相对有限,更多依赖市场机制解决问题。

老师:很好,这是一个很清晰的解释。那么,我们来思考一下,大政府有哪些优点和可能的问题呢?

学生乙:大政府的优点可能在于能够提供更全面的公共服务,保障社会稳定,特别是在教育、医疗和社会保障等方面。但问题可能是政府干预过多,可能会导致效率低下,财政负担加重,甚至可能出现官僚主义。

老师:非常好,这些都是大政府的典型特点。那么小政府呢?它的优点和缺点又是什么?

学生丙:小政府的优点可能是效率更高,因为它更多依赖市场机制,减少了政府的干预。这样可以激发市场和个人的创新和活力。但缺点可能是在社会保障、环境保护等方面可能做得不够,有些社会问题可能得不到有效解决。

老师:很好,你们都分析得很到位。那么,我们再进一步思考,地方政府在选择大政府还是小政府模式时,需要考虑哪些因素?

学生丁:我认为,地方政府在选择时可能需要考虑当地的经济发展水平、居民的需求和期望、财政能力和管理效率等因素。不同地区的情况不同,可能需要不同的政府职能模式。

老师:非常好,这正是我们需要考虑的关键点。地方政府的职能模式并不是一成不变的,而是需要根据实际情况灵活调整。那么,大家觉得我们的地方政府应该采取哪种模式呢?或者说,我们是否有其他的想法?

(此时,可以鼓励学生发表自己的看法,进行深入讨论。)

通过这样的师生启发式教学,学生不仅能够理解大政府和小政府的概念,还能够学会从不同角度分析和思考问题,培养批判性思维和解决问题的能力。

2. 地方政府职能定位受哪些因素的影响?

现在我们来探讨一个重要的问题:地方政府职能定位受哪些因素的影响?这个问题对于理解地方政府的运作非常关键。

老师:首先,我们来思考一下,什么是地方政府的职能定位?

学生甲：老师，我认为地方政府的职能定位是指地方政府在社会管理和服务中应该承担的角色和职责，包括它应该提供哪些服务，以及如何管理地方事务。

老师：很好，这是一个很全面的定义。那么，我们接下来讨论，哪些因素可能会影响到地方政府的职能定位？

学生乙：我觉得经济发展水平可能是一个重要因素。不同的经济发展水平决定了地方政府的财政能力和居民的需求，这直接影响政府职能的定位。

老师：非常正确。经济发展水平确实是一个关键因素。还有其他因素吗？

学生丙：社会文化背景也很重要。不同地区的历史、文化和社会价值观会影响政府职能的定位。比如，一些地区可能更重视教育和文化事务，而另一些地区可能更注重经济发展。

老师：确实如此，社会文化背景对政府职能的影响不容忽视。那么，政策导向和法律法规呢？

学生丁：国家的政策导向和相关法律法规肯定也会影响地方政府的职能定位。比如，如果国家推行环保政策，地方政府就需要加强环境保护的职能。

老师：很好，政策导向和法律法规是政府职能定位的重要外部因素。除此之外，还有什么内部因素可能影响地方政府的职能定位？

学生戊：我认为地方政府自身的管理能力和资源配置也很重要。比如，政府的组织结构、人员素质和技术能力都会影响它能够有效承担哪些职能。

老师：非常好，这些内部因素确实对地方政府的职能定位有着直接的影响。那么，综合这些因素，我们如何理解地方政府职能定位的动态性和多样性呢？

（此时，可以鼓励学生发表自己的看法，进行深入讨论。）

通过这样的师生启发式教学，学生们不仅能够了解影响地方政府职能定位的各种因素，还能学会如何综合考虑这些因素，更全面地理解地方政府的职能和作用。

（二）小组合作启发式问题教学

学术界曾有一种观点：政府是从统治型政府到管理型政府再到服务型政府发展的，你支持这种观点吗？谈谈你的看法。

教师首先学术界的这一理论观点，然后开展小组讨论，要求当堂完成、当堂点评。

老师介绍理论脉络和观点：这个问题涉及政府角色和职能的演变，这是一个在学术界广泛讨论的话题。首先，我会介绍一下相关的理论脉络和观点，然后分享一些学者的看法。

1. 统治型政府（Governing Government）：这一阶段的政府主要聚焦于权力的维持和社会秩序的控制。在这个模式下，政府的主要职能是维护法律和秩序，确保国家安全，以及执行权威决策。这种政府形式在历史上较为常见，特别是在传统社会和许多早期现代国家中。

2. 管理型政府（Managing Government）：随着社会的发展和复杂化，政府角色逐渐转向更多地关注公共管理和效率。管理型政府强调政策的制定和执行，以及公共资源的有效管理。这种模式在20世纪中叶开始流行，特别是在新公共管理（New Public Management）的理论和实践中得到体现。

3. 服务型政府（Serviceoriented Government）：这一阶段的政府更加注重服务公民和满足公众需求。服务型政府强调的是政府作为服务提供者的角色，关注于提高服务质量，满足公众的多样化需求，以及促进公民参与和公共福祉。这种观点在21世纪得到了更广泛的认同和应用。

部分学者的观点支持这种观点，认为政府的角色确实经历了从统治型到管理型，再到服务型的演变。这种演变反映了社会的发展、公民意识的提升和政府职能的适应性变化。

1. 社会发展的需求：随着社会的发展，人民对政府的期望和需求发生了变化。从最初的寻求安全和秩序，到追求高效的管理和公共服务，再到现在强调个性化服务和公民参与，这些变化要求政府不断调整其角色和职能。

2. 公民意识的提升：公民对自身权利和政府责任的认识不断提高，这促使政府从单纯的权威机构转变为更加注重服务和回应公民需求的机构。

3. 政府职能的适应性变化：为了适应社会变化和公民需求，政府必须发展新的管理技能和服务模式，这包括采用新技术、改进服务流程和增强透明度和问责制。

总的来说，政府的这种演变是一个自然而然的过程，它反映了社会的进步和政府适应这些变化的能力。然而，这并不意味着所有政府都完全按照这一模式发展，不同国家和地区的情况可能会有所不同。

小组讨论记录样稿：

王同学：就人类社会文明发展过程的应然层面来讲，政府大致是可以看为从统治到管理到服务的职能角色转变，从一开始需要组织大量民众组织生产到后来生产力水平发展后需要有效管理社会有效运作，再到后现代社会服务成为政府主要职能。但是实际上三种职能可能是交织在地方政府中的，尤其是当下地方政府更多实现的是管理和统治职能，管理社会各方面有效运作以及确保对人民的统治。相较于前两者，服务的职能在地方人民政府的体现还十分的少。我认为这三种职能在任何一个时期都是并存的，但是区别于其主要职能，政府的角色也各有不同。

胡同学：统治型政府治理模式是种以依靠暴力为统治工具治理国家和社会的统治方式，其统治者对所属臣民具有生杀予夺的权力，而子民却不享有基本的人权，一般存于金字塔型等级森严的社会秩序之中，此类政府一般建立在自然经济和小农经济之上，农业社会使得个人以原子化的方式存在，彼此的矛盾和个体的弱小使这个社会无法团结起来与统治者进行博弈。（即中国古代政府）

管理型治理模式是一种与西方工业社会相适应的对公共事务管理的政府实践模式，建立在以契约交易方式为主的市场经济基础之上。市场经济意味着法治经济和契约经济，政府也是建立在委托—代理的契约模式之上。尽管权力仍然是社会治理的重要方式，但是权力要受到制衡和法律的限制，政府已经不再是全能主义的政府形式。社会契约论很好地解释了政府的权力起源,限权、分权和法治的原则以期望通过外部的限权和内部的分权规范政府,使其不会走向专制和侵犯个人权利的反面。这种管理型治理模式,其实就是宪政的政府治理模式,可以归结为:市场经济—契约精神—主动服从的三位一体的政府治理模式。(即中国现代政府)

服务型政府实际上是针对传统计划经济条件下,政府大包大揽和以计划指令、行政管制为主要手段的管制型政府模式而提出的一种新型的现代政府治理模式。服务型政府的核心就是以人民为中心,一切从人民需要出发,以为人民服务为宗旨,承担服务的责任。因为我国是人民民主专政的社会主义国家,国家性质决定政府是人民意志的执行者和人民利益的捍卫者,政府的宗旨就是为人民服务,政府工作的基本原则就是对人民负责。(即中国未来政府)

但就政府间的过渡阶段而言,这三大政府是相互交织,并不能完全剥离的。

吴同学:统治型政府是指政府在经济、政治、文化、社会等方面扮演一个相对较大的角色,拥有强大的控制力和影响力,主要通过行政命令和行政干预来实现其目标。这种政府模式在我国计划经济时代比较突出,政府对经济活动进行高度的管制和指导,对社会生活进行严格的管理和规范。

管理型政府是指政府在经济、政治、文化、社会等方面扮演一个相对较小的角色,不拥有过多的权力和资源,主要通过法律、监管、执法等手段来实现其目标。这种政府模式在我国改革开放初期比较明显,政府逐步放松对经济活动的管制和干预,转向间接管理为主,同时加强对市场的监督和规范。

服务型政府是指政府在经济、政治、文化、社会等方面扮演一个相对平衡的角色,既要充分发挥市场的作用,又要更好发挥政府的作用,主要通过公共服务、公共管理、公共参与等手段来实现其目标。这种政府模式在我国社会主义市场经济体制确立后逐渐形成,政府更加注重提供基本公共服务和社会福利,保障人民群众的基本权利和利益,同时推动社会治理和民主参与。

我国政府职能转变是随着经济社会发展而不断调整和优化的过程,是从以管制为主到以服务为主的过程,也是从以权力为中心到以人民为中心的过程。这一过程体现了我国改革开放的历史进步,也体现了我国国家治理体系和治理能力现代化的不断完善。但服务型政府目前只是一种期望设想,在实际操作过程中,由于政府的机构臃肿,人员冗杂,很难做到真正地高效为人民服务。统治和管理职能同样存在。

史同学:统治型政府是以维护等级秩序为主要目的和政府统治为主要职能的政府模式。它是政府一经产生就存在的一种最低级最原始的政府类型,它的最根本的职能就是统治,实现统治阶级的意志和利益。中国从夏商周奴隶国家政府到秦汉及至清朝的封建国家政府就是典型的统治型政府。

随着经济社会发展,社会事务增加,社会文明程度提高,需要政府进行管理,管理职能凸现。而管理型政府是指选择以管理目标为核心的行政制度体系。例如在新中国建立初期,中国建立起了高度集中统一的计划经济体制进行社会主义改造。但随着经济的发展,政府行政理念没能够及时更新,与社会发展需求脱节,管理型政府的弊端出现,同时新管理运动的兴起,推动政府由管理型政府向服务型政府转变。

服务型政府是指在公民本位、社会本位理念的指导下,在整个社会民主秩序的框架中,把政府定位于服务者的角色,并通过法定程序,按照公民意志组建起来的政府。我国积极推进服务型政府建设,将以人为本,执政为民作为治理理念,将有限政府作为发展目标,坚持依法行政的行为准则,全心全意为人民服务,维护最广大人民根本利益。

汤同学:认可。统治型政府以权力作为行政活动的基本手段,管理型政府是让权力在法律的约束下行使,服务型政府要实现公共权力的道德化。判断政府的类型在于政府的性质与职能。根据性质与职能,政府在农业社会、工业社会和后工业社会依次呈现出统治本位、管理本位和服务本位三种不同的主题。

农业社会中没有私人领域和公共领域的区分,政治和行政完全是一体的。在这种同质性极强的社会中,社会治理活动以统治为主导。统治政府中的民众与统治者之间是一种人身依附关系。民众的一切活动都受到统治者的钳制、听从统治者的安排。当然,统治者也会适当满足一下民众的利益需求,但这也是出于维护统治稳定和自身利益的需求。一旦民众利益和统治者个人利益发生冲突,那么民众的利益就会受到行政活动不加掩饰的压制。总之,统治型政府中行政活动的展开,仅仅是为了贯彻统治者的意志、保持统治秩序的稳定,从而维护少数人不正当的利益。

  进入工业社会后,大量原子化利益主体开始出现,利益的诉求逐渐多元化,"在具体差异万千的社会存在背后,出现了一种可抽象的因素,那就是公共利益。公共利益的生成无疑会要求社会治理体系中有专门的部门和确定的行为模式去服务和增进公共利益,结果,指向了政府及其行政管理"。由于农业社会中的统治行政无视人们的利益和福利,行政活动从属于统治的需求,因此在面对工业社会中出现的公共利益时,统治导向的行政模式越来越不适应现实的需求。在纷繁复杂的利益背景下,工业社会的社会治理方式越来越强调和突出管理的色彩,于是就催生出与工业社会相适应的行政模式,即管理行政,也就是管理型政府。管理型政府以管理为本位,它在本质上是一种对涉及各种利益群体的公共事务进行管理的活动,其职能在于通过对公共事务事无巨细的管理,平衡各种不同群体的利益,从而维护社会的公共利益。管理行政专注于维持当下的确定性和程序性,这在很大程度上是为了适应工业社会"效率至上"的原则。工业社会背景下的管理型政府把价值排除在行政管理之外,其基本目标是用最可能少的人力和物力完成身边的工作。

  服务型政府就是指在民主和法治的制度框架内,在市场经济的背景下,政府的行政更多地强调社会公众的意志,政府行为更有效地回应公民的需求和利益,更加贴近公共性,并对社会公众负责。服务型政府以服务为本位,它在本质上是一种维护公共利益、服务公众的社会治理活动。服务型政府的职能是通过回归价值和道德精神,在处理社会公共事务的过程中发挥它的实质公共性。后工业社会的高度复杂性和不确定性把人们抛入了选择的涡流,给人们带来诸多困惑,此时就需要政府运用行政来引导人们的生活,使人们选择与己相适的生活方式。在后工业社会,服务将是政府活动的出发点和归宿点,这种服务将是从价值关怀出发的实质性服务,它要求公共权力要体现出公共性,要包含有道德和价值性的精神内核。按照契约论代表者的观点,公共权力来源于公众的授予,政府产生的目的在于维护社会公众的利益,保护公民的生命、自由和财产不受侵犯。因此,服务行政时刻都将体现公共权力的公共性,确保权力为公共利益服务。如果说统治型政府的手段是权力、管理型政府的手段是法律,那么,在一个已经建立起稳定宪政制度框架之下的后工业社会,道德将成为社会治理活动的基本手段。

但是统治、管理和服务三者之间呈现出"幕后"与"前台"的关系。也就是说,在工业社会,管理行政处于行政活动的"前台",而服务行政和统治行政居于"幕后"。而在后工业社会,服务行政将活跃于行政舞台的"前台",而统治行政和管理行政将隐匿于"幕后",所以即使是服务型政府,统治行政和管理行政也会在一定条件下,以强有力的方式表现自己的存在。

马同学:近代以来,社会治理的主题始终是围绕着政府与市场的关系展开的,管理型政府的社会管理职能也是随着市场经济的发展而成长和完善的,更确切地说,管理型政府的社会管理职能是在市场经济中的交换关系基础上成长起来的。服务型政府观基于政府职能结构的视角,将服务型政府或公共服务型政府定义为履行公共服务职能或以履行公共服务职能为主的政府。在学界,公共服务概念内涵往往存在广义与狭义之分。广义的公共服务与私人服务相对应,是政府为满足社会公共需要而提供的公共产品和公共服务的总称,政府的经济调节、市场监管、社会管理和狭义的公共服务职能都能纳入到广义的公共服务的范畴。狭义的公共服务是指平行于经济调节、市场监管、社会管理的那部分公共服务,它包括教育、医疗、公共卫生、社会保障、就业、环境保护、科技服务等内容。由此得来中国政府正处于转型的关键时刻。

二、老师就每个小组的讨论做点评、补充回答和扩展

在阅读、分析了五组同学的讨论记录后,教师对五组同学的讨论进行综合分析和评价。各组同学普遍认同中国政府经历了从权威型政府到管理型政府,再到服务型政府的转变。这一观点反映了政府职能随着社会经济发展和人民需求变化的适应性演进。多数同学强调,政府职能的转变与经济体制的改革、市场经济的发展密切相关。随着市场在资源配置中的作用增强,政府逐渐从直接管理经济活动转向提供公共服务和创造良好的发展环境。部分同学提到,政府职能转变也反映了法治和民主理念的深入人心。服务型政府更加注重法治、公开透明和民主参与。随着公民意识的提升,人民对政府的期望从维护基本秩序转变为提供高质量的公共服务,这促使政府从管理型向服务型转变。政府职能的转变也体现了政府与市场、社会关系的变化。政府逐渐减少对经济的直接干预,更多地依赖市场机制和社会力量。

同学们的讨论反映了对政府职能转变必然性的深刻理解。这种转变是经济发展、社会进步和人民需求变化的必然结果。同学们也意识到这种转变并非一帆风顺,而是一个充满挑战的过程。政府在转变过程中需要解决官僚主义、腐败等问题,确保转变的顺利进行。各组同学从不同的角度分析了政府职能的转变,这体现了对问题的全面思考。从经济、法治、民主、社会需求等多个角度进行分析,有助于更深入地理解政府职能转变的复杂性和多维性。同学们普遍认为,服务型政府是未来发展的方向,这反映了对政府角色现代化的期待。服务型政府更能满足现代社会的需求,促进社会的和谐与进步。

总体来说,五组同学的讨论展现了对中国政府职能转变的深刻理解和全面分析,同时也体现了对未来政府发展方向的积极期待。

当然,我可以对这一论题的相关理论和实践进行扩充和补充,以提供更全面的视角。

教师对这一问题的相关知识补充和扩展:

理论知识补充要点:

1. 政府职能的理论演变：

传统理论：早期的政府理论更多关注于政府的权威和统治能力，强调政府在社会秩序和经济发展中的主导作用。

新公共管理（NPM）：20世纪末，新公共管理理论提出，强调政府应当像企业一样运作，提高效率，减少浪费，更多地依赖市场机制解决问题。

治理理论：治理理论强调政府、市场和民间组织之间的合作，认为有效的社会治理需要多方参与和协作。

2. 服务型政府的特点：

以人民为中心：服务型政府强调以人民的需求和利益为出发点，提供高质量的公共服务。

透明和问责：政府的决策和运作应当透明，对公众负责，确保公共资源的有效和公正使用。

公民参与：鼓励公民参与政策制定和社会治理，增强政府的民主性和合法性。

实践知识补充要点：

1. 中国政府职能转变的实践：

简政放权：中国政府通过简政放权，减少对经济活动的直接干预，激发市场活力。

公共服务改革：加强基础设施建设，提高教育、医疗、社会保障等公共服务的质量和效率。

电子政务和智慧城市：推进电子政务，利用信息技术提高政府服务的便捷性和透明度。

2. 国际视角：

西方国家的经验：许多发达国家早期经历了从权威型到管理型，再到服务型政府的转变，他们的经验（如政策创新、公民参与机制）对中国具有借鉴意义。

发展中国家的挑战：许多发展中国家也在努力实现政府职能的转变，他们面临的挑战（如资源限制、治理能力不足）为中国提供了反思和学习的机会。

未来趋势

1. 数字化政府:随着信息技术的发展,数字化政府成为未来趋势,利用大数据、人工智能等技术提高政府服务的效率和质量。

2. 可持续发展:政府职能转变也需要关注可持续发展,平衡经济增长、社会公正和环境保护。

3. 全球化挑战:面对全球化带来的挑战,如气候变化、跨国流行病等,政府需要加强国际合作,共同应对全球性问题。

综上所述,政府职能的转变是一个复杂的过程,涉及理论、实践和未来趋势的多个方面。中国政府在这一过程中取得了显著成就,同时也面临着挑战和机遇。

第三节　知识深化与运用:班级辩论

一、分组辩论:服务型政府是不是衡量地方政府好坏的主要标准?

正方观点:服务型政府是衡量地方政府好坏的主要标准。

反方观点:服务型政府不是衡量地方政府好坏的主要标准。

正反方辩手的要求:

一辩,是开篇立论的人,能将我方观点简洁明了地说出来。

二辩负责盘问环节,二辩就是要找到对方的漏洞,然后让它暴露出来,让队友看到,但是自己不能主攻,因为二辩是要让对方的思想完全裸露出来。

三辩驳论,驳论是一个系统地进行的驳论,这将是两支队伍第一次相互攻击的地方,当然之前的盘问和立论也会有,但是一次系统的总攻击便是这里开始,这里选手有一段小演讲的时间,对对方进行驳论,这个驳论我想就是建立在盘问的基础上而驳论的,根据自己方的二辩所盘问出来的问题,而开始进行攻击,这一次攻击要十分完善,理论、例子、逻辑,都要跟上,这样才能起到一个很好的攻击效果,这一个环节,要有一定的组织语言能力的人,有一定思维逻辑的人比较好。

四辩是攻辩,这个环节将是一个小高潮,这一个环节将是两名未发言选手进行一对一的对辩,总结我方观点。

对正反方辩手的职责说明和建议:

1. 一辩(开篇立论):

职责:清晰阐述团队立场和主要论点,为后续辩论奠定基础。

建议:一辩选手应具备良好的概括能力和语言表达能力,能够简洁明了地介绍团队的主要观点。

2. 二辩(盘问环节):

职责:通过提问揭示对方论点的漏洞,为团队的驳论做准备。

建议:二辩选手需要具有敏锐的观察力和逻辑思维能力,能够通过提问引导对方暴露弱点。

3. 三辩(驳论):

职责:系统地驳斥对方论点,加强我方论点的说服力。

建议:三辩选手应具备较强的逻辑推理和语言组织能力,能够综合利用之前的盘问内容进行有效驳论。

4. 四辩(攻辩):

职责:进行一对一的对辩,总结并强化我方观点。

建议:四辩选手应具备出色的辩论技巧和应变能力,能够在对辩中巩固我方立场,同时反击对方论点。

其他建议:

准备阶段:每个辩手都应充分准备,深入研究相关资料,准备充分的论据和例证。

团队协作:虽然每个辩手有不同的职责,但团队成员之间的协作至关重要。团队应该共同讨论策略,确保论点的一致性和连贯性。

应对策略:提前准备应对对方可能的论点和策略,包括准备反驳的材料和逻辑。

时间管理:每个辩手都应注意自己的发言时间,确保在有限的时间内有效传达信息。

总的来说,辩论赛要能够确保每个参与者都能积极参与,同时也能全面深入地探讨辩题。通过这样的辩论赛,学生不仅能够锻炼自己的思维能力和语言表达能力,还能增进对相关议题的理解和认识。

辩论赛发言顺序安排如下:

1. 第一轮发言(立论阶段)：

正方一辩：开篇立论,阐述正方立场和主要论点。

反方一辩：开篇立论,阐述反方立场和主要论点。

2. 第二轮发言(交叉盘问阶段)：

正方二辩：对反方一辩的立论进行提问。

反方二辩：对正方一辩的立论进行提问。

3. 第三轮发言(驳论阶段)：

正方三辩：系统驳斥反方论点,并巩固正方立场。

反方三辩：系统驳斥正方论点,并巩固反方立场。

4. 第四轮发言(攻辩阶段)：

正方四辩：总结正方观点,针对反方观点进行攻辩。

反方四辩：总结反方观点,针对正方观点进行攻辩。

5. 结束陈词：

正方一辩或四辩：进行最后的总结发言,强调正方立场的合理性。

反方一辩或四辩：进行最后的总结发言,强调反方立场的合理性。

辩论赛时间安排：

1. 立论阶段(第一辩)：每位辩手通常有3到5分钟的时间来进行开篇立论。

2. 交叉盘问阶段(第二辩)：每次盘问通常持续1到3分钟。

3. 驳论阶段(第三辩)：每位辩手可能有3到5分钟的时间来进行驳论。

4. 攻辩阶段(第四辩)：每位辩手可能有2到4分钟的时间来进行攻辩。

5. 结束陈词：通常持续1到3分钟。

学生辩论过程记录：

由于篇幅限制,我将为每位辩手提供一个更详细的发言草稿,每位辩手的发言将扩展至约500字。

第一轮发言(立论阶段)

正方一辩：

"尊敬的裁判、各位同学,今天我们正方坚定地站在这里,提出这样一个观点:服务型政府是衡量地方政府好坏的主要标准。首先,我们必须明确,服务型政府的核心在于其以人民的需求和福祉为出发点和归宿。在当前社会,民众对政府的期望已不再局限于基本的行政管理,而是更加注重生活质量的提升和公共服务的优化。服务型政府通过有效的公共服务提供,如教育、医疗、社会保障等,直接影响和提升了民众的生活水平和幸福感。

此外,服务型政府还是政府透明度和责任感的体现。一个能够及时响应民众需求、主动公开信息、并对其服务效果负责的政府,无疑是一个优秀的政府。这种政府不仅提高了民众对政府工作的满意度,也增强了政府的公信力和合法性。

再者,服务型政府还是社会和谐与稳定的重要保障。通过有效的社会服务,政府能够缓解社会矛盾,促进社会公平与正义,从而维护社会稳定。例如,通过提供充足的就业机会、优质的教育资源和公平的社会保障,政府能够有效地减少社会不平等和不安定因素。

在全球化和信息化的今天,服务型政府更是地方政府适应新时代要求的必然选择。随着科技的进步和信息的流通,民众对政府的要求更加多元和即时。服务型政府能够利用现代科技手段,如电子政务、大数据分析等,提高服务效率和质量,更好地满足民众的需求。

最后,服务型政府还是推动可持续发展的关键。在面对环境保护、资源管理等全球性挑战时,服务型政府能够采取更加科学和有效的措施,保护环境,促进经济社会的可持续发展。

因此,综上所述,服务型政府的建设和表现,是衡量地方政府好坏的关键和主要标准。"

反方一辩:

"尊敬的裁判、各位同学,我们反方认为,将服务型政府视为衡量地方政府好坏的唯一或主要标准是片面的。首先,地方政府的职能远不止于提供公共服务。例如,地方政府在推动经济发展、维护社会秩序、保护环境等方面的作用同样至关重要。一个地方政府可能在提供优质的公共服务方面做得很好,但如果其在促进经济增长、创造就业机会、维护社会安全等方面表现不佳,我们仍然不能简单地称其为一个好政府。

其次，服务型政府的概念在实际操作中存在局限性。例如，不同地区的资源禀赋和发展阶段不同，单一的服务型政府模式可能无法有效应对所有地区的具体需求和挑战。地方政府在实践中需要根据自身的实际情况，灵活调整其职能和工作重点。

再者，衡量地方政府的好坏应该采用更全面的评价体系。除了公共服务的质量外，还应该包括经济发展水平、社会稳定状况、环境保护成效、法治建设进展等多个方面。这种多元化的评价体系能够更全面、更客观地反映一个地方政府的综合表现。

此外，我们还必须考虑到政府职能的动态性。随着社会的发展和变化，地方政府的重点和优先级可能会发生变化。例如，在经济危机或自然灾害等特殊情况下，政府可能需要更多地关注经济恢复或应急管理，而不是日常的公共服务。

最后，我们也不能忽视政府内部运作的效率和透明度。一个政府即使在提供公共服务方面表现优秀，但如果其内部存在严重的腐败或效率低下，同样不能被视为一个好政府。

因此，我们反方认为，服务型政府虽然重要，但不应成为衡量地方政府好坏的唯一或主要标准。一个真正优秀的地方政府，应该在多方面都有均衡和出色的表现。"

第二轮发言（交叉盘问阶段）

正方二辩：

"尊敬的裁判和各位同学，我想向反方提出一个问题。我们正方坚信，服务型政府在提高民众生活质量方面扮演着至关重要的角色。在当前社会，随着人民生活水平的提高，对政府服务的需求也日益增长。服务型政府通过提供高效和质量优良的公共服务，如健康、教育、社会保障等，直接提升了民众的生活质量和幸福感。因此，我想问反方，您如何看待服务型政府在提高民众生活质量方面的作用？在您看来，这是否构成衡量地方政府效能的一个重要方面？如果不是，那么在您看来，什么因素更为重要？并请您说明为什么服务型政府在衡量地方政府好坏时不应被视为主要标准。"

反方二辩：

"感谢正方的发言。我们反方认识到服务型政府在提升民众生活质量方面的重要性，但我们同时强调，地方政府的职能远不止于此。在经济快速发展的当下，地方政府还承担着推动经济增长、创造就业机会、促进产业升级等重要职责。因此，我想问正方，您如何看待在经济发展迅速的背景下，服务型政府与经济发展之间的关系？您是否认为，过分强调服务型政府的角色，可能会忽视或削弱地方政府在经济发展方面的职能？换言之，如何在提供高质量公共服务和促进经济发展之间找到平衡点？正方是否考虑到，一个地方政府在经济发展方面的表现同样是衡量其好坏的关键因素之一？请正方就这一点进行详细阐述。"

第三轮发言（驳论阶段）

正方三辩：

"尊敬的裁判和各位同学，反方在其论述中提到了经济发展等其他因素，但我们必须深入理解服务型政府的综合作用。首先，服务型政府并不是单纯的公共服务提供者，而是一个多维度的概念，它包括但不限于提供基本服务。服务型政府通过高效的服务，能够直接促进经济发展和社会稳定。例如，良好的教育和医疗服务能够提高人力资源质量，进而促进经济增长；有效的社会保障和公共安全措施能够维护社会稳定，为经济发展提供良好环境。

其次，服务型政府的建设和表现是对政府透明度和责任感的直接体现。一个能够及时响应民众需求、主动公开信息、并对其服务效果负责的政府，展现了其对民众的尊重和对公共资源的负责态度。这种政府不仅提高了民众对政府工作的满意度，也增强了政府的公信力和合法性。

再者，服务型政府是社会和谐与稳定的重要保障。通过有效的社会服务，政府能够缓解社会矛盾，促进社会公平与正义，从而维护社会稳定。例如，通过提供充足的就业机会、优质的教育资源和公平的社会保障，政府能够有效地减少社会不平等和不安定因素。

最后，服务型政府在推动可持续发展方面发挥着关键作用。面对环境保护、资源管理等全球性挑战时，服务型政府能够采取更加科学和有效的措施，保护环境，促进经济社会的可持续发展。

综上所述,服务型政府不仅是衡量标准之一,而且是一个综合反映政府职能和效能的关键指标。"

反方三辩:

"尊敬的裁判和各位同学,虽然正方强调了服务型政府在提升民众生活质量方面的重要性,但我们必须指出,这种观点忽视了地方政府在经济管理、社会治理、环境保护等方面的重要职责。首先,经济发展是衡量地方政府表现的关键指标之一。一个地方政府可能在提供优质的公共服务方面做得很好,但如果其在促进经济增长、创造就业机会、维护社会安全等方面表现不佳,我们仍然不能简单地称其为一个好政府。

其次,社会治理和环境保护也是地方政府职能的重要组成部分。在面对日益复杂的社会问题和环境挑战时,地方政府需要采取有效措施来维护社会秩序和保护自然环境。例如,有效的城市规划、社会安全措施和环境保护政策对于提高居民生活质量和保障公共安全至关重要。

再者,我们也不能忽视政府内部运作的效率和透明度。一个政府即使在提供公共服务方面表现优秀,但如果其内部存在严重的腐败或效率低下,同样不能被视为一个好政府。

最后,衡量地方政府的好坏应该采用更全面的评价体系。除了公共服务的质量外,还应该包括经济发展水平、社会稳定状况、环境保护成效、法治建设进展等多个方面。这种多元化的评价体系能够更全面、更客观地反映一个地方政府的综合表现。

因此,我们反方认为,服务型政府虽然重要,但不应成为衡量地方政府好坏的唯一或主要标准。一个真正优秀的地方政府,应该在多方面都有均衡和出色的表现。"

第四轮发言(攻辩阶段)

正方四辩:

"尊敬的裁判和各位同学,正方在此强调,服务型政府是衡量地方政府好坏的主要标准。我们认识到,地方政府的职能是多元的,但在当前社会背景下,民众对高质量生活的需求日益增长,服务型政府的角色变得越来越重要。服务型政府不仅仅是提供基本公共服务的机构,还是民众与政府互动的桥梁,是民众需求得到响应的平台。

首先，服务型政府在提升民众生活质量方面起着决定性作用。通过提供高效的教育、医疗、社会保障等服务，服务型政府直接影响着民众的日常生活和长远福祉。这些服务的质量和效率，是衡量政府是否真正以人民为中心的重要指标。

其次，服务型政府是社会和谐与稳定的关键。通过有效的社会服务和公共管理，服务型政府能够缓解社会矛盾，促进社会公平与正义，从而维护社会稳定。这不仅体现了政府的责任感，也展现了政府的能力。

再者，服务型政府在促进经济发展方面也发挥着重要作用。通过提供优质的教育和培训服务，服务型政府能够培养高素质的人才，为经济发展提供动力。同时，通过提供有效的基础设施和公共服务，服务型政府为企业提供了良好的经营环境，从而促进经济增长。

最后，服务型政府的建设和表现是对政府透明度和责任感的直接体现。一个能够及时响应民众需求、主动公开信息、并对其服务效果负责的政府，展现了其对民众的尊重和对公共资源的负责态度。

因此，综上所述，服务型政府的建设和表现，是衡量地方政府好坏的主要标准。"

反方四辩：

"尊敬的裁判和各位同学，虽然正方强调了服务型政府的重要性，但我们反方认为，地方政府的优劣不能仅仅通过其提供的服务来衡量。地方政府的职能是多元的，包括经济发展、社会治理、环境保护等多个方面。因此，我们必须考虑其在促进经济增长、维护社会秩序、保护环境等方面的表现。

首先，经济发展是衡量地方政府表现的关键指标之一。一个地方政府可能在提供优质的公共服务方面做得很好，但如果其在促进经济增长、创造就业机会、维护社会安全等方面表现不佳，我们仍然不能简单地称其为一个好政府。

其次，社会治理和环境保护也是地方政府职能的重要组成部分。在面对日益复杂的社会问题和环境挑战时，地方政府需要采取有效措施来维护社会秩序和保护自然环境。例如，有效的城市规划、社会安全措施和环境保护政策对于提高居民生活质量和保障公共安全至关重要。

再者，我们也不能忽视政府内部运作的效率和透明度。一个政府即使在提供公共服务方面表现优秀，但如果其内部存在严重的腐败或效率低下，同样不能被视为一个好政府。政府的内部治理、财政透明度和反腐败机制同样是衡量其效能的重要方面。

此外，衡量地方政府的好坏应该采用更全面的评价体系。除了公共服务的质量外，还应包括经济发展水平、社会稳定状况、环境保护成效、法治建设进展等多个方面。这种多元化的评价体系能够更全面、更客观地反映一个地方政府的综合表现。

最后，我们必须认识到，地方政府面临的挑战和任务是多样化的。在不同的社会经济背景下，地方政府需要根据自身的实际情况和优先级来调整其职能和工作重点。例如，在经济危机或自然灾害等特殊情况下，政府可能需要更多地关注经济恢复或应急管理，而不是日常的公共服务。

因此，我们反方认为，服务型政府虽然重要，但不能成为衡量地方政府好坏的唯一或主要标准。一个真正优秀的地方政府，应该在多方面都有均衡和出色的表现。"

结束陈词

正方结束陈词：

"尊敬的裁判和各位同学，经过激烈的辩论，我们正方再次强调，服务型政府是衡量地方政府好坏的主要标准。这一观点基于对当前社会需求和政府职能的深刻理解。首先，服务型政府直接关系到民众的生活质量和幸福感。在快速变化的社会环境中，民众对高质量的教育、医疗、社会保障等公共服务的需求日益增长。服务型政府能够有效响应这些需求，提供必要的公共服务，从而直接提升民众的生活水平和幸福感。

其次，服务型政府在促进社会和谐与经济发展方面发挥着不可替代的作用。通过提供优质的公共服务，服务型政府能够缓解社会矛盾，促进社会公平与正义，为经济发展创造稳定的社会环境。此外，服务型政府还能够通过教育和培训服务，培养高素质的人才，为经济发展提供动力。

虽然其他因素如经济发展和法治建设也重要，但在当前社会，服务型政府的角色至关重要。一个能够有效提供公共服务、改善民众生活的政府，无疑是一个好政府。因此，我们坚持认为，服务型政府的建设和表现，是衡量地方政府好坏的主要标准。"

反方结束陈词（扩展至 300 字以上）：

"尊敬的裁判和各位同学，通过今天的辩论，我们反方坚持认为，衡量地方政府好坏不能仅依赖服务型政府这一标准。地方政府的职能是多元的，包括经济发展、社会治理、环境保护等多个方面。一个地方政府可能在提供服务方面表现优秀，但如果在其他方面表现不足，如经济发展缓慢、社会治理不力、环境保护不足，则不能被简单地定义为一个好政府。

经济发展是地方政府的重要职能之一。一个有效的地方政府应能够促进经济增长、创造就业机会、提高居民收入。此外，社会治理能力也是衡量地方政府的重要标准。一个有效的地方政府应能够维护社会秩序、保障公民安全、解决社会矛盾。

环境保护也是地方政府不可忽视的职责。在面对全球气候变化和环境污染等挑战时，地方政府需要采取有效措施来保护环境，促进可持续发展。

因此，我们认为，需要一个更全面的评价体系来衡量地方政府的综合表现。这个评价体系应该包括经济发展、社会治理、环境保护、法治建设等多个方面。只有这样，我们才能更客观、更全面地评价一个地方政府的表现。"

二、教师点评

同学们，首先我要对大家在这次辩论赛中的出色表现表示赞赏。正反双方都展现了深入的思考和扎实的准备。现在，我将对双方的表现进行点评，并提出一些建议。

正方团队在阐述服务型政府作为衡量地方政府好坏的主要标准时，逻辑清晰，论据充分。你们有效地强调了服务型政府在提升民众生活质量、促进社会和谐以及经济发展方面的重要性。然而，在面对反方关于经济发展和其他职能的质疑时，正方的应对略显薄弱。今后可以更多地考虑如何综合不同方面的因素，以增强论点的全面性。

反方团队有效地指出了衡量地方政府好坏应采用更全面的评价体

系,不仅仅局限于服务型政府。你们在挑战正方观点时表现出了良好的批判性思维能力。但在某些环节,对正方观点的反驳缺乏深度,可以在未来的辩论中尝试更深入地分析对方观点,并提出更有说服力的反驳。

同学们在类似的学习中应该培养以下能力:

1. 批判性思维:通过分析和评估不同的观点,培养独立思考的能力。
2. 沟通与表达:学会如何清晰、有逻辑地表达自己的观点。
3. 团队合作:在辩论中,学习如何与团队成员协作,共同构建论点。
4. 研究能力:通过收集和分析信息,提高研究和整合信息的能力。

今后的课程学习要努力做好以下几方面

1. 深入研究:在准备阶段,对相关主题进行更深入的研究,以便提出更有力的论据。
2. 扩展视野:尝试从多个角度和维度理解和分析问题,以增强论点的全面性和深度。
3. 提高应变能力:在辩论过程中,学习如何更好地应对突发情况和对方的质疑。
4. 加强团队协作:在未来的学习中,更加注重团队内部的沟通和协调,以提高整体表现。

总之,这次辩论赛是一个宝贵的学习经历。希望大家能够吸取经验,不断提升自己,在未来的学习和生活中发挥所学。

第七章
地方人民政府运行

地方人民政府的运行是公共管理领域中的重要议题,它涉及政府职能、政策执行、资源分配等多个方面。为了更好地培养学生对地方政府运作的理解和分析能力,本章将介绍地方人民政府运行的翻转课堂教学设计与实施。通过理论知识梳理与检测以及情景模拟教学的方式,我们旨在帮助学生深入学习和应用相关知识,培养他们的批判性思维和问题解决能力。本章将详细介绍这两个教学环节的设计和实施,以及教师在其中的角色和指导方法。通过本章的学习,学生将有机会在真实情境中探讨和分析地方政府运行的复杂性,为未来的职业生涯做好充分准备。

第一节 理论知识梳理与检测

一、地方人民政府的领导体制

地方人民政府的领导体制的主要内容包括三部分,分别是地方人民政府领导体制的演变、地方人民政府首长负责制的内涵和地方人民政府首长负责制的特点。

了解地方人民政府领导体制的演变,首先需要了解地方人民政府领导体制的内涵。地方人民政府的领导体制是指地方人民政府内部的权力配置，从而履行各自责任和职能的规范体系。领导体制直接关系到整个地方政府的运行是否顺畅，是地方人民政府运行机制的核心内容。例如，在某省的应急管理中，地方政府通过明确职责分工，建立了高效的应急指挥体系。省政府负责总体协调，市政府负责具体实施，县级政府则落实到具体行动，确保各级政府在灾害发生时能够迅速响应，协同作战。通过这种领导体制，各级政府能在突发事件中发挥各自职能，确保社会稳定和安全。

关于地方人民政府领导体制的演变，新中国成立初期，我国行政机关实行的是集体负责制，直到1982年的宪法首次明确规定我国各级行政机关实行首长负责制。因此，我国地方人民政府的领导体制经历了一个从集体负责制到行政首长负责制的演变过程。1682年以前，我国地方各级人民政府实行的是集体负责制的领导体制。集体负责制也称为委员会制、合议制，是指行政机关法定的决策权、管理权和领导责任由委员会集体承担，全部工作都由委员会集体讨论，根据少数服从多数的原则来决定，并由委员会集体负责的一种领导体制。它的优点主要在于可集思广益，代表多方面的意见；分工合作，能有效地发挥各自的长处；互相监督，可以防止独断专行。它的缺点在于责任分散，有功相争，有过相推；行动迟缓，议而不决，决而不行；反应迟钝，争执不休，效率低下。1982年的《宪法》第105条对我国地方行政首长负责制做了规定，其是这样说的，地方各级人民政府实行省长、市长、县长、区长、乡长、镇长负责制，这是在充分考虑国家的行政活动特点和集体负责制领导体制的缺点基础上，对国家的行政领导体制进行了改革。行政首长负责制也称为首长负责制、首长制或独任制。它是指各级人民政府及其部门的首长在民主讨论的基础上，对本行政组织所管辖的重要事务具有最后决定权，并对此全面负责的行政领导体制。它具有事权集中、责任明确、指挥有力、行动迅速、行政活动中推诿扯皮现象较少、效率较高等优点。

第二部分是地方人民政府首长负责制的内涵。"负责"包含两层含义：一是地方行政首长代表本级地方人民政府对本级人民代表大会及其常委会负责。这是行政机关对于权力机关的责任制度。例如，在地方人大会议上，市长要向人大报告工作，接受人大代表的质询和监督。二是行政首长对政府内部事务的全面负责。例如,市长对城市的经济发展、民生改善、环境保护等各项事务进行统一领导和决策,确保各项政策和措施得到有效执行,从而实现地方政府的治理目标和人民福祉的提升。地方人民政府首长负责制中的"首长"是由本级人民代表大会选举产生的,并对其负责,受其监督。这意味着,市长、县长等地方行政首长需要在人民代表大会上报告工作,接受人大代表的质询和监督。地方行政首长还主持地方各级人民政府的工作,并对其领导的人民政府的工作享有全面领导权、最后决定权、人事提名权和全面负责任,即所谓的"三权一责"。这保障了行政首长在地方治理中的核心地位和决策权,同时也确保了其对工作成果负有最终责任。行政首长在地方人民政府中承担"三权一责"。首先,行政首长对本级政府的工作负有全面领导权,负责协调和指导副职、秘书长及各部门负责人。其次,行政首长拥有最后决定权,在政府会议上讨论重大问题时,行政首长有权在集体讨论的基础上作出最终决定,并独立签署相关文件。这种权力不受少数服从多数原则的限制。第三,行政首长享有人事提名权,可向本级人大及其常委会提名政府组成人员,如秘书长、厅长等,并根据工作表现提出人事变更建议。最后,行政首长对政府工作全面负责,签署政府名义的议案、报告和指示等文件,确保政府运作的有效性和责任落实。

  第三部分是地方人民政府首长负责制的特点。我国的行政首长负责制既体现了党的政治领导,又反映了人民民主管理;既体现了首长制的优点,又反映了合议制的优越性。具有以下四个特点:第一,坚持党的领导和民主集中制原则。党的十九大报告指出,中国特色社会主义的本质特征是中国共产党的领导,党是领导一切的。行政首长负责制必须坚持党的领导,确保地方人民政府首长负责制沿着正确方向发展。民主集中制是我国根本组织制度和组织原则,《宪法》第三条规定,国家机构实行民主集中制,地方各级人民政府也应遵循这一原则。行政首长负责制建立在民主集中制基础上,通过集体讨论和决策,保证决策的科学性和民主性,提高行政效率。第二,建立在合议制的基础上,体现了合议制的优点。我国的行政首长负责制将首长制和合议制的优点结合起来。行政首长虽然有最后的决定权,但不是行政首长个人的独裁制。他要求对于重大问题必须通过集体讨论来决定,但这种集体讨论不采取少数服从多数的原则,而是行政首长根据大家的意见做最后的决定。这样既保证了在重大决策上充分的民主讨论和意见表达,又能使行政首长的权力得到实现。第三,行政首长在任期内对其领导的行政机关的工作绩效负有全面责任。我国地方人民政府的行政首长通过法定民主程序选举产生,承担多重责任。对党,他们负有政治责任;对国家权力机关,他们负有执行责任;对司法机关,他们负有法律责任;对人民,他们是公仆。同时,他们接受来自党权力机关、监察机关、司法机关、人民群众、社会团体和新闻舆论的监督。如果行政首长违背了人民的意志,或未能完成工作任务,或造成失误,他们将承担相应的责任,并接受相应的制裁。例如,某市市长在重大工程项目中出现管理失误,将会被问责,并可能被罢免或降职。第四,集体领导和个人分工负责相结合。现代政府机关一般由若干成员组成的领导班子构成,如我国省级人民政府,包括省长、副省长、各厅厅长、各委员会主任、审计长、秘书长等。集体领导和个人分工负责制的结合,是科学处理行政领导班子内部关系的机制。重大问题通过集体讨论,由行政首长根据讨论结果做出最终决定,并迅速执行。领导成员按各自职责分工合作,各负其责,最高行政首长主持工作,承担主要责任和全面责任。这种机制确保了决策的科学性和执行的高效性。

二、地方人民政府的会议制度

地方人民政府的会议制度的内容主要包括四部分,分别是地方人民政府会议制度的主要内容、地方人民政府全体会议和常务会议的功能、地方人民政府会议制度的特点以及地方人民政府其他会议形式。

第一部分是地方人民政府会议制度的主要内容。我国的《地方组织法》规定,县级以上的地方各级人民政府会议分为全体会议和常务会议,政府工作中的重大问题须经常务会议或全体会议讨论决定。全体会议和常务会议的法律地位没有差别,二者所做决议的效力相同。先看地方人民政府的全体会议。地方人民政府全体会议是由地方各级人民政府全体组成人员参加的一种会议形式,通常由各级行政首长召集并主持。会议讨论并决定涉及本行政辖区的重大问题或事项,如政府工作报告、下一阶段全局性工作安排和重要工作部署。地方人民政府全体会议没有固定时间和周期限制,一般每年召开2至3次,如有需要,行政首长可以临时召集。会议形式多样,可根据会议内容和具体行政环境选择集中会议或电话会议等方式。其次是地方人民政府的常务会议。常务会议是地方各级人民政府工作的主要会议形式,经常用于研究和讨论重大问题。通常每周或每两周召开一次,由各级行政首长负责召集并主持。会议内容主要包括传达和贯彻党中央、国务院、上级人民政府及同级党委的重要指示和决定,传达和贯彻本级人大及其常委会的决议,讨论地方人民政府工作中的重要事项,涉及面广和政策性强的问题,讨论提交地方人大常委会的议案,以及各部门、各地方请示的重要事项等。

第二部分是地方人民政府全体会议和常务会议的功能。第一,决策功能。决策是行政首长领导地方人民政府工作的基本职能和核心环节。行政首长的正确决策离不开科学化和民主化,而民主化主要通过地方人民政府的会议实现。会议提供充分的信息和备选方案,通过民主集中进行科学预测和缜密论证,讨论备选方案的优劣,广泛征求意见,最终做出符合实际的科学决策。当前,地方人民政府会议中运用了许多新的决策方法和技术,如头脑风暴法、德尔菲法、哥顿法和决策树技术等,这些都充分体现了地方人民政府会议的决策功能。第二个功能是协商功能,体现了中国社会主义民主政治的独特优势。毛泽东强调,国家各方面关系都要协商,习近平也指出要在决策前后都进行协商。地方人民政府工作中的重要事项往往涉及多个部门,需要通过高级别会议进行讨论和协调,解决部门间的矛盾与冲突。全体会议和常务会议作为法定的解决重大事项的平台,权威性强,要求充分协商和征求意见,并可邀请相关部门负责人列席。这样既符合社会主义民主政治的要求,又体现了我国兼容并蓄的文化传统,具有鲜明的中国特色。第三个功能是征询功能,地方人民政府会议能够发挥集思广益、群策群力的作用,将众人智慧汇集,为政府决策提供科学依据,避免决策失误。在讨论决定重要事项前,地方人民政府会议制度要求对议题进行深入调查研究和专家咨询,并根据需要直接听取专家学者和广大人民群众的意见和建议。必要时,邀请相关人员列席会议。这充分体现了会议制度在政府决策中的重要咨询功能,帮助行政首长在做出最终决策前充分听取各方意见,确保决策的理性、科学和民主。

第三部分是地方人民政府会议制度的特点。第一个特点,会议程序的法定性与规范性。地方人民政府会议由行政首长来召集和主持,在民主讨论的基础上由行政首长最后决策,在行政首长缺席的情况下一般不会召开。按照行政首长负责制的原则,行政首长对于地方政府工作中的重大问题具有最后决定权。其他政府组成人员只是行政首长的助手,并对首长负责。政府各部门对会议决定事项必须认真地遵照执行,及时办理。地方人民政府的办公室、办公厅负责督办,定期将会议决定事项的落实情况向领导报告。第二个特点,决策过程的科学性与民主性。地方人民政府会议讨论和决定地方重大的决策事项,强调决策过程的科学性与民主性。会议遵循依法决策、理性决策、科学决策和民主决策的基本原则。各部门在提交重大事项前必须进行深入调查研究,包括公众参与、专家论证、风险评估、合法性审查和集体讨论决定,确保决策的全面性和合理性。对于涉及重大公共利益和人民群众切身利益的事项,要向社会公开征求意见,必要时举行听证会,召开座谈会,直接听取民主党派和群众团体的意见。这些措施确保通过会议制度建立健全民主科学决策的规则和程序,避免决策失误,保证决策符合人民的利益和愿望。第三个特点,形式多样性与内容的层次性。地方人民政府的会议形式丰富多样,内容层次分明。会议形式包括全体会议、常务会议、办公会议、专题会议、学习会议和碰头会议等,用于解决不同类型的问题。例如,重大问题、提请地方人大常委会的议案和拟发布的规章等,通常通过级别较高的常务会议和全体会议讨论决定,且对会议频次和参加人员有原则性规定。此外,地方人民政府还通过办公会议、专题会议、学习会议和碰头会议等形式解决地方经济社会生活中的其他重要问题,从而在形式上体现多样性,在内容上体现层次性。

第四部分是地方人民政府其他会议形式。地方人民政府的会议制度除了全体会议和常务会议这两种基本形式外,还包括政府办公会议、专题会议、学习会议和碰头会议等。需要指出的是,这些其他会议形式并不是所有级别的地方人民政府都具备,而是根据本地实际情况选择其中一种或几种形式进行召开。通过这种灵活的会议安排，地方人民政府能够更有效地应对不同类型的事务，确保行政工作有序进行，满足地方实际需求。政府办公会议是地方政府处理日常工作最经常召开的一种会议形式。通常由地方行政首长主持，参加者包括副职领导、秘书长和相关部门负责人。办公会议的内容涉及面广泛，包括政策落实、工作安排、问题协调等。举例来说，某市政府在办公会议上讨论近期的交通改善计划，通过协调交通部门和公安部门，制定具体的实施步骤，以解决市区交通拥堵问题。办公会议灵活高效，可以迅速应对突发情况和处理紧急事务。专题会议，如防汛专题会议、社区环保专题会议、旅游安全工作专题会议、民族宗教工作专题会议等，是地方政府针对特定领域或紧急事项进行深入讨论和决策的重要形式。举例来说，防汛专题会议通常在汛期前召开，地方政府会邀请水利、气象、应急管理等部门负责人参加，制定详细的防汛预案和应急措施。这些专题会议形式灵活，内容具体，能迅速聚焦和解决特定问题，提升政府的应对能力和工作效率。学习会议的主要内容是学习现代经济、科技、法律和社会管理等知识，以及党的重要会议精神，以适应快速发展的社会形势和自身工作的需要。这类会议旨在提升政府官员的综合素质和执政能力。比如，在科技学习会议上，地方政府可能会邀请知名科技公司代表或大学教授，讲解人工智能、大数据等前沿科技，提升官员们在现代科技应用方面的知识和能力。这些学习会议不仅提高了政府官员的专业素养，也为地方政府的科学决策和高效治理提供了有力保障。

三、地方人民政府的责任制度

地方人民政府责任制度的内容主要包括四部分：地方人民政府责任制度的内涵、地方人民政府责任制度的主要内容、地方人民政府实践中的责任制度以及地方人民政府问责。

第一部分是地方人民政府责任制度的内涵。政府责任和政府权力是一对相辅相成的概念。习近平总书记曾指出，有权就有责，权责要对等。政府责任是对政府行为的一种监督和制约，不承担责任的政府权力必然会导致公共权力的滥用。因此，健全有效的责任制度是地方人民政府形成良性运行机制的重要前提和保障。地方人民政府的责任制度是指对各级地方政府在其所辖行政区域内未能按照宪法和法律履行职责所应当承担的后果作出相关规定的制度。这意味着政府需要积极回应民众的需求，履行其在社会中的责任和义务。政府机关及其工作人员在未能履行法定义务或违法行使权力时，需要承担相应的否定性法律后果。

从负责任的对象来看，地方人民政府的责任主要包括三层。首先，地方人民政府对地方人大及其常委会负责。例如，市政府需向市人大汇报工作，接受监督和质询。其次，地方人民政府对国务院和上级人民政府负责，例如，省政府需定期向国务院报告工作进展，落实中央政策。最后，地方人民政府对地方人民群众负责。例如，县政府需回应当地居民的诉求，提供公共服务，解决群众关心的问题。这种多层次的责任制度确保了政府各项职能的有效履行，维护了公共利益。从责任的内容来看，地方人民政府的责任主要包括政治责任、行政责任、法律责任和社会责任。在政治责任方面，地方政府必须确保落实党的政策，维护政治稳定。行政责任方面，地方政府要有效管理公共事务，如应对自然灾害，保障民生。法律责任方面，政府要依法行政，维护法治秩序。社会责任方面，地方政府需回应公众需求，促进社会和谐。这些责任确保地方政府全面履行其职责，推动社会进步和发展。

第二部分是地方人民政府责任制度的主要内容。我国地方人民政府的责任制度主要包括政治责任制度、行政责任制度、法律责任制度和社会责任制度。先看第一个政治责任制度。地方人民政府的政治责任制度是指地方人民政府对同级地方人大及其常委会负责任的制度。根据我国的《宪法》和《地方组织法》的规定，地方各级人民政府是地方各级权力机关的执行机关。地方各级人民政府对本级人民代表大会选举产生并对其负责和报告工作，地方各级人大及其常委会有权撤销本级人民政府的不适当的决定和命令，有权任免本级人民政府组成人员，有权对本级人民政府的工作提出质询和调查等。地方各级人大对本级政府既可追究个别责任，也可以追究集体责任。第二个是行政责任制度。地方人民政府除了要向本级人大及其常委会负责以外，还必须服从上级政府，接受上级政府的领导，对上级政府负责并报告工作。同时，地方各级人民政府的各工作部门受地方人民政府的统一领导,并且依照法律或者行政法规的规定,接受上级政府主管部门的业务指导或者领导。这就是说,地方各级人民政府要对上级人民政府负责,工作部门要对上级人民政府的对口工作部门负责。第三个是法律责任制度。地方人民政府必须在宪法和法律的范围内活动。所谓地方人民政府法律责任制度,就是对地方行政法主体不履行宪法和法律规定的义务或者行政行为违反了法律规范所必须承担后果的规定,其中地方行政法主体既包括地方行政主体,也包括行政人;既包括政府的行政首长,也包括一般的公务员。第四个是社会责任制度,我国《宪法》第27条规定:"一切国家机关和国家工作人员必须依靠人民的支持,经常保持同人民的密切联系,倾听人民的意见和建议,接受人民的监督,努力为人民服务。"这就从法律上规定了地方人民政府的社会责任。所谓地方人民政府的社会责任制度,就是对地方人民政府正确处理与社会、市场及广大人民群众的关系,努力为社会提供公共服务,并自觉接受社会各界监督的相关规定。

第三部分是地方人民政府实践中的责任制度。地方人民政府实践中的责任制度包括党内纪律追究、决策责任制度以及目标责任制度。首先是党内纪律追究,主要是通过《中国共产党党内监督条例(试行)》《中国共产党纪律处分条例》等来实现对党员的党内责任追究制度。再次是决策责任制度,主要包括:责令改正;责令做出书面检查;给予通报批评;调离工作岗位或者停职;给予行政处分;涉嫌犯罪的,移交司法机关处理。最后是目标责任制度,比如环境保护目标责任制、人口和计划生育目标责任制、劳务经济目标责任制、节能目标责任制、安全管理目标责任制等。

2003年非典事件以来,问责制逐渐进入了公众视野,丰富了地方人民政府责任制度的内涵。问责制是指政府及其官员必须对其行为和后果负责的制度,其核心在于通过各种责任约束,规范政府权力和官员行为,确保权力为民所用。例如,《突发公共卫生事件应急条例》《全面推进依法行政实施纲要》和《政府信息公开条例》等文件规定了地方政府在突发公共卫生事件中的法律责任。尽管我国在行政问责制度建设方面仍相对薄弱,问责制尚未完全制度化,但这些条例和文件的颁布为地方政府的依法行政和信息公开提供了法律依据和规范。

根据问责主体的不同,地方人民政府问责主要有以下五种形式:地方权力机关的问责,是指地方各级人大及其常委会对其选举任免的干部进行责任追究。例如,某市人大常委会在年终会议上对市政府官员进行述职考评,若发现市长在城市规划中失职或滥用职权,常委会可以通过质询、调查等程序追究其责任,并提出免职建议。第二是上级行政机关的问责。这是指在科层制的行政结构中,上级行政机关对下级行政机关及其官员进行的责任追究和问责。在这种问责中,上级行政机关在其任免权范围内,可以通过责令辞职、过期引咎辞职、免职等手段追究下级行政官员的责任,对于不在其任免权范围内的下级官员,可以通过提出免职建议或者罢免建议等手段来发起问责。地方监察机关的问责,是指地方监察委员会对本行政区所有行使公权力的政府公职人员依法实施监察和问责。例如,某地环保局长涉嫌滥用职权,地方监察委员会可通过谈话、讯问、查询等手段展开调查,发现问题后,可能采取冻结财产、查封证据等措施,确保调查顺利进行。如果证据确凿,监察委员会还可以实施留置措施,防止涉案人员逃匿或串供。第四是司法机关的问责。违纪行为达到一定程度就构成犯罪,必须追究刑事责任。刑事责任是人民法院和人民检察院等司法机关根据刑法和刑事诉讼法的规定,对触犯法律的地方行政人员给予处罚的一种责任形式。一般来说,地方人民政府公务员由违纪行为尚未构成犯罪的,或者虽然构成犯罪,但依法不追究刑事责任的,应当给予行政处分,但违纪行为情节较轻,因批评教育后改正的,也可以免予处分。追究刑事责任的,在违纪责任的追究上,应当撤销或者罢免其职务,并给予开除。社会问责是指包括民主党派、社会团体、新闻媒体和广大人民群众在内的社会主体,对地方人民政府及其工作人员进行的监督和问责。例如,当某市发生严重污染事件后,新闻媒体通过报道曝光,民主党派和社会团体发表公开声明要求调查,市民则通过网络平台表达不满,发起请愿。这些行动虽然不具有法律强制力,但可以引起社会广泛关注,给政府带来政治压力,促使政府采取行动。批评建议、来信来访、申诉控告检举、要求罢免、听证和民主评议等方式都是社会问责的重要手段。这种问责机制有助于促进政府透明度和提高行政效率。

四、课堂测试

针对线上学习设计三个练习题。

(一) 什么是行政首长负责制？我国地方人民政府行政首长负责制有哪些特点？

1. 行政首长负责制：行政首长负责制又称首长负责制，是指各级人民政府及其部门的首长，在民主讨论的基础上，对本行政组织所管辖的重要事务，具有最后决定权，并对此全面负责的行政领导制度。

2. 地方人民政府首长负责制中的首长，由本级人民代表大会选举产生对其负责，受其监督，同时主持地方各级人民政府工作，并对其领导的人民政府工作享有全面领导权、最后决定权、人事提名权和全面负责任，即所谓的"三权一责"。

3. 地方人民政府首长负责制的特点：我国的行政首长负责制坚持党的领导和民主集中制的原则；我国的行政首长负责制建立在合议制的基础上，体现了合议制的优点；行政首长在他的任期内对他领导的行政机关法定权限内的工作绩效负有完全责任；集体领导和个人分工负责相结合。

(二) 地方人民政府会议有哪些形式？其特点和功能有哪些？

1. 地方人民政府会议的形式：地方人民政府全体会议、常务会议、政府办公会议、专题会议、学习会议；

2. 地方人民政府全体会议和常务会议的功能：决策功能、协商功能、征询功能；

3. 地方人民政府会议制度的特点：会议程序的法定性和规范性、决策过程的科学性与民主性、形式多样性与内容层次性。

(三) 地方人民政府责任制度包括哪些内容？应如何对地方人民政府进行问责？

1. 我国的地方人民政府责任制度主要包括政治责任制度、行政责任制度、法律责任制度和社会责任制度。

2. 在我国，问责制是指对政府及其官员的一切行为和后果都必须而且能够追究责任的制度，其实质是通过各种形式的责任约束，限制和规范政府权力和官员行为，最终达到权为民所用的目的，是现代政府强化和明确责任、改善政府管理的一种有效的制度。根据问责主体的不同，地方人民政府问责主要有以下几种形式：地方权力机关的问责、上级行政机关的问责、地方监察机关的问责、司法机关的问责、社会的问责。不同形式的问责有不同的问责手段和方式，请简要阐述。

第二节　知识深化与运用：情景模拟教学

情景模拟学习介绍，向学生宣布模拟内容，要求学生带着任务去回看教材的内容并在网上查找相关资料。

一、情景模拟学习介绍

情景模拟教学是一种以模拟现实生活中的特定情境或环境为基础的教学方法。这种方法通常用于培养学生的实际操作能力、决策能力、批判性思维和问题解决能力。以下是情景模拟教学的一些关键特点：(1)真实性：情景模拟教学旨在创造一个尽可能接近现实的学习环境。通过模拟真实世界的情境，学生可以在安全且受控的环境中学习和实践。(2)参与性：这种教学方法要求学生积极参与。学生通常需要扮演特定的角色，进行决策和交流，以解决模拟情境中的问题。(3)互动性：情景模拟通常涉及学生之间的互动，以及学生与教师之间的互动。这种互动有助于提高学习的动机和效果。(4)反思性：情景模拟教学鼓励学生在活动结束后进行反思，以评估自己的表现，识别学习中的难点和收获。(5)适用性广泛：情景模拟教学适用于多种学科，尤其是那些需要实际操作能力或决策能力的领域，如管理学、医学、法律、商业和工程等。情景模拟教学的有效性在于它提供了一个实践和体验的平台，使学生能够将理论知识应用于实际情境中,从而加深理解并发展关键技能。这种教学方法不仅增强了学生的学习体验,还帮助他们为未来的职业生涯做好了准备。

总之,情景模拟教学是一种动态且高度互动的教学方法,它通过模拟真实世界的复杂情境,为学生提供了宝贵的学习和实践机会。

公共管理学教学中情景模拟教学的一个成功典范,是哈佛大学肯尼迪学院(Harvard Kennedy School)的"政府危机模拟"课程。

哈佛肯尼迪学院的政府危机模拟课程是一个高度实践和互动的课程,旨在通过模拟真实的政府危机情境来培养学生的公共管理技能。在这个课程中,学生被分配到不同的角色,如政府官员、媒体代表、公共卫生专家等,他们需要在模拟的危机情境中作出快速决策。模拟的情境通常是基于现实世界中可能发生的危机,如自然灾害、恐怖袭击或公共卫生紧急事件。这些情境被设计得非常真实,以确保学生能够体验到在紧张和压力下做决策的挑战。

课程的主要学习目标包括:

提高危机管理和决策能力。

增强团队合作和沟通技巧。

理解在复杂和不确定环境中制定政策的挑战。

在模拟过程中,学生需要分析情况、制定策略、与其他团队成员沟通并做出决策。教师和课程助教通常扮演观察员和顾问的角色,提供必要的指导和反馈。模拟活动结束后,通常会有一个反思和讨论环节,让学生分享经验、讨论所学到的课程,并从教师那里获得专业的反馈和评价。

通过这种情景模拟教学,学生不仅学到了公共管理的理论知识,还发展了处理复杂问题的实际能力,如领导力、团队协作、快速反应和有效沟通能力。这些技能对于他们未来在公共部门或相关领域的职业生涯至关重要。哈佛肯尼迪学院的政府危机模拟课程是公共管理学教学中运用情景模拟教学的一个成功典范。它展示了情景模拟教学在培养学生实际操作能力、批判性思维和决策能力方面的巨大潜力。

二、向学生布置情景模拟内容,并要求其做好准备

同学们,在下节课,我们将模拟 A 市市政府面临的一个紧迫问题:海洋渔业资源的过度捕捞。这个问题涉及环境保护、经济发展、社会责任等多个方面,需要综合考虑和协调处理。在下节课每位同学将被分配到不同的角色,例如市长、环保局长、渔业协会代表、科学家、经济顾问等。每个角色都有其独特的视角和利益点。学生需要根据分配到的角色,准备相应的立场和策略。情景模拟要求有以下几点:(1)理解角色:每位学生需要深入理解自己角色的背景、利益和目标。(2)准备讨论:根据角色的立场,准备在模拟会议中讨论的主要观点和策略。(3)互动沟通:在模拟过程中,与其他角色进行有效沟通和协商。(4)寻求解决方案:努力寻找既能解决过度捕捞问题,又能平衡各方利益的方案。

现在,我将给大家 30 分钟的时间去阅读教材有关地方人民政府运作的知识。同时,我鼓励大家利用这段时间在网上查找关于海洋渔业资源过度捕捞的案例、数据和解决策略等相关资料。这些资料将帮助你们更好地理解问题的复杂性,并为角色扮演做准备。下面是一份详细的准备指南,请大家按照指南来进行准备。

第一步:理解问题。研究海洋渔业资源过度捕捞的历史背景和当前状态。了解这一问题是如何随时间发展的,以及哪些因素(如经济、技术、政策)导致了当前的状况;探究过度捕捞对海洋生态系统、渔业经济、社区以及全球环境的影响。理解这一问题的多维度影响可以帮助深化对问题的全面认识;研究为什么需要政府介入来解决这个问题。考虑不同的政策工具和干预措施,如配额制度、捕捞禁令、海洋保护区等。

第二步:研究角色。深入了解你的角色背景,包括他们在政府、社区或行业中的职位和职责;明确你的角色的主要利益和目标。例如,一个环保组织代表可能关注生态保护,而渔业协会代表可能更关注渔民的经济福祉;根据角色的背景和利益,思考他们可能在问题上的立场和观点。

第三步:制定策略。根据角色的目标和立场,制定解决问题的策略。这可能包括提出具体的政策建议、寻求盟友或利益相关者的支持等;考虑

在讨论和谈判过程中可能遇到的挑战,以及如何应对这些挑战。

第四步:准备论点。收集相关的数据和证据来支持你的论点。这可能包括统计数据、研究报告、历史案例分析等;基于收集的信息,构建有说服力的论点。确保你的论点既符合角色的立场,又能够逻辑清晰、有据可依。

第五步:考虑合作。根据不同角色的利益和目标,识别可能的合作伙伴。例如,环保组织可能会寻求科学家的支持来强调生态保护的重要性;思考如何通过协商和对话达成共识。这可能包括妥协、交换利益或共同制定解决方案;准备应对可能出现的冲突和分歧,并考虑如何通过有效沟通和谈判解决这些问题。

第六步:综合准备。将你对问题的理解、角色的分析、策略规划和论点准备整合起来,形成一个连贯的准备方案;准备在模拟过程中根据情况的发展灵活调整你的策略和论点。

准备过程中的一些小提示:(1)在准备过程中,记得考虑问题的多个方面,包括环境、经济和社会等。(2)尝试理解不同角色之间的利益冲突和合作空间。(3)准备一些灵活的策略,以便在模拟过程中根据情况调整。

这次活动旨在通过情景模拟和角色扮演的方式,提高大家对公共政策问题的理解,培养分析问题和解决问题的能力,以及提高沟通和协商技巧。请大家在接下来的20分钟内充分利用时间准备,并准备好在模拟活动中积极参与。请记住,这次活动的目的不仅是解决一个具体问题,而是为了培养大家作为未来公共管理领域专业人士的关键技能。请大家认真准备,期待在模拟活动中看到你们的精彩表现!

三、班级情景模拟教学

(一)组织班级学生情景模拟、角色扮演A市市政府解决"海洋渔业资源过度捕捞"问题的政府运行过程。

45位同学的角色分配方案:

政府官员

1. 市委书记(1人)

2. 市长(1人)

3. 分管副市长(1人)

4. 市政府办公厅秘书长(1人)

5. 市政府秘书(2人)

6. 市财政局局长(1人)

7. 市发改委主任(1人)

8. 环保局局长(1人)

9. 渔业局局长(1人)

10. 公共关系官员(2人)

11. 法律顾问(2人)

利益相关者

1. 渔业协会代表(4人)

2. 环保组织代表(4人)

3. 商业团体代表(4人)

4. 社区代表(4人)

专家团队

1. 海洋学家(2人)

2. 经济学家(2人)

3. 法律专家(2人)

4. 政策分析师(2人)

媒体角色

1. 新闻记者(4人)

观察员

1. 观察员(2人)

角色分配原则：

每个角色都有其独特的视角和责任。

学生应根据角色深入研究相关背景信息和立场。

在模拟活动中，每个学生都应积极参与，表达自己角色的观点和利益。

注意事项

学生应尽量投入到所扮演的角色中,尝试从该角色的视角思考和行动。

在讨论和协商过程中,保持尊重和开放的态度,听取不同角色的观点。

观察员的角色是为了提供活动的外部视角和反馈,帮助总结学习成果。

总之,通过这样的角色分配,我们希望能够模拟出一个多元且真实的决策环境,让学生能够从中学习到公共管理的复杂性和挑战性,同时也锻炼他们的沟通、协商和决策能力。这种模拟活动将有助于学生更好地理解政府在处理公共问题时的运作过程,以及不同利益相关者之间的动态互动。

(二)班级情景模拟记录

场景设定

地点:A市市政府会议室

时间:紧急会议召开

参与者:政府官员、利益相关者、专家团队、媒体

1. 开场

市委书记(开场): "尊敬的各位同事、专家和利益相关者,今天我们在这里聚集,面对的是一个关乎A市未来发展和生态平衡的重要议题——海洋渔业资源的过度捕捞问题。这不仅是一个环境问题,更是一个经济、社会和道德问题,它关系到我们城市的可持续发展,关系到我们市民的福祉,关系到我们对后代的责任。

在过去的几十年里,随着渔业技术的进步和市场需求的增长,我们的渔民为了生计,不断增加捕捞力度。然而,长期以来,我们忽视了一个事实:海洋资源并非无穷无尽。过度捕捞导致鱼类资源急剧减少,海洋生态系统遭到破坏,这不仅影响了海洋生物的多样性,也威胁到了渔业的可持续性。如果我们不采取行动,我们的渔民将面临没有鱼可捕的局面,我们的市民将失去宝贵的海洋食物资源。我们需要一个全面且可行的解决方案。这个方案必须平衡环境保护和经济发展的需要,必须考虑到社会公

平和公众利益。我们需要确保渔业的长期可持续性,同时保障渔民的生计和社区的福祉。为此,我们需要从多个角度出发,综合考虑各种可能的措施。这可能包括但不限于:制定更严格的捕捞配额,实施禁渔期,推广可持续捕捞技术,发展替代性的海洋经济活动,如海洋旅游,以及加强海洋资源的监管和保护。同时,我们也需要考虑如何通过教育和宣传提高公众对海洋保护的意识,如何通过科技创新提高渔业的效率和可持续性。我希望在今天的会议上,我们能够充分交流意见,集思广益。我期待听到来自不同部门、不同领域的专家和利益相关者的观点和建议。让我们共同努力,为 A 市找到一个既能保护我们宝贵的海洋资源,又能促进经济社会发展的道路。在此,我要强调的是,这不仅仅是一个政策问题,更是一个关乎我们共同未来的问题。我们的决策将影响到我们的子孙后代,影响到我们城市的长远发展。因此,我们需要谨慎而又果断地行动,确保我们的决策既基于科学的证据,又符合社会的公平正义。在这个过程中,我们需要每个人的参与和贡献。无论是政府部门、企业、社会组织,还是普通市民,每个人都有责任和义务为保护我们的海洋资源贡献自己的力量。我们需要共同努力,形成全社会共同参与的良好氛围。

今天的讨论只是一个开始。在接下来的日子里,我们将继续深入研究,广泛征求意见,逐步完善我们的策略和计划。我相信,通过我们大家的共同努力,我们一定能够找到解决这一问题的最佳方案,为 A 市的可持续发展奠定坚实的基础。最后,我再次感谢大家的到来和参与。让我们携手合作,为保护我们的海洋资源,为建设一个更加繁荣、可持续的 A 市而努力。"

2. 政府官员讨论

市长:"尊敬的市委书记、各位同事、专家和社会各界代表,今天我们面临的海洋渔业资源过度捕捞问题,不仅是一个环境问题,更是一个涉及我们市民生计和社会发展的重大问题。作为市长,我深感这一问题的紧迫性和复杂性。我们的目标不仅仅是保护我们宝贵的海洋资源,更是要确保我们的渔民和他们的家庭能够持续地生活和发展。我们必须认识到,海洋资源的过度开发已经到了一个不可持续的地步。如果我们不采取有效措施,我们将面临海洋生态系统的崩溃,这将对我们的渔业产业造成长远的影响。同时,我们也不能忽视那些依赖渔业生计的渔民的现实困境。我们需要找到一个既能保护海洋生态,又能保障渔民生计的平衡点。为此,我建议我们组建一个由政府、科研机构、渔业协会、环保组织和社区代表组成的工作组,共同制定一个综合性的海洋渔业资源管理计划。这个计划需要基于科学的研究和数据,考虑到环境保护和经济发展的双重需求。我们可以考虑实施一系列措施,包括但不限于设立禁捕区、调整捕捞配额、推广可持续捕捞技术、提供渔民转型培训,以及开发替代性经济活动,如生态旅游。此外,我还建议我们加强对海洋渔业资源的监测和科学管理,确保我们的政策和措施能够及时调整和优化。同时,我们也需要加强公众教育和宣传,提高市民对海洋保护的意识,形成全社会共同参与保护海洋资源的良好氛围。

在这个过程中,我们需要听取各方的意见和建议,确保我们的决策既科学合理,又能得到社会各界的广泛支持。我们将通过公开透明的方式,让市民了解我们的决策过程和实施计划,确保政策的公正性和有效性。我相信,通过我们的共同努力,我们可以找到解决这一问题的最佳方案。我们的目标是实现海洋资源的可持续利用,保护我们的海洋环境,同时确保渔民的生计和社区的繁荣。这不仅是我们对当前市民的责任,也是我们对未来世代的承诺。最后,我要感谢大家的参与和贡献。让我们携手合作,共同应对这一挑战,为建设一个更加繁荣、可持续的 A 市而努力。"

分管副市长: "我完全同意市长的观点。面对海洋渔业资源过度捕捞这一严峻挑战,我们确实需要从长远的角度出发,制定和实施可持续发展策略。作为分管副市长,我认为我们的策略应该不仅仅局限于短期的应急措施,而应该着眼于长期的生态平衡和经济稳定。

首先,我们需要通过科学研究来确定合理的捕捞配额,确保渔业资源的再生能力。这可能意味着在短期内对渔业产量进行限制,但从长远来看,这是确保渔业可持续发展的必要措施。其次,我们应该鼓励和支持渔民采用更加环保和高效的捕捞技术。这不仅有助于减少对海洋生态的破坏,也能提高渔业的经济效益。此外,我们还需要考虑渔民的社会经济状况。我们可以通过提供培训和支持,帮助渔民转型,比如发展海洋旅游、养殖业等替代产业。这样既能为渔民提供新的收入来源,又能减轻对海洋资源的压力。最后,我认为公众教育和参与也非常重要。我们需要提高市民对海洋保护的意识,鼓励他们参与到海洋资源保护的行动中来。通过这些综合性的措施,我相信我们可以实现海洋资源的可持续利用,保护我们的海洋环境,同时确保社会经济的稳定发展。"

3. 利益相关者发言

渔业协会代表: "我们的渔民依赖海洋资源生存,这是他们几代人以来的生活方式。海洋不仅是他们的工作场所,更是他们文化和社区身份的一部分。我们理解并支持海洋资源的可持续管理,但我们也必须强调,任何过于严格的限制都会直接影响到渔民的生计和他们家庭的福祉。

我们认为,解决方案应该是平衡和多元的。我们需要政府在制定政策时考虑到渔民的实际情况,确保他们的声音被听到并被考虑。例如,我们可以探讨设立季节性的捕捞禁令,而不是全年的严格限制,或者实施基于科学研究的配额制度,而不是一刀切的禁捞政策。此外,我们也希望政府能提供适当的支持和补偿措施,帮助渔民适应新的规定和转型。这可能包括提供技术培训、引导渔民向可持续捕捞方法转变,或者开发替代的经济活动,如参与生态旅游业。总之,我们渔业协会愿意与政府和其他利益相关方合作,共同寻找既能保护海洋资源,又能保障渔民生计的解决方案。"环保组织代表:"但我们必须阻止过度捕捞,以保护海洋生态系统。我们建议设立海洋保护区。"

环保组织代表: "我们完全理解渔民对海洋资源的依赖,但我们也必须面对一个不争的事实:过度捕捞正在严重威胁我们的海洋生态系统。海洋不仅是渔业的基础,它还是地球上最重要的生态系统之一,对气候调节、生物多样性保护以及全球生态平衡都有着不可替代的作用。如果我们不采取行动阻止过度捕捞,我们可能会面临无法逆转的生态灾难。因此,我们强烈建议设立海洋保护区。这些保护区将成为海洋生物的避难所,有助于恢复和保护鱼类资源,从而实现渔业的长期可持续性。在这些区域,我们可以限制或完全禁止捕捞活动,以便海洋生态系统得以休养生息。我们也认识到,这一措施可能会对渔民的生计造成影响。因此,我们提议政府在设立保护区的同时,也应该考虑对受影响的渔民提供适当的支持和补偿,如提供转型培训、发展替代经济活动等。我们相信,通过合理规划和多方合作,我们可以找到既保护海洋生态,又维护渔民利益的解决方案。"

4. 专家团队提供信息

海洋学家:"根据我们长期的研究和监测,目前A市海域的捕捞水平是明显不可持续的。我们的数据显示,许多关键鱼类种群的数量正在迅速下降,这不仅预示着渔业资源的枯竭,更是海洋生态系统整体健康的危机信号。如果不加以控制,我们可能很快就会面临某些物种的灭绝,这将对整个海洋生态系统造成不可逆转的影响。我们的研究表明,为了恢复和保护海洋生物多样性,以及确保渔业资源的长期可持续性,我们需要立即采取行动。这包括制定科学合理的捕捞配额,设立海洋保护区,限制或禁止在这些区域的捕捞活动。同时,我们也建议加强对海洋生态系统的监测和研究,以便更好地理解和预测人类活动对海洋环境的影响。此外,我们还需要提高公众对海洋保护的意识。海洋不仅是渔民的生计来源,它对整个地球环境都有着至关重要的作用。通过教育和宣传,我们可以鼓励更多人参与到海洋保护的行动中来,共同努力保护我们共有的海洋资源。"

经济学家:"在面对海洋渔业资源过度捕捞的问题时,我们需要从经济角度出发,寻找可持续的解决方案。当前,我们的渔业经济模式过度依赖对海洋资源的开发,这种单一的经济结构不仅使渔业资源面临枯竭的风险,也使渔民的生计过于脆弱。因此,我们建议探索和发展替代经济模型,以减少对渔业的依赖。一个可行的方案是发展生态旅游。生态旅游不仅能够为当地带来新的经济收入,还能提高公众对海洋保护的意识。通过合理规划和管理,我们可以将一些海域转变为旅游景点,同时保护其自然环境和生物多样性。这样的转型不仅有助于保护海洋资源,还能为渔民提供新的就业机会,比如作为旅游向导、参与海洋保护项目等。此外,我们还可以考虑支持渔业多元化,比如发展海洋养殖业,这可以减少对野生渔业资源的压力,同时保持渔业产量。当然,这些转型和发展需要政府的支持和引导,包括提供必要的培训、资金支持和政策优惠。总的来说,通过多元化经济发展策略,我们不仅能够减轻对渔业资源的压力,还能为渔民和当地社区创造更多的经济机会和更好的生活质量。这样的转型需要时间和耐心,但从长远来看,它将为A市的可持续发展奠定坚实的基础。"

5. 媒体提问

新闻记者："尊敬的市长，面对海洋渔业资源过度捕捞的问题，市政府面临着双重挑战：一方面要保护渔民的生计，另一方面又要维护海洋生态的健康。请问，市政府将如何在这两者之间找到平衡点，确保既不损害渔民的利益，又有效地保护我们宝贵的海洋资源？这对于保持社会稳定和推动可持续发展至关重要。我们期待您的答案。"

6. 政府官员回应

市政府办公厅秘书长："面对海洋渔业资源过度捕捞这一复杂问题，我们市政府充分认识到需要采取综合性、多元化的解决策略。为此，我们计划组织一个跨部门工作组，该工作组将汇集来自环保局、渔业局、财政局、发改委以及其他相关部门的专家和决策者。我们的目标是综合考虑所有建议，从多个角度出发，制定一个全面且详细的行动计划。这个跨部门工作组的首要任务是进行深入的问题分析，评估当前海洋渔业资源的状况，包括资源量的监测、捕捞活动的影响评估以及渔民社区的经济状况。基于这些分析，我们将探讨一系列可能的解决方案，如设立海洋保护区、实施季节性捕捞禁令、调整捕捞配额、推广可持续捕捞技术等。此外，我们还将特别关注渔民的生计问题。我们意识到任何政策变动都可能对渔民社区产生影响，因此我们将考虑如何为渔民提供必要的支持和补偿，比如提供转型培训、发展替代经济活动等。我们的目标是确保政策的实施既能有效保护海洋资源，又能最大限度地减少对渔民的负面影响。在制定行动计划的过程中，我们还将积极征求公众意见，确保政策制定过程的透明性和公众参与性。我们将通过公开磋商、听证会等方式，让市民、渔民、环保组织以及其他利益相关方有机会表达他们的观点和建议。

总之，我们市政府将致力于找到一个既能保护海洋生态，又能维护渔民利益的平衡方案。我们相信，通过跨部门合作、科学决策和社会参与，我们能够有效应对这一挑战，实现 A 市的可持续发展。"**市财政局局长**："我们将审慎考虑资金分配，确保有足够的资源支持这一计划。"

7. 合作与协商

环保局局长："在面对海洋渔业资源过度捕捞的问题时，我们环保局深知，单方面的措施往往难以达到预期效果。因此，我们提出一个更为协作和包容的解决方案：与渔业协会紧密合作，共同开发可持续捕捞的指导原则。这种合作模式不仅能够保护海洋生态，还能确保渔民社区的经济利益不受过度损害。我们的目标是制定一套既科学又实用的指导原则，这些原则将基于最新的海洋生态研究，同时考虑到渔业实践中的可行性。为此，我们将邀请海洋学家、生态专家、渔业管理专家以及渔民代表共同参与这一过程。我们希望通过这种多方参与的方式，确保制定出的指导原则既有科学依据，又能得到渔业界的广泛认可和遵守。在制定指导原则的过程中，我们将重点关注几个关键领域：首先是捕捞配额的设定，我们将根据海洋资源的可持续水平来确定合理的捕捞量；其次是捕捞方法的优化，我们鼓励使用对海洋生态影响较小的捕捞技术；此外，我们还将探讨设立季节性禁捕区和长期海洋保护区，以促进海洋生物多样性的恢复。我们还计划开展一系列的教育和培训活动，帮助渔民了解可持续捕捞的重要性，提升他们在实践中应用这些原则的能力。此外，我们也将积极寻求政府的支持，为渔民在转型过程中提供必要的帮助和补偿。

总之，通过与渔业协会的合作，我们希望能够找到一个既保护海洋生态，又支持渔业可持续发展的解决方案。我们相信，这种合作和共赢的方式是应对当前挑战的最佳途径。"

渔业局局长："环保局局长提出的与渔业协会合作开发可持续捕捞指导原则的想法，我认为是一个非常好的主意。作为渔业局的负责人，我深知渔业资源的可持续性对于我们渔民的重要性。我们不能忽视过度捕捞带来的长期风险，同时我们也必须考虑到渔民的生计和福祉。因此，我们需要找到一个既能保护海洋生态，又能维持渔业经济的平衡方案。为了实现这一目标，我们渔业局计划推出一系列的培训项目，帮助渔民转向更可持续的捕捞方法。这些培训将包括最新的海洋生态保护知识、可持续捕捞技术，以及如何有效利用捕捞配额和管理系统。我们希望通过这些培训，不仅提高渔民对海洋保护的意识，还能提升他们的捕捞效率和收入。此外，我们还计划与科研机构和高等教育机构合作，引入最新的海洋科学研究成果，确保我们的培训内容科学、前沿。我们也将邀请经验丰富的渔民参与培训课程的设计和实施，确保培训内容贴近实际捕捞操作，易于渔民理解和应用。我们还意识到，仅仅提供培训是不够的。为了鼓励渔民采用可持续捕捞方法,我们还将探索提供一些激励措施,如补贴、贷款优惠等,帮助渔民更新设备和改进操作方式。同时,我们也将与市政府和相关部门合作,为转型中的渔民提供必要的支持和帮助,比如就业转移、社会保障等。

总之,通过这些综合性的措施,我们希望能够帮助渔民平稳过渡到可持续捕捞的新时代,同时保护我们宝贵的海洋资源,为 A 市的渔业和海洋生态的长远发展奠定坚实的基础。"

8. 结论与行动计划

市长(总结):"首先,我要感谢今天在座的每一位代表,包括我们的政府官员、环保组织、渔业协会、科学家和经济学家,以及所有关心这一议题的人士。今天的讨论非常富有成效,我们听到了来自各方的宝贵意见和建议。这些讨论为我们如何有效解决海洋渔业资源过度捕捞的问题提供了多角度的视野。我们都认识到,海洋资源的可持续管理是一个复杂的挑战,它不仅关系到我们的生态环境,更关系到许多家庭的生计和整个社区的福祉。我们的目标是找到一个平衡点,既保护我们宝贵的海洋资源,又维护渔民的利益。为了实现这一目标,我们需要采取一系列综合性的措施。

首先,我们将立即行动,组织一个由各相关部门和利益相关方参与的工作组,负责制定一个全面的海洋资源管理计划。这个计划将基于今天讨论的各项建议,包括但不限于设立海洋保护区、调整捕捞配额、推广可持续捕捞技术、提供渔民转型培训,以及开发替代经济活动等。我们将特别关注渔民的生计问题。我们意识到任何政策变动都可能对渔民社区产生影响,因此我们将考虑如何为渔民提供必要的支持和补偿,比如就业转移、社会保障等。同时,我们也将加强与渔业协会的合作,确保渔民的声音和需求被充分听取和考虑。

此外,我们还将加强对海洋生态系统的监测和研究,以便更好地理解和预测人类活动对海洋环境的影响。我们还计划开展一系列的公众教育和宣传活动,提高市民对海洋保护的意识,鼓励他们参与到海洋资源保护的行动中来。在接下来的一周内,我们的工作组将密集工作,综合各方意见,制定出一个详细的行动计划。我们计划在下周的会议上审议这个计划,并对外公布。我们希望通过这个计划,不仅能够有效保护我们的海洋资源,还能确保渔民的生计和社区的繁荣。在这个过程中,我们将保持政策制定的透明度和公众参与性。我们将通过公开磋商、听证会等方式,让市民、渔民、环保组织以及其他利益相关方有机会继续表达他们的观点和建议。我们的目标是确保政策的公正性和有效性,同时赢得社会各界的广泛支持。

最后,我再次强调,这是一个需要我们所有人共同努力的任务。海洋资源的保护和可持续利用关系到我们每一个人的未来。我们市政府将致力于领导和协调这一工作,但我们也需要每一位市民的参与和支持。让我们携手合作,共同应对这一挑战,为建设一个更加繁荣、可持续的 A 市而努力。"

9. 观察员评价

观察员:"在今天的会议中,我们见证了一个非常高效和富有成效的讨论过程。作为观察员,我对各方表现出的专业性和合作精神感到非常满意。首先,我要赞扬政府官员们在这次讨论中展现出的协调和领导能力。市长和市委书记在引导讨论、平衡不同利益方面做得非常出色。他们不仅明确了问题的严重性,还强调了找到一个全面解决方案的重要性。分管副市长和其他部门负责人也提出了许多有见地的建议,显示出他们对这一问题深入的理解和对解决方案的认真考虑。同样值得称赞的是利益相关者的积极参与。渔业协会代表明确表达了渔民的担忧和需求,这对于我们理解问题的全貌至关重要。环保组织代表则提出了保护海洋生态的必要性,强调了可持续发展的重要性。他们的观点和建议为我们提供了宝贵的视角,有助于制定一个更全面和平衡的计划。此外,来自科学界和经济领域的专家也提供了重要的见解。海洋学家和经济学家的专业知识为我们提供了科学依据和经济分析,这对于制定一个既科学又实用的计划至关重要。他们的建议有助于确保我们的解决方案既基于实证研究,又考虑到经济可行性。我还要特别提到媒体在这次讨论中的作用。新闻记者提出的问题不仅反映了公众的关切,也促使政府官员和利益相关者更加深入地思考问题。这种媒体的参与对于保持政府的透明度和问责制至关重要。

总的来说,今天的讨论是一个很好的开始。我们看到了各方的积极参与和对解决问题的共同承诺。我期待看到具体的行动计划,并希望这个计划能够充分反映今天讨论中提出的各种观点和建议。最终,我们希望这个计划不仅能解决当前的问题,还能为 A 市的长远发展奠定坚实的基础。"

(三) 老师就班级的情景模拟做点评、补充和扩展。

下面我对本次班级情景模拟做点评和知识扩展补充,我首先要对所有参与的学生表示赞赏。你们对于各自角色的理解和表现都非常到位,展现了对公共管理问题的深刻洞察。通过模拟活动,大家不仅加深了对地方政府运作的理解,还锻炼了沟通和协商的技能。这种实践经验对于理解复杂的政策环境非常宝贵。

然而,也有一些方面我们可以在未来的模拟中进一步改进。首先,我注意到在模拟中对真实的地方政府运作过程的理解还不够深入。在现实中,政府决策过程往往伴随着复杂的利益博弈和冲突。例如,渔民是否愿意接受行业转型、转型的经费和补贴来源,以及如何有效监管过度捕捞等问题,在现实中都是需要深入探讨和解决的难题。在未来的模拟中,我们可以尝试引入这些更为复杂和现实的元素,以更全面地反映政府运作的挑战。

其次,模拟场景的单一化也是一个需要注意的问题。在现实的政府运作中,各类利益团体之间的沟通和协调是非常关键的。如何在多方利益中寻找共识,如何有效地统一不同的声音,这些都是政府在现实运作中需要面对的挑战。在未来的模拟中,我们可以引入更多的利益团体,模拟他们之间的互动和沟通过程,以更真实地反映政府运作的复杂性。

为了更好地理解这些问题,我们以后可以在课堂上引入更多关于地方政府运作的案例研究,让同学们了解真实的政府决策过程中的挑战和困难。我们还可以邀请有经验的政府官员或专家来分享他们的经验和见解,帮助学生更深入地理解政府运作的实际情况。

总之,这次模拟活动是一个非常宝贵的学习经验。它不仅帮助学生理解了公共管理的复杂性,也提高了他们的沟通和协商能力。通过进一步的学习和实践,我相信大家能够更全面地理解地方政府的运作,并为将来的职业生涯打下坚实的基础。在未来的模拟活动中,我们将继续努力,使之更加接近现实政府运作的复杂性和动态性,以便学生们能够更好地准备面对未来的职业挑战。

此外,我还想强调的是,政策制定和实施过程中的沟通技巧和策略运用。在现实中,有效的沟通和策略运用对于解决复杂问题至关重要。学生们在模拟中展现出的沟通和协商技巧已经很出色,但仍有提升空间。例如,如何在面对利益冲突时保持冷静,如何在多方利益博弈中寻找和谐点,这些都是我们在未来模拟中可以进一步探索和练习的技能。

最后,我希望同学们能够从这次模拟中学到的不仅仅是理论知识,还有实际应用这些知识解决问题的能力。公共管理不仅仅是关于政策和规则,更是关于如何在复杂的现实世界中找到最佳解决方案,实现社会的整体福祉。通过这样的模拟活动,我相信我们的同学将能够更好地为未来的职业生涯做准备,成为优秀的公共管理者。

这个情景模拟活动为我们提供了一个宝贵的视角,展示了在处理复杂的公共问题时,不同角色如何进行互动和共同决策。通过这样的模拟,同学们不仅能够学习到政策制定的复杂性,还能够深入理解在多利益相关方之间进行有效沟通和协商的重要性。在这次模拟中,我们看到了政府官员如何引导讨论,平衡不同的利益和观点,以及如何在多方意见中寻找共识。这对于同学们理解政府在公共管理中的角色和责任是非常有益的。同时,利益相关方的积极参与展示了民间组织和公众在政策制定过程中的重要作用。他们的观点和建议不仅丰富了讨论的内容,也提高了政策的可接受度和有效性。此外,专家的意见为决策提供了必要的科学和经济依据,强调了在政策制定中基于证据的重要性。媒体的角色则突出了在公共政策讨论中保持透明度和问责制的必要性。

通过这次模拟,同学们能够更好地理解在复杂的政策环境中进行有效沟通、协商和决策的技巧,学习到了如何在不同利益和观点之间寻找平衡,如何基于事实和数据做出理性的决策,以及如何在公共管理中考虑到社会的多样性和复杂性。这些经验对于未来的公共管理专业人士来说是非常宝贵的,有助于同学们在实际工作中更有效地应对各种挑战。

第八章
各级地方人民政府

本章节涉及各类地方人民政府的介绍,为了帮助学生更好地理解和运用这些知识,我们将采用线上线下混合式翻转课堂教学方法,分为两节进行介绍。第一节将聚焦于课前学习知识的检测和巩固。通过这一环节,学生将有机会回顾和巩固他们在之前学习中获得的关于地方政府的基本知识。这有助于确保学生对基础概念有清晰的理解,为深入学习和讨论打下坚实的基础。第二节将进一步构画知识脑图,这是一种强调知识关联性和结构性的学习工具。通过构建知识脑图,学生将能够将不同概念和信息有机地连接起来,形成更全面的认识。这有助于他们更好地理解地方政府运作的复杂性和多样性,并在实际问题解决中运用所学知识。

第一节 理论知识梳理与检测

一、省级与地级市地方人民政府

中国地域辽阔,人口众多,中央政府下设四级地方人民政府。不同层级的地方政府在形成上有其历史渊源,其权力、职能和机构设置既有共性,也有各自的特点,共同发挥着管辖本级地方公共事务的作用。下面我们讲第一节省级与地市级地方人民政府。

第一，省级地方人民政府的权力。

省级地方人民政府包括省、自治区和直辖市人民政府，是当代中国最高层级的地方人民政府，代表中央政府统领地方人民政府系统的运作，在国家行政机关运行中发挥着"承上启下"的重大作用。省级人民政府的法定权力有三个来源：1. 国家法律赋予的权力；2. 来自地方权力机关即省级人民代表大会及其常务委员会的授权；3. 国家最高行政机关即国务院的授权。

根据《宪法》和《地方组织法》等法律规定，省级人民政府的权利包括执行权、管理权、地方行政立法和制令权、领导和监督权，以及保护权。省级政府负责执行国家法律法规，管理省内经济、教育、卫生等事务，制定地方性法规和行政命令，监督市级政府工作，并在突发自然灾害时组织救援，保护公共财产和公民权益。这些权利确保省级政府在各自管辖范围内有效管理和服务社会。

第二部分的内容是省级地方人民政府的职能。改革开放以来，随着经济体制改革和几次规模较大的行政体制改革，我国省级地方人民政府的职能已经发生了很大的变化。总的来看，省级地方人民政府的计划职能日趋弱化，与社会主义市场经济相适应的职能在不断强大，即公共管理和社会服务职能不断加强。2002年3月，九届全国人大五次会议首次明确提出政府职能转变的新定位，即"切实把政府职能转到经济调节、市场监管、社会管理和公共服务上来"。2018年2月，中共十九届三中全会通过的《中共中央关于深化党和国家机构改革的决定》进一步强调，转变政府职能是深化党和国家机构改革的重要任务。这些举措旨在通过明确政府职能定位，减少政府对市场的直接干预，提升公共服务质量，促进社会和谐与稳定，推动国家治理体系和治理能力现代化。当前，省级地方人民政府主要承担以下职能：首先，调控经济发展，如通过政策引导促进区域经济增长；其次，维护统一市场，确保市场环境公平竞争；再次，调整产业结构，优化资源配置，推动产业升级，如扶持高科技产业发展；最后，推进省域基本公共服务均等化，确保城乡居民享有相同的公共服务，如均衡配置教育和医疗资源，提升公共服务的可及性和质量。这些职能的履行，旨在推动区域经济社会协调发展，提升整体治理水平。

总体来看，省级人民政府的职能具有以下特点：一是间接性。省级政府通过制定政策和法规来指导市县级政府的具体执行,而非直接介入每个细节。二是协调性。省级政府需要协调不同部门和区域之间的关系,例如,在重大工程项目上,省级政府协调各部门资源,确保项目顺利推进。此外,省级政府还需平衡城乡发展,促进区域协调,避免资源分配不均。这些特点使得省级政府在统筹全局、宏观调控上发挥重要作用,推动区域整体发展。

省级地方人民政府的机构设置依据包括《宪法》《地方组织法》和《地方各级人民政府机构设置和编制管理条例》等。从实践看,省级政府的机构设置与国务院类似,确保集中统一领导和政令畅通。省、市、县各级政府在涉及党中央和国家法制统一、市场统一的机构职能上要基本对应,同时允许地方根据实际情况调整设置。例如,某省根据其产业结构和经济发展水平,设置了特定的生态环境保护机构,以应对地方环保需求。这种因地制宜的机构设置确保了各级政府的有效运作和地方发展的灵活性。总体来看,省级政府机构设置大致可以分为以下几类:领导机构;政府组成部门;直属特设机构;直属机构;部门管理机构;其他机构;直属事业单位;派出机构。

在这里面要特别说明的是,直辖市政府的机构设置通常比省政府多,原因在于直辖市政府既管理省级事务,又处理市级事务。例如,北京市政府不仅负责整个北京市的宏观政策,还管理市内的具体事务,如交通、环保和社区服务。而省政府如河北省,主要制定全省政策,但市级事务由市政府处理。直辖市政府因此具有双重身份,既是省级政府,又是城市政府。

第二,地级市地方人民政府。

首先来看地级市地方人民政府的权力。地市级是指行政区划级别相当于地区、自治州的城市,其来源主要有四种类型:一是省会城市和较早设区的市,如广州市、南京市,这类城市在经济和行政上具有重要地位。二是地市合并,如河北省的邯郸市,由原邯郸市和邯郸地区合并而成。三是撤地设市,如山东省的东营市,通过撤销原东营地区而设立地级市。四是县级市升格为地级市,如广东省的中山市,原为县级市后升格为地级市。地级市通常下辖区县,如江苏省的苏州市,下辖姑苏区、吴中区等,有的地级市还代管不设区的市,形成"市管县"或"市管市"体制,如辽宁省的沈阳市。地市级人民政府的权力与省级人民政府类似,但权限随行政层级降低。地市级人民政府的权力大致可以分为五种:执行权、管理权、地方行政立法和制令权、领导和监督权、保护权。由于地级市数量众多,情况复杂多样,各地市政府的权力范围也有所不同。例如,沿海城市如深圳,其地市级人民政府在经济特区建设和对外开放方面拥有更大的自主权,而内陆城市如西宁,可能更侧重于生态保护和资源管理。

其次是地市级地方人民政府的职能。地级市的出现与发挥中心城市功能,解决城乡矛盾有较大关系,有利于城乡经济互补,带动乡村发展。地级市政府的职能与省级政府和县乡政府相比,既有相同方面,也有特殊之处。地市级人民政府职能的特殊性主要体现在城乡统筹发展和建设管理城市两个方面。例如,苏州市政府通过统筹城乡规划,促进了城乡基础设施的协调发展,改善了农村生活环境;另外,厦门市政府在城市建设管理方面,注重生态保护,推行绿色建筑和环保措施,使得城市环境得到了显著提升。地级市政府通过这些特殊职能,能够有效协调城乡发展,提升整体区域竞争力。地市级人民政府的职能具有以下特点:一是统筹性,二是以城市为中心。统筹性体现在地市级政府需要协调各方面资源,促进城乡一体化发展。例如,合肥市政府通过实施城乡一体化规划,统筹城乡基础设施建设,提升了农村的公共服务水平,缩小了城乡差距。以城市为中心则体现在地市级政府在城市建设和管理中的重要角色。比如,深圳市政府通过引导高新技术产业聚集,提升城市竞争力,带动周边区域经济发展。通过这些举措,地市级政府能够有效推动区域协调发展,实现城乡经济互补和城市功能优化,使得整个区域更加繁荣稳定。

第三是地市级地方人民政府的机构设置。由于各地自然条件、人口数量、产业结构和经济社会发展水平的差异,各地市级政府机构设置不完全一致。总体来看,地市级人民政府的机构设置大致可以分为以下几类:领导机构、政府组成部门、直属特设机构、直属机构、部门管理机构、其他机构和直属事业单位。特别需要说明的是直属特设机构是为了完成某项专门任务而临时设立的,具有较高的独立性和特殊性,例如防汛指挥部。直属机构则是常设的政府职能部门,负责长期性的行政管理工作,例如市教育局、市公安局。

二、县级与乡级地方人民政府

县级与乡级地方人民政府的主要内容包括县级地方人民政府的权力、职能和机构设置。

首先我们来看县级地方人民政府的权力。县级地方人民政府主要指县、自治县、县级市、市辖区、旗、自治旗以及林区、特区人民政府。县作为一种政区建制,最早产生于春秋时期的楚国,随着秦统一六国,在全国推行郡县制,县成为地方的基层行政单位。2000多年来,尽管我国封建王朝一代又一代地更迭,县级以上行政区划屡次更改,但县作为行政建制的名称一直沿用至今,且在全国行政体制中的地位基本保持稳定。县级人民政府的法定权利主要有以下几个方面:执行权、管理权、领导权和监督权、保护权。特别需要说明的是,县级政府没有行政立法权,无权制定地方性的法规和规章。

县级地方人民政府的职能根据现有有关法律规定集中在以下六个方面:第一,经济调节职能。县级政府的主要职责是落实和执行中央和省级人民政府的调节政策,同时根据自身情况和县域经济发展的特点,通过制定县域产业政策和经济政策来调控县域经济,保障县域经济的良性发展。第二,市场监管职能。县级政府负责监督和管理本区域内的市场秩序,确保公平竞争,打击假冒伪劣商品。第三,社会管理职能。包括维护社会稳定、处理突发事件、保障公共安全等方面。第四,公共服务职能。县级政府提供教育、医疗、社会保障等基本公共服务。第五,生态环境保护职能。负责环境污染防治,推动绿色发展。第六,促进乡村振兴职能。落实乡村振兴战略,提升农村基础设施和公共服务水平。这些职能共同作用,确保县域经济社会的全面、协调、可持续发展。总体来看,县级地方人民政府的职能具有以下特点:一是完整性,二是灵活性,三是复杂性。完整性体现在县级政府需要涵盖经济调节、市场监管、社会管理、公共服务和生态环境保护等各方面的职能。灵活性则要求县级政府能够根据本地实际情况灵活制定政策和措施。例如,某县因地制宜,通过发展特色农业和旅游业,成功提升了地方经济水平。复杂性反映在县级政府要处理各类复杂问题,如应对自然灾害、管理多样化的社会需求等,这些职能使得县级政府在县域内的治理中扮演着关键角色。

县级地方人民政府机构包括县级地方人民政府和县级地方人民政府所属的职能部门。由于全国各地差异较大，县级地方人民政府的机构设置不尽相同，但多数机构是一致的。县级地方人民政府机构设置大致可以分成以下五类：工作部门、直属机构、直属事业单位、垂直管理部门、派出机构。

最后我们来看乡级地方人民政府。乡级地方人民政府包括乡、民族乡和镇的人民政府。乡镇是中国的基层行政建设，具体而言，乡为广大农村地区的基层行政建设，民族乡、少数民族聚居的农村地区的基层行政建制，镇为非农业人口占有一定比例的小城市型的基层行政建制。按照经济社会发展水平可以把我国乡镇分为三类：一是发达乡镇、二是发展中的乡镇。三是欠发达乡镇。

我国地域广阔，受自然条件、历史因素、文化传统和差异性政策等影响，各地乡镇的实际情况差异显著。尽管差异大，但乡镇政府在国家行政组织体系中的法律地位相同，拥有同样的职权。乡、民族乡、镇的人民政府执行本级人民代表大会的决议和上级行政机关的决定和命令，管理本行政区内的行政工作，具有法定的执行权、管理权和保护权。总体来看，乡镇政府的自主权较小，县级人民政府通过掌握的权力资源，对辖区内政治、经济、社会和文化等事务进行组织和管理，对乡镇人民政府拥有绝对领导权。近年来，随着管理和服务中心下移，乡级政府获得了更大权限。

改革开放40年来，我国农村社会发生了深刻的变化，党的十九大做出了实施乡村振兴战略的重大部署，乡级人民政府处于落实战略的最前沿，任务艰巨，责任重大。乡级地方人民政府的职能主要有以下四个方面：一是促进经济发展，增加农民收入；二是强化公共服务，着力改善民生；三是加强社会管理，维护农村稳定；四是推进基层民主，促进农村和谐。总体来看，乡级地方人民政府的职能具有执行性、综合性、直接性、动态性的特征。执行性体现在乡级政府严格执行上级决议和命令的过程中，例如落实扶贫政策。综合性表现为乡级政府需同时处理经济、社会、文化等多方面事务，如在乡村振兴中，需协调农业发展、基础设施建设和文化保护等工作。直接性意味着乡级政府直接面对基层群众，及时回应其需求。动态性则体现了乡级政府需根据实际情况灵活调整政策和措施。

由于各乡镇在自然条件、人口规模、经济结构、发展水平和文化传统等方面差异巨大,全国乡级地方人民政府行政机构的设置没有统一的模式。现阶段,乡级地方人民政府的机构设置主要包括领导机构、职能部门以及县市直属部门驻乡镇的有关机构。领导机构在乡镇行政组织系统中起核心和统率作用。乡镇人民政府职能部门以乡镇政府职能为基础,通过法律程序在内部设置的工作机构。县(市、区)直属部门驻乡镇的有关机构,其人权、财权、物权隶属于县(市)直属部门,实行乡镇和主管部门双重领导。

三、民族区域自治的内涵及特点

中国是一个统一的多民族国家,实行民族区域自治制度。这种制度在全国统一领导下,在少数民族聚居地区实行区域自治,设立自治机关,行使自治权。其前提是国家的集中统一,核心是自治机关行使自治权,目的是实现各民族共同团结奋斗、共同繁荣发展。民族区域自治有助于发挥各民族人民当家作主的积极性,发展平等、团结、互助的社会主义民族关系,巩固国家统一,促进民族自治地方和全国社会主义建设。这一制度是中国共产党在新民主主义革命中逐步形成并确立为国家基本政治制度的。实践证明,民族区域自治制度适合中国国情,是解决民族问题的有效制度。实践证明,民族区域自治制度是完全适合中国国情的解决民族问题的基本政治制度,是中国共产党和各族人民的伟大创举。它实现了我国社会主义多民族国家在民主基础上的高度统一,具有中国特色,被国际上誉为解决民族问题的"中国模式"。

中国民族区域自治制度具有以下五个特点。首先,统一与自治相结合。中国的民族区域自治是在国家统一领导下实行的自治,既维护国家的统一,确保中央集中统一领导,又保障各少数民族的合法权益。通过这一制度,各少数民族能够依法行使自治权,管理本民族内部事务,从而实现民族区域内的和谐发展,维护国家的统一和稳定。二是民族因素和区域因素相结合。中国的民族区域自治制度包含了民族和区域两个基本要素,既不是单纯的民族自治,也不是单纯的地方自治,而是两者的有机统一。这一制度以少数民族聚居地区为基础,实行区域自治,以自治民族为主体,同时区域内各民族共同享有自治权。三是政治因素与经济因素相结合。中国在设立民族区域自治地方时,综合考虑了政治和经济因素,合理划分了民族区域的范围。同时,坚持国家帮助和扶持以及发达地区援助与民族自治地方自力更生相结合。这种结合确保了民族自治地方既能享受国家和发达地区的支持,又能通过自身努力实现经济社会发展,达到政治稳定和经济繁荣的目标。四是历史因素与现实因素相结合。中国各民族在历史演进中形成了交错杂居、相互依存的多元一体格局。建立民族自治地方时,既考虑到民族地方的历史传统,又注重其现实状况和地区发展需要。通过对历史和现实的充分把握,科学规划民族自治地方的发展路径,确保民族自治地方在继承传统的同时,能够适应现代化发展的要求,实现可持续发展。五是单一制国家结构与民族区域自治相结合。中国自古以来就是一个多民族的统一国家,历史文化传统和具体国情决定了中国不能实行联邦制。因此,中国选择了在单一制国家结构下实行民族区域自治。这种模式既保证了国家的统一和中央的集中领导,又保障了少数民族的合法权利和利益,是对国家结构形式的伟大创造。

四、民族自治地方人民政府的组成

民族自治地方人民政府机构包括人民政府及其所属工作机构。中国的民族自治地方分为自治区、自治州、自治县/旗三级。截至2020年,中国共建立了155个民族自治地方,即5个自治区、30个自治州、120个自治县(旗),实行民族区域自治的少数民族人口占少数民族总人口的71%。中国民族自治地方人民政府由自治区主席、自治州州长、自治县旗、县级长、副主席、副州长、副县级长以及政府组成部门负责人等组成。例如自治区人民政府就是由自治区主席、副主席、秘书长、厅局长、委员会主任等组成。自治州人民政府由州长、副州长、秘书长、局长、委员会主任等组成。自治县(旗)人民政府由县(旗)长、副县(旗)长、办公室主任、局长、科长等组成。

民族自治地方人民政府机构设置原则遵照《地方各级人民政府机构设置和编制管理条例》第三条规定:"地方各级人民政府机构设置和编制管理工作,应当按照经济社会全面协调可持续发展的要求,适应全面履行职能的需要,遵循精简、统一、效能的原则。"2013年9月印发的中共中央和国务院《关于地方政府职能转变和机构改革的意见》规定,地方人民政府机构设置要体现本级人民政府的功能特点,不统一要求上下对口。自治区人民政府的工作机构包括三部分:组成部门、直属机构和直属特设机构。组成部门负责政府日常行政事务;直属机构独立承担特定行政职能;直属特设机构则处理非常规或特殊事务,如应急管理和重大项目协调。这三部分共同保障自治区政府高效运作。自治州和自治县人民政府的工作机构包括工作部门、省以下垂直管理机构和其他机构。工作部门负责处理日常行政事务;省以下垂直管理机构直接受上级部门指导,执行特定职能;其他机构则涵盖各类专项工作,如文化推广和环境保护。这些机构共同构成自治州和自治县政府高效运转的组织体系。

总体而言,民族自治地方人民政府的工作机构在设置名称和数量上与一般地方人民政府相差不大。然而,由于承担着特殊的职能,民族自治地方政府的机构设置也有其独特之处。例如,这些政府通常设有民族事务委员会、宗教事务管理局、扶贫开发办公室和民族文化产业办公室等机构,以更好地服务当地少数民族群众的需求,促进地方经济和文化的发展。好,这节课讲到这里,谢谢大家!

五、民族自治地方人民政府的职权与职能

我们首先来看民族自治地方人民政府的职权。依据宪法的规定,民族自治地方人民政府的权力具有双重性。一方面它和一般地方国家行政机关相同,是一级地方国家行政机关,对本级人大及其常委会负责并报告,服从国务院的统一领导。另一方面,它又不同于一般地方国家行政机关,是民族自治地方自治机关的组成部分,享有《宪法》和《民族区域自治法》赋予的特殊地位和权利。作为一般地方国家行政机关,民族自治地方人民政府要行使宪法和法律赋予一般地方国家行政机关的各项职权,内容涉及执行和发布决定和命令,领导政府部门和下级人民政府的工作,管理经济、科教文卫、环境、城乡建设等行政工作等。

在民族自治地区,地方人民政府不仅是行政管理的核心,还拥有决策

权、执行权和行政权。这些权力使得自治政府能够根据地方实际情况制定政策、执行决策并管理各项行政事务。例如，在教育方面，自治政府可以决定开设以少数民族语言为授课语言的学校，确保文化传承。决策权是民族自治地方人民政府在其管辖区域内对地方性公共事务进行决策的核心权力。这包括针对地方经济发展、公共安全、社会福利等领域制定具体政策的能力。例如，自治政府可能决定投资于本地旅游业，通过修复和保护当地的历史遗迹，来推动经济增长并增加就业机会。在公共卫生方面，他们可能会启动疫苗接种计划，以应对流行病并保护社区健康。这些决策直接影响地方居民的生活质量和地区的可持续发展。执行权赋予民族自治地方人民政府贯彻实施法律、法规、决议和命令的能力，确保地方政策和国家法律在其管辖范围内得到有效执行。例如，自治政府可能会执行新的环保法规，监管工厂排放，减少污染，保护当地生态系统。行政权使民族自治地方人民政府能够依据法律和法规管理本辖区的经济与社会公共事务。这包括从城市规划到公共交通的组织管理，例如，在交通管理方面，他们可以实施新的交通流量控制措施，优化城市交通网络，减少拥堵。

作为民族自治地方自治机关的组成部分，民族自治地方人民政府的权力主要是指自治权。所谓自治权，就是指民族自治地方人民政府拥有的除《宪法》赋予一般地方人民政府的职权之外的，自主管理本地方、本民族内部事务的特定权力。依据相关法律的规定，民族自治地方人民政府拥有下列自治权：1、变通执行或停止执行权；2、语言文字自治权；3、人事管理自治权；4、地方公安部队组建权；5、经济建设事业自治权；6、自然资源管理自治权；7、地方财政管理自治权；8、税收项目减免自治权；9、社会公共事务自治权。民族自治地方人民政府的权力特征体现在四个方面：派生性、有限性、执行性和整体性。派生性意味着地方政府的权力来源于国家授权；有限性表明这些权力受到法律和政策的约束；执行性强调地方政府负责实施中央政府的政策指令；整体性指的是地方政府在处理地区事务时必须考虑社会、经济与文化等多方面因素，以确保政策的协调和效果。

民族自治地方人民政府的职能是指民族自治地方政府为了适应民族自治地方的社会发展需要，在《宪法》和《民族区域自治法》等法律赋予的权限范围内，管理本地方社会公共事务和本民族内部事务的职责和功能。

民族自治地方人民政府的性质及权力所具有的双重属性，决定了其政府职能也具有双重性。作为一般地方国家行政机关，民族自治地方人民政府与一般地方人民政府在职能构成方面具有相似性，均履行经济调节、市场监管、社会管理、公共服务、生态和环境保护五项职能，涵盖本行政区域内的政治、经济、社会等各项公共事务的管理。作为民族自治地方的自治机关，民族自治地方人民政府不仅承担普通行政职能，还需适应民族和区域发展的特殊需求，履行特殊职能。这包括维护国家的统一和领土完整，如加强边疆自治区的边境管理和建立边境贸易区；推动各民族共同繁荣，支持特色农业和手工艺产业；促进民族平等和团结，通过教育和文化节增强不同民族间的理解；以及继承和发展民族文化，资助文化艺术项目和建设文化传承基地。这些职能的实施体现了自治政府在确保国家统一的同时，推动地区内部和谐与繁荣的重要作用。

六、课堂测试

针对线上学习设计三个练习题。

（一）如何理解县级以上各级地方人民政府与乡级地方人民政府权力的差异？

1. 省级和地级市人民政府的权力内容：执行权、管理权、地方行政立法和制令权、领导和监督权、保护权；

2. 县级人民政府的权力内容：执行权、管理权、领导权与监督权、保护权；

3. 乡级地方人民政府拥有法定执行权、管理权和保护权，但总体来看，乡镇政府的自主权比较小，县级人民政府通过自己所掌握的权力资源，在辖区内行使其对政治、经济、社会和文化等事务的组织和管理职能，对乡镇人民政府拥有绝对的领导权。

（二）民族区域自治制度具有哪些特点，以及其地方人民政府享有的权力？

1. 民族区域自治是在国家统一领导下，各少数民族聚居的地方实行区域自治，设立自治机关，行使自治权的制度。特点包括统一与自治相结

合、民族因素与区域因素相结合、政治因素与经济因素相结合、历史因素与现实因素相结合、单一制国家结构与民族区域自治相结合;

2. 民族自治地方人民政府的权力:

一是作为一级地方国家行政机关的权力:决策权、执行权、行政权;

二是作为自治机关组成部分的权力:变通执行或停止执行权、语言文字自治权、人事管理自治权、地方公安部队组建权、经济建设事业自治权、自然资源管理自治权、地方财政管理自治权、税收项目减免自治权、社会公共事务自治权。

(三) 民族区域自治地方人民政府履行哪些职能?

民族自治地方人民政府的性质及其权力所具有的双重属性,决定了其政府职能也具有双重性。换言之,民族自治地方人民政府既履行宏观调控、市场监管、公共服务、社会管理、保护环境五项职能之外,还必须满足民族和区域发展的特殊需要,这些特殊职能主要包括四个方面:

1. 维护国家统一和领土完整。
2. 推动各民族共同繁荣和发展。
3. 促进民族平等团结。
4. 继承和发展民族文化。

第二节　知识深化与运用:构画知识脑图

一、知识性内容教学介绍

本章的内容包括:(一)地方各级人民政府介绍,主要介绍省、市、县、乡各级地方政府的权力、职能和机构设置;(二)民族自治地方的人民政府,主要介绍民族自治地方人民政府的形成、发展和特点,以及民族自治地方人民政府的权力、职能和机构设置;(三)特别行政区的人民政府,主要介绍"一国两制"构想和特别行政区的建立,以及香港、澳门特区政府的权力、职能和机构设置。

1. 介绍知识性内容的特点,以及在 AI 技术出现以后,知识性内容应该如何学习。

知识性内容的特点主要包括以下几个方面:(1)系统性:知识性内容通常是系统化的,它们按照一定的逻辑和结构组织起来,形成完整的知识体系。(2)理论性:知识性内容往往包含理论概念、原理和模型,需要通过理解和思考来掌握。(3)事实性:这类内容通常包括大量的事实、数据和信息,需要记忆和理解。(4)更新性:知识不断发展和更新,特别是在科技、医学、经济等快速发展的领域。

在 AI 技术出现以后,知识性内容的学习方式也发生了变化,主要体现在以下几个方面:(1)个性化学习:AI 技术可以根据个人的学习习惯和掌握程度提供个性化的学习内容和路径,使学习更加高效。(2)互动性和参与性:AI 技术,如智能辅导系统和虚拟助手,可以与学习者进行互动,提供即时反馈和辅导,增加学习的参与性和互动性。(3)资源的丰富性和可访问性:AI 技术使得获取知识更加容易和便捷。在线课程、数字图书馆和各种学习应用提供了丰富的学习资源。(4)学习效率的提高:AI 技术可以帮助学习者快速找到所需信息,提供学习建议,帮助学习者更高效地学习。(5)终身学习和自主学习:AI 技术鼓励和支持终身学习和自主学习。学习者可以根据自己的需要和兴趣,随时随地学习。

总之,AI 技术的出现为知识性内容的学习提供了新的可能性,使学习变得更加个性化、高效和方便。同时,它也要求学习者具备自主学习和批判性思维的能力,以适应快速变化的知识环境。

二、知识性内容翻转课堂设计和实施

本章的内容知识非常系统性、理论性,但不具有很强的深度,大多需要理解记忆即可。但同时这部分内容的知识非常多,因此,需要将这些知识形成框架结构,内化成自己的知识体系。因此,本章设计了两部分内容:一是请同学绘制这三节内容的知识脑图,内化成自己的知识体系。二是了解目前非常引人瞩目的 AI 技术,并尝试运用 AI 技术来进行学习。

1. 请同学绘制这三节内容的知识脑图。

今天,我将引入知识脑图这一工具来帮助大家更好地理解和掌握课程内容。下面我将简要介绍知识脑图的概念、绘制方法和相关要求。

首先,什么是知识脑图?

知识脑图,又称思维导图,是一种用于表示词语、思想、任务或其他项的图形化方式。它通常以树状图的形式展现,中心是核心概念,而从中心延伸出的分支则代表与核心概念相关的子主题或思想。知识脑图可以帮助整理和可视化信息,促进创造性思维,提高学习和记忆效率。

其次,如何绘制知识脑图?

(1)确定中心主题:首先确定你的脑图中心主题,例如"地方人民政府"。将它放在脑图中心,并围绕它构建其他信息。

(2)添加主要分支:从中心主题延伸出主要分支。每个分支代表一个主要概念或课程模块,例如"行政职能"、"组织结构"和"法律地位"。

(3)细化子分支:在每个主要分支下,进一步添加子分支。这些子分支应包含与主分支相关的更具体的信息或概念。

(4)使用关键词和图像:在脑图中尽量使用关键词而非长句,这有助于快速回顾和记忆。适当使用图像、符号或颜色来增强记忆和理解。

(5)保持结构清晰:确保脑图的布局清晰、有逻辑性,避免过于拥挤或混乱。

本节课绘制知识脑图的要求:

-完整性:确保脑图覆盖了"地方人民政府"这一主题的所有重要方面。

-逻辑性:分支和子分支应有逻辑性地组织,易于理解和跟踪。

-创造性:鼓励创造性地使用颜色、图像和空间布局,使脑图更加生动和个性化。

-准确性:信息和概念的表述应准确无误。

通过绘制知识脑图,你们不仅能更好地理解和记忆课程内容,还能培养组织信息和创造性思维的能力。我期待看到你们的脑图作品,并在课堂上与大家分享和讨论。

学生绘制的知识脑图样稿:

样稿一：

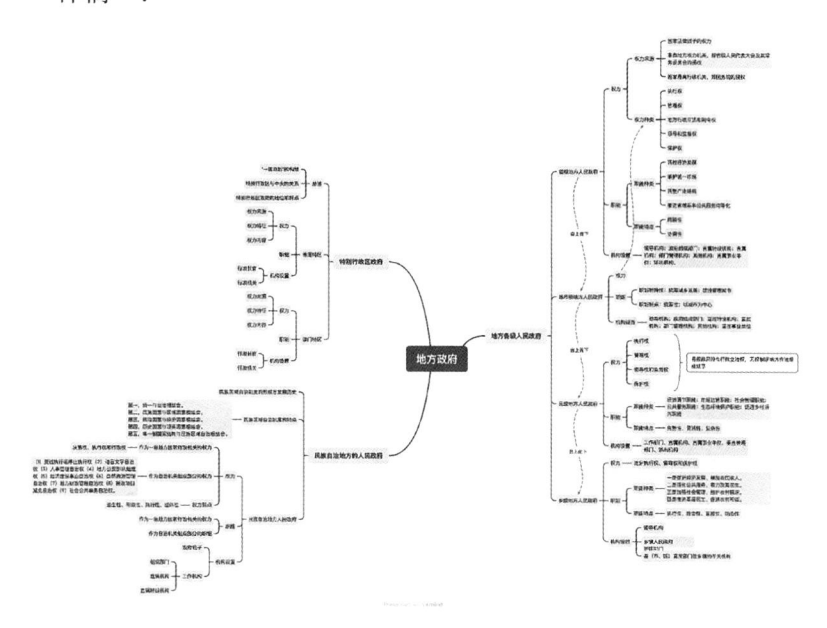

样稿二：

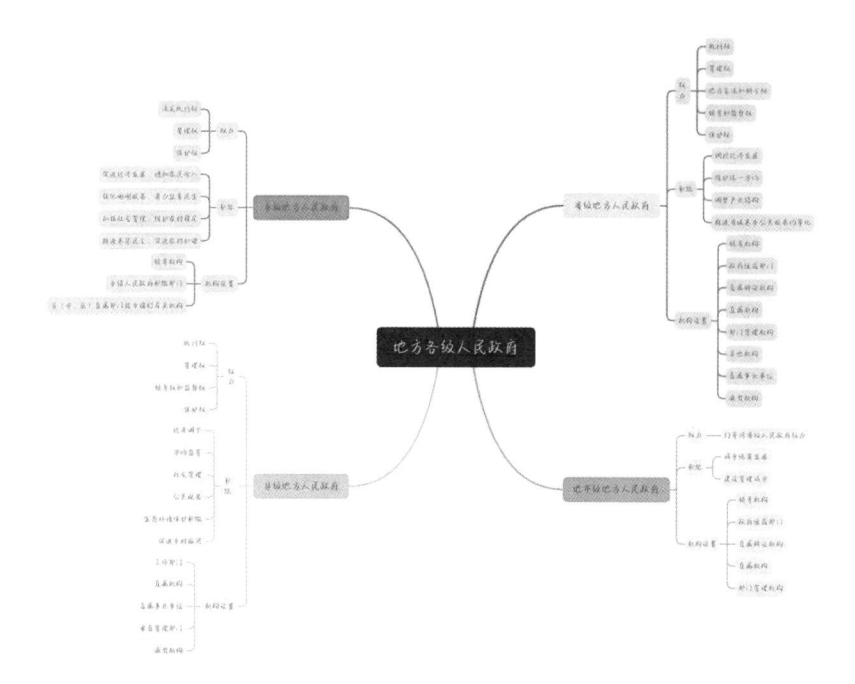

样稿三：

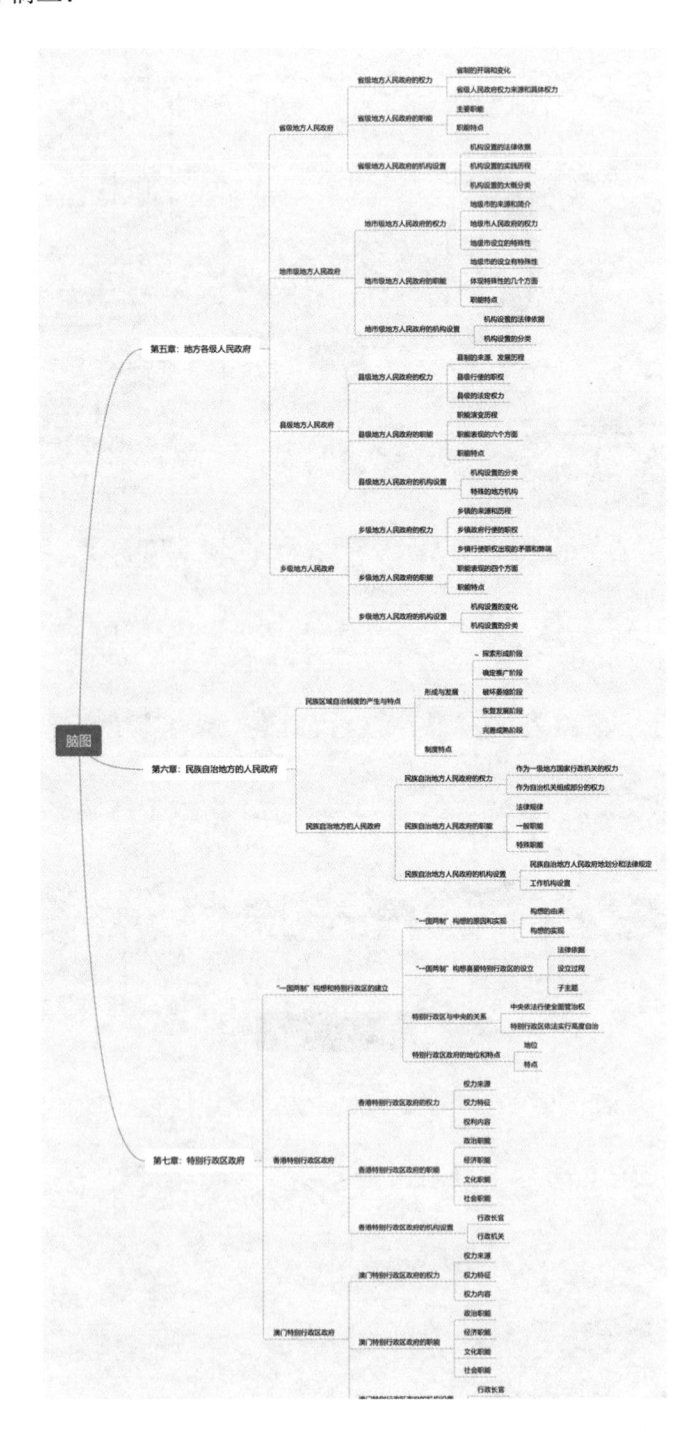

2. 请同学根据这三节学习的知识性内容，自创一个研究性论题，然后用 AI 技术来写一篇研究性论题的论文，阅读后对 AI 提供的小论文做出评判。

这是一项非常有创意和挑战性的任务，旨在结合你们在地方政府学课程中学到的知识，运用 AI 技术进行研究性写作，并锻炼批判性思维能力。以下是具体的任务要求和步骤：

任务要求：

（1）自创研究性论题：基于你们在"地方人民政府"的学习内容，自创一个研究性论题。这个论题应该是具有探讨价值的，可以是一个问题、一个假设或一个特定的议题。例如，"地方政府在环境保护中的角色与挑战"。

（2）利用 AI 技术撰写论文：使用 AI 技术（如 ChatGPT 或其他 AI 写作工具）来撰写一篇关于你的研究性论题的小论文。这篇论文应该包括引言、主体论述和结论。

（3）评判 AI 提供的论文：阅读 AI 撰写的论文，并对其进行评判。评判时要考虑论文的逻辑性、论据的有效性、信息的准确性以及论文的创新性等方面。

步骤：

（1）定义论题：根据课程内容和个人兴趣，选择一个具有挑战性和研究价值的论题，并对其进行明确的定义。

（2）使用 AI 工具撰写论文：在 AI 写作工具中输入你的论题，并指导 AI 撰写相关的论文。确保提供足够的信息和指导，以便 AI 能够生成高质量的内容。

（3）阅读和评判：仔细阅读 AI 撰写的论文，并从批判性的角度进行评价。考虑论文的结构、内容的深度和广度、论据的支撑力度以及任何可能的偏差或错误。

（4）撰写评判报告：撰写一份评判报告，详细说明你对 AI 论文的看法，包括它的优点和不足之处。在报告中，可以提出对论文的改进建议。

目标：

通过这项任务,你们不仅能够加深对地方政府学知识的理解和应用,还能够锻炼使用现代技术进行研究的能力。同时,这也是一个练习批判性思维和分析评价能力的好机会。我期待看到你们的创意、研究和批判性分析。这个任务将帮助你们发展独立思考能力,提高分析和评价研究工作的技能。记住,评判时要保持客观和公正,同时也要展现出你们对课程内容的深入理解。

注意事项:

-在使用 AI 技术撰写论文时,要明确指导 AI 聚焦于你的研究题目,并确保 AI 的输出与你的研究目标一致。

-在评判过程中,不仅要关注论文的内容和结构,还要注意 AI 可能存在的局限性,比如信息的更新度、深度和多样性。

-考虑到 AI 技术在处理复杂议题时可能的局限性,你们的评判报告应包括对 AI 输出的深度分析,指出任何不足之处,并提出可能的改进方向。

最后,这个任务不仅是对你们所学知识的应用,也是对未来技术在学术研究中作用的探索。我鼓励大家发挥创造力,充分利用这个机会来提升自己的研究和批判性思维能力。期待在课堂上看到你们的成果展示和讨论。

学生学习成果展示样稿:

上级政府与下级政府信息交流中的数字鸿沟问题

随着信息技术的发展,政府信息化已经成为提高政府效率、促进政府改革的重要手段。然而,在实际操作中,上级政府与下级政府之间存在数字鸿沟问题,影响了政府信息化的发展。本文将从数字鸿沟的成因、影响和解决方案三个方面,探讨上级政府与下级政府信息交流中的数字鸿沟问题。

一、数字鸿沟的成因

技术水平差异

不同地区的经济发展水平和技术水平存在差异,导致上级政府与下级政府之间的数字鸿沟问题。一些经济发展较快的地区,信息技术水平较高,数字化应用广泛,而下级政府则可能缺乏相应的技术能力和资金支持,无法实现数字化应用。

信息共享不足

上级政府与下级政府之间的信息共享不足也是导致数字鸿沟的重要原因之一。一些部门和单位存在信息保护主义,不愿意将信息共享给其他部门和单位,导致信息孤岛现象严重,无法实现信息的有效利用。

缺乏统一的标准和规范

不同地区和不同部门之间的信息化建设和标准存在差异,导致上级政府与下级政府之间的数字鸿沟问题。一些部门和单位可能存在信息化建设的盲目性和随意性,缺乏统一的标准和规范,导致信息无法实现有效的流通和共享。

二、数字鸿沟的影响

信息不对称

上级政府与下级政府之间的数字鸿沟问题导致信息不对称,使得一些部门和单位无法及时获取所需的信息,影响工作效率和质量。同时,由于信息不对称,也可能导致决策失误和政策不合理等问题。

资源浪费

由于数字鸿沟的存在,不同地区和不同部门之间的信息化建设存在重复和浪费现象。一些部门和单位可能投入大量资金进行信息化建设,但由于标准不统一、信息不共享等原因,导致资源浪费和效率低下。

不利于政府形象建设

上级政府与下级政府之间的数字鸿沟问题不利于政府形象建设。一些公众可能因为无法获取所需的信息或服务而产生不满情绪,对政府的形象产生负面影响。

三、解决方案

加强技术培训和人才队伍建设

针对技术水平差异问题,上级政府可以加强对下级政府的技术培训和人才队伍建设。通过组织培训、交流学习等方式,提高下级政府工作人员的信息化素养和技术能力,促进数字化应用的发展。

建立信息共享机制

针对信息共享不足问题，上级政府可以建立信息共享机制，明确各部门和单位的信息共享责任和义务。同时，可以建立信息共享平台，实现信息的有效流通和共享。通过这种方式，可以减少信息孤岛现象，提高信息的利用效率和质量。

制定统一的标准和规范

针对缺乏统一的标准和规范问题，上级政府可以制定统一的标准和规范，明确信息化建设的目标和标准。同时，可以加强对下级政府的指导和监督力度，确保信息化建设符合标准和规范的要求。通过这种方式，可以减少重复建设和浪费现象，提高资源的利用效率和质量。

四、结论

上级政府与下级政府之间的数字鸿沟问题是一个复杂的问题，需要从多个方面进行解决。通过加强技术培训和人才队伍建设、建立信息共享机制、制定统一的标准和规范等措施，可以有效地缩小数字鸿沟，提高政府工作效率和质量，促进政府改革和发展。

学生的分析报告：

AI撰写的论文《上级政府与下级政府信息交流中的数字鸿沟问题》旨在探讨数字鸿沟的成因、影响及解决方案。论文的引言部分清晰地介绍了研究主题和其重要性，是一个不错的开头。从论文结构上看，分为引言、主体和结论三个部分。主体部分进一步细分为数字鸿沟的成因、影响和解决方案，这有助于读者系统地理解问题。尽管论文涵盖了数字鸿沟的主要方面，但在深度上略显不足。特别是在讨论解决方案时，内容较为笼统，缺乏具体的实施细节和案例支持。此外，对于数字鸿沟影响的分析也较为表面，未能深入探讨其对政策制定和公共服务的具体影响。论文在论据支撑方面表现一般。虽然提到了技术水平差异、信息共享不足等成因，但未提供具体的数据或研究支持这些观点。在未来的研究中，应加入更多实证数据和案例分析，以增强论证的说服力。从客观性角度来看，论文保持了相对中立的立场，没有明显的偏见。然而，在准确性方面，论文中存在一些概念上的模糊和简化，特别是在描述技术水平差异和信息共享机制时。AI撰写的论文在深入分析上显然不够，需要深入分析数字鸿沟的具体影响，特别是对政策制定和公共服务的影响；同时应加入更多实证研究和案例分析,以支撑论文中的观点和论证;在讨论解决方案时,应提供更具体的策略和实施步骤。另外,AI 撰写的论文在格式和规范上还有很多不足:

论文格式的规范性是确保学术写作专业性和可读性的重要方面。针对 AI 撰写的论文《上级政府与下级政府信息交流中的数字鸿沟问题》,以下是一些可能的格式规范不足和改进建议:论文可能缺乏适当的引用和参考文献。学术论文应准确引用数据来源和相关研究,以增强论证的可信度。论文的标题和小标题可能不够清晰或不符合学术论文的标准格式;标题应简洁明了,小标题应恰当地划分论文的不同部分等问题。

从总体而言,AI 撰写的论文为理解上级政府与下级政府信息交流中的数字鸿沟问题提供了一个有价值的视角。尽管在深度和细节方面有待加强,但论文为进一步的研究提供了一个良好的出发点。通过对这一问题的深入探讨和更全面的分析,未来的研究可以更有效地解决数字鸿沟带来的挑战,促进政府信息化的发展。

综上所述,这篇 AI 撰写的论文为我们提供了一个关于数字鸿沟问题的基础性理解,但仍需进一步的深化和丰富,以更全面地应对这一复杂且重要的公共管理议题。

第九章
地方人民政府的关系

地方政府之间的关系对于政府层级间的协作和协调至关重要。理解和研究这些关系，有助于我们更好地理解地方政府的运作方式以及公共政策的制定和执行过程。在本章中，我们将继续探讨地方人民政府的关系，但这一次，我们将采用案例编写和分析的教学方法。这种方法将课堂内外的学习体验相结合，让学生在课前进行知识学习和检测，然后在课堂上深化和运用这些知识。通过案例编写与分析，我们将探讨不同地方政府之间的合作与竞争，以及如何应对地方性挑战和问题。

第一节 理论知识梳理与检测

一、地方人民政府间的纵向关系

地方人民政府间的纵向关系包括三部分，分别是地方人民政府间纵向关系的主要内涵、地方人民政府间纵向关系的演变以及地方人民政府间纵向关系的改革。

地方人民政府间纵向关系的主要内涵。所谓地方人民政府间纵向关系，指的是基于国家结构形式和政府管理层次，以中央和地方关系为依托，地方人民政府之间在纵向上所形成的各种上下隶属关系。比如，在突发公共卫生事件中,中央政府制定总体政策,省级政府负责统筹安排,地市级政府落实具体措施,而县级政府则直接执行和监督各项具体工作。这种层层分工和上下配合的关系,确保了各级政府在重大事务中的高效合作和顺畅运行,使得政策能够从中央迅速传达到基层,并得到有效实施和反馈。它主要包括两个方面：一是不同层级地方人民政府之间的关系,如省级人民政府和地市级人民政府,地市级人民政府与县级人民政府之间的关系,以及县级人民政府与乡镇人民政府之间的关系。二是上级政府主管部门与下级人民政府或对口的政府部门之间的关系。这些关系体现在上级部门对下级部门的指导、监督和协调上。例如,省级教育厅对市县教育局的政策指导和检查,确保教育政策在各地的统一实施。从具体内涵来看,地方人民政府间纵向关系的核心是如何有效处理不同层级政府间的集权与分权问题。一方面,"中央"和"上级"人民政府更注重全局性和整体性,要求地方和下级政府的决策向中央汇聚。但另一方面,地方人民政府更贴近地方社会,了解地方需求,因此需要一定的自主权,以更好地促进地方经济社会发展和服务本地人民。

所有的内涵都必须通过具体的形式表现出来。地方人民政府间纵向关系的表现形式主要有以下三种：首先是领导与被领导。就是上级人民政府有权对下级人民政府的违法或不当的决定的行为给予改变或撤销,下级人民政府有义务服从和执行上级人民政府的决定、命令和义务,否则就要承担一定的后果,这点在《地方组织法》中做了明确的规定。其次是指导与被指导的关系。这指的是上下级地方人民政府主管部门之间的业务指导关系。在这种关系中,上级主管部门对下级部门享有业务上的指导权,但没有直接命令和指挥的权力。上级部门通过制定政策、提供咨询和评估等方式,对下级部门的工作进行指导和支持,确保业务顺利进行。从地方人民政府间纵向关系的影响因素来看,在不同的国家,地方政府间纵向关系的具体内涵和表现形式也不同,这主要取决于国家的基本性质、国家机构的组织原则和国家结构形式。例如,在联邦制国家如美国,各州拥有较大的自治权,州政府和联邦政府之间的关系更多体现为合作与协商。而在单一制国家如中国,中央政府对地方政府有较强的控制力,地方政府更多地执行中央政府的政策和命令。

受单一制国家结构特征的影响,地方人民政府间的纵向关系会随着中央和地方关系的演变而发生变化。例如,在中国,改革开放前期,中央集权高度集中,地方政府主要执行中央政府的指令。然而,随着改革开放的深入,地方政府逐渐获得更多自主权,如广东省在经济特区设立后,得到了更多政策和财政自主权,以推动经济发展。新中国成立之初,通过了《中国人民政治协商会议共同纲领》,明确规定了中国纵向地方人民政府关系的基本原则。这一纲领强调了中央政府对地方政府的领导地位,确保了国家的统一和中央集权。同时,也明确了地方政府在执行中央政策时的具体职责和权限。这一原则奠定了新中国政府运作的基础。新中国成立之初,地方人民政府纵向关系的最重要特征是中央高度集权。这种中央集权主要体现在两个方面:一是机构设置上实行条块结合,中央政府通过垂直管理的方式,设立各类专业机构直接领导地方政府的相应部门。二是在物资使用上实行统一调配,所有重要资源和物资均由中央政府集中管理和分配,以确保国家经济建设的有序推进和资源的合理利用。

改革开放前,地方人民政府纵向关系的发展主要体现在层级关系调整和纵向分权探索两个方面。首先是层级关系调整,主要表现为大区一级地方人民政府逐渐被撤销。例如,20世纪50年代初设立的大区行政机构在1954年后陆续被撤销,转由省级政府直接管理。其次是地区行政公署的变化,这些中间层级的行政机构在不同阶段经历了设立、撤销和合并等调整,以适应国家治理和地方管理的需要。例如,1960年代初,部分地区行政公署被撤销,其职能转移到市级或县级政府。通过这些调整,地方政府的层级关系逐步简化,管理效率得到提高,同时也为后期的纵向分权探索打下了基础。

其次是纵向分权探索。毛泽东在1956年4月召开的中共中央政治局扩大会议上发表了著名的《论十大关系》的讲话,系统论述了如何处理好中央与地方各级人民政府之间的纵向权力关系。然而,到了20世纪60年代末期,随着"三线"建设的展开,中央政府再次选择向地方人民政府放权。"三线"建设是指自20世纪60年代中期起在中国中西部地区13个省、自治区进行的大规模国防、工业和交通基础设施建设活动。尽管有这些放权措施,但中央高度集权的政府间纵向权力特征并没有得到根本改变,地方政府的自主权仍然有限,主要在中央的指导和控制下进行各项工作。

地方人民政府间纵向关系的改革在 1978 年召开的中国共产党十一届三中全会是新中国体制改革的里程碑,也是地方人民政府纵向关系改革的转折点。这次会议标志着中国开始全面改革开放,确立了以经济建设为中心的发展战略,推动了中央与地方关系的调整。会议决定在经济管理上实行中央与地方分权,赋予地方政府更多的自主权,以激发地方的积极性和创造力。

改革开放以来,地方人民政府纵向关系的改革主要包括以下几个方面:一是纵向立法改革,通过制定和修改法律法规,明确中央与地方的权责关系,保障地方政府的合法权力。二是纵向财税改革,实施分税制改革,明确中央和地方的收入划分,提高地方财政自主权,促进地方经济发展。三是纵向职权改革,进一步明确中央与地方的职权分工,赋予地方政府更多的管理自主权,以提高行政效率和服务质量。四是纵向层级改革,优化行政区划设置,减少行政层级,促进地方政府的扁平化管理,提高行政效率。例如,1994 年的分税制改革,使地方政府在税收收入上拥有更多自主权,激发了地方的积极性,促进了经济发展。

二、地方人民政府间的横向关系

地方人民政府间的横向关系包括两部分,分别是地方人民政府间横向关系的基本形式和地方人民政府间横向关系的演变。

所谓地方人民政府间的横向关系,指的是不具有隶属关系的,作为相对独立的权力主体、利益主体和责任主体而存在的不同地方人民政府之间的关系。这种关系包括同级地方政府之间的合作与竞争,也包括不同级别但互不隶属的地方政府之间的协调与互动。地方人民政府间的横向关系既包括同级地方政府之间的关系,也包括不同级别、但又互不隶属的地方人民政府之间的横向关系。这种关系主要体现在区域合作、资源共享、经济协作和政策协调等方面。地方政府间的横向关系在很大程度上取决于本国中央与地方的纵向关系体制,以及地方政府的基本制度和治理理念。这种关系受到国家整体治理结构的影响，例如中央集权还是地方分权的程度。此外，地方政府的基本制度和治理理念，如对合作和竞争的态度、公共资源分配方式，以及区域协同发展的政策，也会对地方政府间的横向关系产生重要影响。这些因素共同决定了地方政府能否有效进行区域合作，实现共同发展目标。

总体来说，中国地方政府间横向关系主要包括三种基本形式，分别是地方人民政府之间的竞争、合作以及援助。地方政府之间的竞争体现在经济发展、资源配置、招商引资等方面；合作则涉及区域协同发展、环境保护、基础设施建设等领域；援助则包括在灾害救助、扶贫工作以及技术支持等方面的互助机制。这三种形式共同构建了地方政府间的横向关系框架，促进了区域协调发展和整体国家治理能力的提升。

首先是地方人民政府间的竞争。地方人民政府间的竞争指的是为了更好地推动本地经济社会发展，满足本地人民不断增长的公共需求，各地政府相互之间为了获得并维持有效的资源、创造良好制度环境所表现出的你追我赶的行为关系。这种竞争体现在政策创新、招商引资、人才引进等方面，通过竞争提高政府服务水平和治理能力，以实现区域经济的繁荣与进步。地方人民政府间的竞争形式主要包括三种：1. 围绕技术、人才、资金的要素竞争；2. 在选择规则和规则体系方面展开的机制竞争；3. 为提升公共服务质量而展开的服务竞争。首先是要素竞争，这指的是地方人民政府围绕各种有形和无形的发展要素展开的竞争。对地方经济社会发展来说，最重要的要素是技术、人才和资金。其次是机制竞争，指地方人民政府在选择和优化规则或规则体系方面展开的竞争行为。良好的机制供给是社会进步的重要标志，也是经济发展的基础条件。通过创新管理制度、简化行政流程和优化政策环境，地方政府旨在吸引更多企业和投资，推动地方经济持续发展。最后是服务竞争，指地方人民政府为满足不断增长的公共需求、提升公共服务质量而展开的竞争行为。通过改善教育、医疗、交通等基础设施和服务，地方政府力求为居民提供更高质量的生活环境。同时，通过引进先进技术和管理经验，优化公共服务流程，提升政府效能，增强地方的吸引力和竞争力。

地方人民政府间横向关系的第二种基本形式是合作，即为了达到共同的目标,彼此之间配合,相互联合的关系模式。通过共享资源、技术和信息,各地政府共同应对区域性问题,如环境保护、公共卫生和基础设施建设,进而推动区域协调发展,实现互利共赢。一般来说,地方人民政府间的合作关系主要有互补性合作、协同性合作和协助性合作三种形式。互补性合作就是地方人民政府本着"优势互补、互惠互利、合作双赢、共同"的原则,相互间采取合作的行为,并通过签订契约的方式来规定双方的权力义务关系。随着各地经济社会联系的不断密切,这种合作形式越来越广泛,涉及的领域越来越多,包括能源、交通、基础设施、卫生防疫和环境保护等等。协同性合作就是地方人民政府间共同面对问题和机遇时,统一部署,共同决策,采取相互协调的统一行为的合作形式。为了更好地实现合作协同,各地方人民政府之间会成立跨地区的合作组织,如联络委员会、协调会、联席会等等,依照实际的情况,定期或不定期地进行互动和沟通。协助性合作就是地方人民政府间为了克服临时性的问题或危机而进行的相互配合、互相帮助和协调的合作行为。通常来说,协助性合作有主动方与协助方之分。主动方就是对某一事件承担主要职责的地方人民政府;而协助方是与这一事件相关的其他地方人民政府。

除此之外,中国地方人民政府间的横向关系还包括援助,这体现了中国社会主义制度的优越性。地方人民政府之间的援助指经济发展较高或实力较强的地方政府对经济发展较为落后或实力较弱的地方政府进行支援和帮助,或在突发重大灾害或危机时,其他地区的人民政府施以援手的关系形式。例如,2008年汶川大地震后,中央提出"一省帮一县"的对口援助机制,东、中部地区19个省市对口援助24个重灾县。此后的灾后重建中,中东部地区政府对灾区进行了大规模援助,参与援助的地方政府数量和规模均创历史新高,充分体现了在战胜重大灾害时的体制优势。

从特征上看,地方人民政府之间的援助具有以下特点:内容的广泛性,涵盖经济、物资、技术等多个领域;援助的无偿性,体现了无私帮助的精神;协调的统一性,强调各级政府和部门的协同配合,确保援助的高效和有序。

地方人民政府间横向联系的发展有赖于两个基本条件:首先,地方人民政府作为地方经济社会的管理主体;其次,各地区经济社会联系的日益紧密。这两者共同促进了地方政府间合作和协调的必要性与可能性。改革开放前,地方人民政府的横向关系总体上是一种被动性的合作,缺乏常态化和制度化。这种合作通常由中央政府主导,地方政府在相互配合中难以形成自主的、持续的协作机制。改革开放以来,随着社会主义市场经济的不断发展,地方人民政府间的横向联系逐渐由冷变热,由单一性向多样性变迁。地方政府之间的互动日益频繁,不再局限于过去单一的经济合作模式,而是扩展到科技、文化、环保等多领域的合作。比如,各省市间的区域经济合作不断深化,跨区域的环保合作机制逐步建立,地方政府在人才交流和科技创新方面的合作也日趋密切。这种多样化的横向联系有效促进了地方经济社会的协调发展。改革开放以来,我国地方人民政府之间的横向关系发生了深刻变化,主要呈现出三方面的特征:第一,在竞争关系方面,地方政府由改革初期的"地方保护主义"恶性竞争转变为围绕营造良好环境、提升公共服务质量的良性竞争,目前以治理能力为核心的竞争态势基本形成。第二,在合作关系方面,地方政府间的合作已成为常态,形式多样化,合作内容广泛,逐步纵深化和制度化。第三,在援助关系方面,地方政府之间的支援广度和地域明显提升,发达省区对不发达省区、少数民族地区的援助进入新阶段。在重大自然灾害和危机面前,地方政府展现了无私援助精神,援助方式从简单的"输血"转变为注重"造血"功能建设,结合技术管理、市场拓展、教育培训和信息咨询等服务。

三、课堂测试

针对线上学习设计三个练习题。

(一)论述特别行政区与中央人民政府的关系。

1. 中央依法直接行使管治权,组建特别行政区政府机关、支持指导特别行政区政府依法施政、负责管理与特别行政区有关的外交事务、负责管理特别行政区的防务、行使宪法和基本法赋予全国人大常委会的职权。

2. 特别行政区依法实行高度自治:行政管理权、立法权、独立的司法权和终审权。

3. 需要指出的是，特别行政区实行的高度自治是有限度的自治。其限度就在于：一是自治的程度取决于中央的授权。二是严格按照宪法、基本法和有关规定办事。同时，特别行政区政府除了拥有中央授予的高度自治权以外，也需要履行对国家和中央人民政府的原则性义务，这是在"一国两制"的框架下必须承担的责任，也是为了维护国家主权、安全和发展利益，保持香港、澳门长期稳定发展的要求。

（二）论述地方人民政府间纵向关系的具体内涵以及影响因素。

1. 地方政府间的纵向关系的内涵主要包括以下几个方面的内容：

纵向权力关系。这一关系的核心是如何有效处理纵向上不同层级政府间的集权和分权问题。

纵向层级关系。地方人民政府的层级关系，也就是地方人民政府从纵向上划分的层次，并由此产生上下隶属的关系结构。政府的纵向层级关系，从根本上来说是由本国的规模、民族结构和自然地理等因素决定的。

纵向职能关系。纵向职能关系就是在不同层级的地方政府之间有效划分和配置各种职能，并由此产生的各种关系。

2. 地方政府间纵向关系的影响要素：国家的基本性质、国家机构组织原则、国家结构形式。

（三）地方人民政府间横向关系的基本形式有哪些？

中国地方政府间的横向关系主要包括三种形式：

1. 地方人民政府之间的竞争：要素竞争、机制竞争、服务竞争。
2. 地方人民政府之间的合作：互补性合作、协同性合作、协助性合作。
3. 地方人民政府之间的援助：内容的广泛性、援助的无偿性、协调的统一性。

二、课堂提问

（一）地方人民政府间横向联系的发展离不开的两个基本条件是什么？

制度支持：有效的制度安排是地方政府间横向联系的基础。这包括法律法规、政策文件、组织结构等，必须为地方政府间的横向联系提供明确的法律依据和规范性指导。这些制度安排可以规定地方政府间合作的范围、程序、责任、权利等，确保合作活动的合法性和可操作性。

沟通渠道：建立有效的沟通渠道是地方政府间横向联系的关键。政府间联系需要各级政府之间建立起畅通的信息传递和协调合作的渠道，包括定期会议、工作组织、联络机构等。这些渠道能够促进信息共享、问题协商和政策协调，有助于推动合作项目的顺利进行。

只有在制度支持和沟通渠道的基础上，地方政府间的横向联系才能够稳步发展，实现更好的资源共享、经验借鉴和问题解决。这样的联系有助于促进地区发展、优化资源配置、提高政府绩效，对于推动经济社会的可持续发展具有重要作用。

（二）地方政府间的横向关系为什么在很大程度上取决于本国中央与地方的纵向关系体制。

地方政府间的横向关系在很大程度上取决于本国中央与地方的纵向关系体制，这是因为中央与地方的纵向体制构建了地方政府的权力、职责、资源分配和政策制定框架，直接影响了地方政府间合作和协调的方式和程度。以下是这一关系的几个主要原因：

权力分配：本国政府的权力分配决定了各级政府在政策制定和资源分配上的角色和权利。如果中央政府掌握了更多的权力和资源，地方政府可能在横向关系中相对弱势，需要依赖中央的支持。相反，如果地方政府在某些领域具有更大的自主权，它们可能更容易与其他地方政府建立合作关系。

资源分配：中央政府对资源的分配和调控影响了地方政府间合作的

动机。如果中央政府将资源分配给特定地区或项目,各地方政府可能会寻求与受益地区或项目的政府建立联系,以获取资源或支持。这种情况下,横向关系可能与资源分配密切相关。

政策制定:中央政府的政策制定和指导性文件对地方政府的行为产生影响。地方政府需要遵守中央政府的政策指导,这可能影响了它们在横向关系中的行为。如果中央政府鼓励或限制地方政府之间的合作,地方政府将受到政策制定的制约。

监督和评估:中央政府通常对地方政府的绩效进行监督和评估。地方政府可能会考虑中央政府的评估标准和要求,以确保合作项目或政策与中央政府的期望一致。这种情况下,横向关系受到中央政府的监管。

因此,中央与地方的纵向关系体制对于地方政府间的横向关系具有重要影响。不同国家的中央与地方关系体制各不相同,因此地方政府间的横向关系也会在不同国家和地区呈现出多样化的特点。政府间合作和协调的性质和程度往往取决于这种体制的特点和演化。

第二节 知识深化与运用:案例编写与分析

一、案例编写与分析任务

围绕地方人民政府的关系中的热点、难点问题编写一个案例。要求:所编写并分析的案例具有本土性、原创性特点,从公共管理和公共政策角度描述、分析中国地方人民政府的关系运行中成功经验和失败教训,讲好中国故事。字数 8000 字左右。

二、编写案例与分析案例的方法

当编写研究性案例时,需要遵循一系列步骤,以确保案例的质量和可信度,以下是操作步骤:

确定研究目标：首先，明确你的研究目标和研究问题。确定你希望通过研究性案例研究和阐述的主题或问题。这可以是一个社会问题、政策影响、组织行为等等。

选择研究主题：选择一个研究主题或领域，它应该与你的研究目标相关且有实际研究的价值。确保选定的主题具有足够的深度和广度，以支持一篇研究性案例。

收集研究材料：收集与研究主题相关的研究材料和数据。这可能包括文献资料、采访记录、调查数据、统计数据等。确保你有足够的信息来支持你的研究和分析。

定义研究范围：界定研究案例的范围和边界，以确定你要研究的具体案例。案例可以是一个事件、一个组织、一个社会现象等等。清晰地界定案例的范围将有助于你集中精力研究重要方面。

开展案例撰写：开始编写案例文本，包括案例的背景、情节、参与者、关键问题和研究方法。确保文本清晰、准确，能够涵盖研究的关键方面。

提供理论框架：在案例中引入相关的理论框架或概念，以帮助解释案例中的现象或问题。理论框架应与研究主题相关，并且需要清晰地与案例中的情节和数据相连接。

分析和讨论：对案例中的关键问题进行深入分析和讨论，使用研究材料和理论框架来支持你的观点。解释案例中的现象或问题，提供深入的洞察和思考。

结论和建议：总结你的研究结果，强调重要发现，并根据研究提出建议或政策建议（如果适用）。确保结论与你的研究问题和目标一致。

反思和讨论局限性：在案例中反思研究的局限性，包括数据限制、研究方法的局限性等。讨论这些局限性对研究结果的影响，并提出可能的改进方法。

引用和参考文献：在案例末尾提供引用和参考文献，列出你在研究过程中引用的所有资料和来源。确保引用格式符合学术要求。

编写研究性案例需要深入思考、系统性的数据收集和精确的分析。案例应该具有学术价值，能够为特定问题或现象提供深入的理解，并为读者提供清晰的信息，以便他们能够理解你的研究和分析过程。

三、学生案例编写与分析样稿

从属地管理到协同治理,转变跨流域生态治理体制
——以 H 省 B 流域水环境治理为例

【摘要】随着中国经济的快速发展,跨流域的生态环境问题日益突出。地方政府传统的以行政区划为原则的 B 流域生态环境属地治理,割裂了 B 流域生态环境的系统性和整体性,弱化了地区与地区之间在 B 流域生态环境保护上的协同合作,难以从整体上高效地保护 B 流域生态环境。传统的属地管理方式在解决这类问题时显得力不从心。本文以 H 省 B 流域为例,深入探讨了从属地管理到协同治理的体制转变,及其在解决跨流域生态问题中的实际效果。B 流域在属地管理体制下暴露出诸多问题,如地方保护主义、流域管理虚化、信息不对称、分锅避责等,这些问题没能成功治理 B 流域的生态环境,反而导致了生态环境的持续恶化。为了解决这些问题,H 省开始推行协同治理模式,通过建立上、中、下三级政府参与的协作机制,实现了资源共享、责任共担、信息互通,从而有效地改善了 B 流域的生态环境。研究结果表明,协同治理在跨流域生态治理中具有明显优势,它能够克服属地管理的局限,提高治理效率和效果。对于我国其他地区的跨流域生态治理,协同治理模式具有一定的借鉴意义。

【关键词】属地管理;协同治理;跨流域;生态治理;H 省 B 流域

案例正文

背景介绍:"华北明珠"蒙尘

B 流域,水域辽阔,烟波浩淼,势连天际,这颗璀璨的"华北明珠"位于河北省中部,太行山东麓,是华北平原最大的淡水湖泊,是华北大地上的瑰宝。B 湖泊如一位温婉的母亲,拥抱着 143 个湖泊和 36 个岛村,流域面积 3.12 万 km^2,用丰盈的水域孕育着万物。沟壑纵横,B 流域由大大小小 3700 多条沟壕组成,淀淀相通,沟壕相连,形成巨大的水上迷宫,像血管一样为这片大地输送着生命之源。村庄与苇田、台地三者交错相间,仿佛一幅浓墨重彩的水墨画。

B流域的气候,鲜明而独特。大陆性季风拂面,雨量季节变化明显。每年556毫米的雨水,85%集中在6至9月,仿佛是大自然特意为这片水域安排的甘霖。

B湖泊属于海河流域,是大清河河系中的蓄水枢纽,有着"九河下梢"的美誉。B湖泊的地形地貌是由海而湖,由湖而陆的反复演变而形成的,现在的水区是古B湖泊仅存的一部分,上游九河、潴龙河、孝义河、唐河、府河、漕河、萍河、杨村河、瀑河及白沟引河,下通津门的水乡泽国,"汪洋浩淼,势连天际",形成九河入淀之势。

B流域涉及B市、C市两个地级市的4县1市,占A县总面积的85%。安新县境内水区人口10万人,36个村四面环水,是典型的北方湿地,自古以来就以物产丰富著称。当地居民除捕鱼、织席外,春挖藕,夏采莲,秋采荷叶、菱角、鸡头米,故有"日进斗金,四季皆秋"之称,是个人杰地灵的富庶之地。

然而就是这样一个美丽富饶的"北地西湖",在人口日益增长和社会经济快速发展的时代背景之下,B流域的水环境遭受了严重的破坏:曾经清澈的湖水变得浑浊不堪,原本碧波荡漾的水面,如今干涸龟裂,露出了湖底的淤泥;工农业的废水不断排入湖中,使得水质不断恶化;原本清新的空气,如今弥漫着刺鼻的异味,令人难以忍受;无序的围埝,不仅使湖泊的生态系统遭到了严重破坏,湖泊也被围埝分割得支离破碎,而且生物的栖息地也因此被破坏,生物多样性急剧减少……曾经的"华北明珠"不幸蒙尘,失去了往日璀璨的光芒。

B湖泊的水环境破坏后,不仅失去了原有的美丽,还给周边居民的生活带来了严重影响:饮用水源受到威胁,水质下降,导致健康问题频发;渔业资源枯竭,当地居民失去了重要的经济来源……如此种种,不一而足。

北拒马河南支的黑臭水体曾让沿河村民苦不堪言。"别说是鱼,人都不愿往河边走,臭味很大。"经济日报记者在北拒马河南支的涿州市东城坊镇贾村段,看到正在纳凉的村民老张。老张摇着手中的蒲扇,如此向记者抱怨到,说罢,他深深地叹了一口气,满脸的遗憾与不满。

在Z市生态环境局局长杨先生的记忆里,北拒马河南支曾满载着美好的乡愁。"小时候经常来这条河里逮鱼摸虾,后来河水慢慢变黑了,没有了'美',只剩下了'愁'。"杨先生摇了摇头,满面愁容,遗憾又苦恼地告诉记者,短短7.2公里的北拒马河南支,因污染引起的上访量曾达到平均每天4起。可见沿河居民是多么地深受其害!

那么导致B流域水环境破坏悲剧的幕后黑手是谁呢?是农民无节制地无序围垦,还是工厂肆无忌惮地排放工业废水?是人口激增过度消耗水资源,还是旅游业发展却环保意识薄弱?其实,这些都是破坏B流域水环境的一部分原因,而在这些普遍因素的背后,我们不禁会思考B流域内的地方政府在其中扮演了怎样一个角色?是只顾经济发展忽略环境保护可持续发展的推手,还是行政效率低、能力薄弱、无力制止B流域水环境持续恶化的漠视者?B流域流域面积3.12万 km^2,涉及B市、C市两个地级市的4县1市,甚至是B省X新区的核心腹地,起码关联了五个地方政府,保护生态环境作为地方政府的一种职责,难道没有任何一个政府去履行职责吗?

其实不然,B流域水环境存在如此严重的污染破坏问题,地方政府必然也不可能完全漠视不管,袖手旁观——H省B市人民政府也曾为推进B湖泊上游流域综合整治和生态修复,编制了《河道整治实施方案》《入河排污口整治专项方案》《河道内垃圾清理行动方案》《河道采砂整治行动方案》等9个专项方案,明确了各县(市、区)政府责任、治理整改内容、整改时限等;C市也多次召开会议研究部署,要求相关县(市)和市直部门扎实工作,持续加大城镇污水处理厂提标改造、城区雨污分流管网建设、工业企业污染治理与监管、农业农村污染治理、生态补水等工作力度……那为什么B流域水环境的污染破坏问题还是没有得到妥善的解决,甚至是持续恶化呢?

原来,究其根本,是因为B流域辖区内的几个市县区一直都遵循传统的属地治理模式独立行政,并没有就B流域水环境问题展开综合治理的协商与合作,这无疑是忽略了B流域作为一个生态环境的整体性和系统性。割裂这个整体的表现就是弱化了地区与地区之间、上中下游之间在B流域生态环境保护上的协同合作,后果则是难以从整体上治理与保护B流域水环境污染破坏问题。其实再寻根溯源,B流域的水环境会出现如此重大的污染破坏问题,也是因为上中下游之间对于水资源的利用缺少协作与沟通：上游经济发展迅速，大量高耗能、重污染企业建立，排入大量的工业废水，加重了B湖泊的污染负荷；中游为了发展旅游业，环湖四县一市肆无忌惮地在B湖泊周围开展"圈地运动"，导致B流域水域面积不断缩小，严重影响了防洪泄洪，造成极大的安全隐患；下游则是为发展农业与畜牧业，无序围垦，增加陆地面积，随之而来的就是农畜业和生活污水大量排入B湖泊支流，加重污染程度……显然，造成这一系列悲剧的责任方——B流域内的地方政府具有不可推卸的责任。

经过以上介绍，我们不难得出解决B流域水环境污染破坏问题的良方就是转变B流域水环境治理模式，由传统的属地治理进一步转化为跨流域协同综合治理。

二、恶果根源：属地治理疲态运行的局限

B流域作为一个完整的生态系统，但长期被割裂成一个个独立的区块使用、治理，这在很大程度上破坏了B流域的整体性和系统性，使得B流域难逃被破坏、污染的悲惨命运，也是由于传统的属地治理模式，B流域并没有得到高效的治理恢复，原本存在的污染破坏问题甚至持续恶化。传统的属地治理模式在B流域的治理过程中出现疲态主要是基于两个方面的原因：一方面，属地治理模式将B流域割裂成独立的行政区划，这必然忽视了B流域水环境的整体性与系统性；另一方面，各个行政区市各自为政，缺乏沟通与协商合作，形成了"流域管理虚化"，出现了地方保护主义，信息不对称，区域博弈，分锅避责等问题。

（一）割裂了B流域生态环境的整体性和系统性

B流域生态环境是由上中下游的山、水、林、草、地等各种自然要素共同构成的有机生态系统，各种自然要素之间存在着错综复杂的联系，通过流域生态环境空间进行能量交换和物质循环，共同组成流域生态环境共同体。因为流域生态环境具有系统性强、高渗透性、关联度高、不可分割性等特征，流域上中下游生态环境"犬牙交错"、密不可分。流域生态环境系统绝不会因行政区划界限而失去自身内在的联系。上游水质污染、过度使用水资源等使整个下游地区生态环境受到影响，具有"牵一发而动全身"的特点。而H省地方政府在B流域生态环境保护上遵循以行政区划为原则的属地治理，人为地将B流域生态环境空间分割为不同治理单元，不仅阻隔了 B 流域生态环境中各种自然要素之间的物质循环,而且割裂了上中下游、干支流地区、左右岸区域之间的紧密联系。这种"分割型"和"闭合型"的传统属地治理模式,不但无法从根本上有效保护和治理 B 流域生态环境,甚至是引发或加剧 B 流域生态环境污染和破坏问题的重要诱因。

(二)"流域管理虚化"——地方政府权责关系不明确的恶果

虽然我国流域管理实行流域与区域相结合的管理体制,但是由于当前法规体系并未规定流域管理和区域管理的主辅关系,因此 B 流域生态环境治理保护还是以传统的属地治理为主,流域治理已经在事实上被虚化。这主要表现为 H 省并未建立专门的 B 流域生态环境管理机构,尽管 H 省生态环境厅设置了 B 流域生态环境保障中心、B 流域生态环境监测中心,H 省水利厅设置了 H 省 B 湖泊事务中心,但其功能多仅限于提供监测监督与技术指导,并不在实际上具备实施流域管理的权责。

产生"流域管理虚化"的一主要原因就是地方政府权责关系不明确。我国地方政府的权力原本就存在条块分割的特点,投射到 B 流域涉及各市区在跨流域治理问题上就具体表现为各部门职权配置原则缺乏明确规定,使得基层政府接受的有关重大问题的上级指令本身便可能存在"多头治理"之嫌,导致基层政府在治理过程中可能会受到流域治理目标之外的利益驱动或现实限制。

在科层制权力运行的管理之下,地方政府在 B 流域生态环境治理过程中同时面临着繁重的治理任务与过重的问责压力,"无限责任"和"有限权力"的内在矛盾使得地方政府面对上级日趋复杂的检查,产生了消解问责风险、分锅避祸、规避治理成本的应对之策。例如,C 市地方政府通过增加监测断面地区水量的方式短时提高水质,以最大程度避免仅凭单一指标而对地区治理工作的否认,以及巨额生态补偿金扣罚。

三、治理良方:跨流域协同综合治理

针对地方政府在 B 流域属地治理过程中出现的割裂了 B 流域生态环境的整体性和系统性、地方政府权责关系不明确等问题,H 省政府召集 B 市、C 市等各级地方政府展开协商会议,确立了将传统的属地治理转变为跨流域协同综合治理的新路径,决定建立 B 流域生态环境管理机构并明确其法律定位、法律职责,同时明晰B流域各层级政府的职责定位与分工,令"流域管理虚化"渐渐落实为"实化"。

(一)建立B流域生态环境管理机构并明确其法律定位、法律职责

首先,B流域生态环境管理机构应当依法设立。B流域生态环境管理机构并非国家行政机关,而是国家行政机关的派出机构,依照2021年制定的《B流域生态环境治理和保护条例》设立。鉴于《最高人民法院关于适用〈中华人民共和国行政诉讼法〉的解释》对于派出机构的设立依据进行了扩充,主管部门的部门规章可以作为B流域派出机构的设立依据。

其次,协同综合管理体制下的B流域生态环境管理机构应当被赋予一定执法权限,以增强机构的相对独立性,减少各级地方政府与行业部门对其履职执法的干扰。

最后,跨流域协同综合治理破除行政区划的限制,以流域为管理单元,实现流域治理统一规划、统一标准、统一监测、统一执法。B流域生态环境管理机构应当既具有协调职能,也承担着一定的审批、执法、建议、监管职能。

(二)"流域管理实化"——明晰B流域各层级政府的职责定位与分工

明晰B流域各层级政府的职责定位与分工是令跨流域协同综合管理"实化"的关键即明确B流域内省、市、县、乡镇(街道)四级政府职能定位,强化各级政府的责任意识,阻断"分锅避责"的责任转移路径,从而确保跨流域管理的统筹协调。

首先,省政府的定位是"宏观指导调配"。鉴于"省人民政府负责B流域生态环境治理和保护总体工作"的总方针,H省人民政府应当制定B流域协同综合治理的战略规划与政策目标并明确流域范围内各层级地方政府的职能与目标任务,开展统筹、协调、指导。

其次,市政府的定位是"中观衔接回应"。各市政府要就上级政府制定的政策法规予以细化落实,形成更为具体的工作指导安排,然后就基层政府的相关工作进行监督、指导,建立基层政府间协同制度机制,做好省政府与基层政府沟通协作的桥梁。

最后,基层政府的定位是"微观落实反馈"。乡镇(街道)作为最基层

的"块状"政府,是直接面对流域"散乱污"治理等相关工作的第一执行者,上级政府下放一定的权力即召集权给基层政府,让其能够结合权责清单和治理需要召集相关部门联合执法,还应当落实权责清单内的职能任务,及时将基层信息反馈至上级政府。

四、"华北明珠"再放光芒

为保障B流域水质、服务XA新区建设,一场B流域生态保卫战从2018年起在B市如火如荼地全面开启。在B流域上游的拒马河、白沟河、萍河、瀑河、漕河、府河、唐河、孝义河、潴龙河九河流域,B市重拳出击,启动实施B流域治理十大专项行动,用4年时间投资300多亿元打造180多个项目,最终让"华北明珠"再放光芒。

清晨的太阳照耀在湖面上,微风轻轻拂过,湖水泛起淡淡涟漪,芦苇荡里不时传出清脆的鸟鸣声,这里是被誉为"华北明珠"的白洋淀。

经过全面开展河湖清理、黑臭水体整治、纳污坑塘整治等一系列"刮骨疗伤"的措施,B流域的水质变得越来越清澈:曾经浑浊的河水,如今变得碧波荡漾、晶莹剔透,连河底各式各样的鹅卵石与随波荡漾的水草也清晰可见。阳光穿透水面,斑斓的光影在河底石子上跳跃,仿佛是大自然的繁花在绽放。

监测数据显示,2019上半年,在B市的11个国省考地表水断面中,除漕河马庄断面常年断流外,其余10个断面平均水质全面达标,达标率100%,水质优良比例64%,特别是府河、孝义河2条主要入淀河流平均水质分别达到了Ⅲ类(安州断面)、Ⅳ类(蒲口断面),比上年同期(Ⅴ类、劣Ⅴ类)提高了2个级别。

随着水质的改善,B流域的生物多样性与渔业资源也得到了恢复。河里各种鱼类在自由自在地徜徉,在阳光的照耀下宛如水中精灵,自由而轻盈,活泼而灵秀;一道白色的靓影划过天际,是白鹭!湿地上还有或休憩或饮水或觅食的各种各样的鸟类……数据显示,截至目前,新区野生鸟类达到269种,较新区设立前增加了63种,其中国家一级保护鸟类12种,国家二级保护鸟类47种,特别是国家一级保护动物、全球极危物种青头潜鸭已经在白洋淀安家落户、繁衍生息。野生鱼类恢复至46种,较新区设立前增加了19种,指示物种中华鳑鲏全淀分布,鱼类生物多样性已达到高级别水平。

B流域再现"荷塘苇海、候鸟天堂"胜景，一幅"城淀相依、共生共融"画卷正徐徐铺展……

案例分析

一、失败教训——属地治理失败的原因分析

B流域各地方政府在全流域治理问题上长期遵循传统的属地治理的模式，没有能够有效治理B流域水环境的污染破坏问题，反而令其持续恶化，甚至在一定程度上来说，传统的属地治理模式也是B流域水环境污染破坏的一大重要诱因。那么传统的属地治理模式为什么会在流域治理问题上捉襟见肘、力不从心呢？这主要是由两个原因导致的：一方面，属地治理模式放大了B流域生态环境的外部性，加剧了地方政府的自利性，极易出现搭便车行为，难以形成理性的集体行动来协作；另一方面，属地治理模式还弱化了B流域生态环境共同利益，各地方政府以自利为导向，各自为政，从而降低了B流域生态环境治理效能。

传统的属地治理模式放大了B流域生态环境的外部性。外部性是指某个人或某个企业的经济活动对其他人或其他企业造成了影响，但是却没有为此付出代价或得到收益。B流域是由多条河流以及周围的山、林、草、地共同构成的一个整体生态系统，但是人们在利用B流域的资源时是把B流域割裂成一个个独立的空间，比如正外部性如上游地区保护流域植被、清理河道淤泥等行为所带来的生态福利，而下游地区却在不支付任何费用的情况下能够享有充足的水资源供给；负外部性如上游某一地区过度开发利用水资源等所造成的水污染，引发流域周边及下游地区水质下降，给周边及下游地区人民群众的生产生活带来损失。这就在B流域生态环境的整体性与地方政府属地治理的"碎片化"之间形成了充满张力的矛盾，这个矛盾在属地治理模式的运行中不断地产生新问题，加剧了地方政府的自利性，甚至出现搭便车的行为，以致难以形成理性的集体行动来协同综合治理B流域的污染破坏问题。流域生态环境是具有非排他性和竞争性特征的跨域公共产品，该流域内的地方政府在B流域生态环境保护上是命运共同体和利益共同体，具有一荣俱荣、一损俱损的特点。但是，以行政区划为依据的属地治理把这种具有整体性的利益、命运共同体

割裂了开来,使地方政府在治理过程只考虑本行政区域内的利益得失,而忽视了只有与其他地方政府协同综合治理才能追求利益最大化的现实。属地治理具有天然的"封闭性"和"对抗性",因此,地方政府在追求辖区流域生态环境利益最大化的过程中,会不可避免地忽略或损害了其他辖区的合法利益,同时也难以实现地方政府间各种治理资源的互补与共享。地方政府在B流域生态环境治理上的这种"各自为政、单打独斗"的属地治理模式,无疑增加了治理成本,降低了治理效能,损害了全流域共同的生态环境福利。

二、成功经验——跨流域协同综合治理的优势

基于传统属地治理模式并不能有效治理B流域水环境的污染破坏问题,H省转变思路,确立了跨流域协同综合治理的新路线和新方针,破除属地治理存在的"碎片化""封闭性""独立性"等天然劣势,加强各地方政府之间的沟通与合作,形成跨流域协同综合治理的强大合力。那么协同综合治理在跨流域治理问题上优于属地治理的内在机制与优势的什么呢?跨流域协同综合治理模式突破了行政区划的客观限制,尊重了B流域作为一个生态系统整体性的要求,能够有效克服负外部性的后果,从而增加了B流域整体的生态福利,提高了地方政府在治理水环境污染破坏问题时的治理效能。

(一)突破行政分割困境的客观限制

以层级节制、职责分工、各司其职等为特征的属地治理,不仅割裂了流域生态环境的系统性和整体性,而且限定了地方政府在流域生态环境保护中权力行使的法律效率范围和责任承担的空间范围,使得无行政隶属关系的地方政府对其他行政辖区内的流域生态环境问题无权干涉,也无需承担过多责任。而协同综合治理模式则突破这一客观困境,它让地方政府的注意力从本辖区的自利更多地转向整个流域的整体治理效能与共同利益,从流域生态环境的系统性和整体性出发,突破行政分割困境、打破属地治理原则,推动地方政府从属地治理走向协同治理。

(二)应对治理负外部性的必然选择

流域生态环境资源作为一种公共产品,具有"公共池塘资源"属性,这导致地方政府在流域生态环境治理中容易产生"搭便车"行为,以及由此

引发的"过度使用""拥挤效应""公用地悲剧"等流域生态环境问题。协同综合治理模式能够更好解决地方政府在治理B流域污染破坏问题时产生的负外部性，把B流域上中下游作为一个整体来治理，在最大程度上避免地方政府只顾本辖区的生态利益与经济利益，以损害其他地区的合法权益为代价。例如，上游为发展经济过度向B流域排放工农业污水，但是这一生态恶果是由下游地区独自承担的，上游地区并不会补偿下游地区的损失。但是把B流域作为一个整体来考虑时，就不能忽略去平衡这种负外部性，因此协同综合治理模式是应对治理负外部性的必然选择。

（三）增进地方共同利益的重要举措

流域生态环境是一种跨域公共产品，其治理需要地方政府间协同合作，实现全流域生态环境福利最大化是其内在要求。属地治理，不仅使流域生态环境在空间上被断裂，而且对流域生态环境的整体利益也进行了切割，这是各地方政府实行地方保护主义、各自为政的主要原因。在属地治理模式中流域的共同利益和地方的自身利益在流域生态环境治理中时常发生碰撞与冲突，协同综合治理模式的关键就是要平衡这两种存在矛盾的利益。协同综合治理模式相较于属地治理，更多地关注整个流域的整体利益，它的治理目标是实现流域共同利益最大化。因此，跨流域综合治理往往会建立一个流域治理机构来协调整个流域内各个地方政府的治理行为与政策目标，以便强化流域利益共同体的概念，让地方政府分散、封闭的行动形成有条理的共同合力。

（四）提升政府治理效能的重要途径

属地治理模式致使地方政府在B流域生态环境保护的政策制定上"各自为政"，不同地区在治理标准、质量监控、监管措施等方面各行其是，重视本行政辖区流域生态问题治理，而对本行政辖区以外的流域生态问题视而不见、束手旁观，这种"画地为牢"的状态使H省难以实现B流域生态环境保护协同合作及资源整合。但跨流域生态治理具有复杂性，各地方政府"两耳不闻窗外事"的传统治理方法不能形成有效合力。只有破除"封闭性""闭合性"固有弊端的协同综合治理模式才能在最大程度上摈除各地方政府的分歧，推动地方政府在流域生态环境治理上各种资源要素的整合，才会产生"一加一大于二"的效用，进而提升地方政府黄河流域生态环境治理整体效能。

三、理论基础

B流域从原本的"脏黑臭"经过H省政府的跨流域协同综合治理变回原来熠熠闪光的"华北明珠"的案例体现了公共管理中的两个理论：一个是流域作为一种公共资源,具有受益的非排他性与消费的竞争性,这是上中下游会在流域资源的利用上产生矛盾的根本原因;另一个是跨流域协同综合治理模式体现了公共管理执行的协调性原则,即相互促进、相互协调。

公共资源的特性——受益的非排他性与消费的非竞争性

受益的非排他性是指物品在消费过程中,在技术上无法将拒绝为之付款的个人或厂商排除在受益范围之外;或者这种排除在技术上可行,但是成本过高。例如,B流域的上游地区花费大量人力物力资源治理了B湖泊上游的水环境污染问题,而下游地区可以不付出任何代价就享受到这种生态福利(干净的水质)和经济福利(发展旅游业基础的美丽环境),那么这种利益分配的不平衡就会加剧各地方政府之间的矛盾,使之无法通力合作,形成同一的合力来高效治理B流域的水环境污染破坏问题。

消费的竞争性是指一个人或厂商对公共物品的享用,会排斥、妨碍其他人或厂商对其的同时享用,也会因此减少其他人或厂商享用该种公共物品的数量或质量。例如,B流域的水资源是有限,而经济的发展必然会需要大量的水资源,那么上下游地区就会极力争夺有限的水资源,各地方政府就会对立起来,从而引发地区间的矛盾和冲突。

公共管理执行的原则——协调性原则

公共管理执行是指履行公共政策,实现公共目标,完成计划任务,使之达到公共事务间协调发展,实现最大效率的过程。而协调性原则是指在公共管理执行中,诸事必须环环紧扣,互相促进,相互协调。作为公共管理的执行者,必须以身作则,以大局为重,局部服从整体、地方服从中央,近期目标与远期目标相结合,调动各方力量,推动各项工作的开展。另外,还要利用社会各种机制监督,以使执行能按政策、按计划进展。B流域的跨流域协同综合治理模式主要体现了省、市、县、乡镇各级地方政府在流域治理问题上的协调合作,强调加强合作与沟通,整合治理资源,互相促进,相互协调,调动各方力量,形成强大合力。

参考文献：

(1) 程磊,白洋淀流域水环境现状分析[B],水科学与工程技术,2016年:50-52。

(2) 李琳琳,王国清,秦攀,等.白洋淀水环境状况与治理保护对策[J].科技导报,2019,37(21):14-25。

(3) 周伟,地方政府黄河流域试探性环境治理的模式转换与机制保障——从"属地治理"到"协调治理"[J],陕西行政学院院报,2023年,37(03):67-72。

(4) B流域水文特性分析-百度学术,https://xueshu.baidu.com/usercenter/paper/show?paperid=57adba3a54a4d2cee3fe33d7b2dec129&site=xueshu_se。

（5） 白洋淀-中国雄安 http://xiongan.gov.cn/2017-12/21/c_129772129.htm。

(6) 河北保定多举措提升白洋淀上游河道水生态环境整治,https://www.sohu.com/a/281857259_123753。

(7) 各地头条|沧州市召开白洋淀流域生态修复保护领导小组视频会议_澎湃号·政务_澎湃新闻-The Paper https://www.thepaper.cn/newsDetail_forward_7132050。

(8) 河北保定开展白洋淀上游流域综合治理调查 用心擦亮"华北明珠"_中国经济网——国家经济门户 http://www.ce.cn/cysc/stwm/gd/201910/10/t20191010_33299862.shtml。

(9) 从一份监测报告看白洋淀水质变化-新华网河北频道-新华网。http://he.xinhuanet.com/20230606/a6c807e1c75e4fa789ed74ed80f22031/c.html。

(10) 近三年白洋淀水质稳定保持在Ⅲ类,http://he.people.com.cn/n2/2023/1212/c192235-40674704.html。

(11) 外部性的含义是什么_https://www.dongao.com/zjjs/zy/202012173306408.shtml。

(12) 黎民,倪星,公共管理学(第三版)[M],高等教育出版社,2020年。

第十章
线上线下混合式翻转课堂教学设计与实施面临的挑战及解决实例

　　随着信息技术的飞速发展,教育领域正在经历一场深刻的变革。线上线下混合式翻转课堂作为这一变革的重要组成部分,其发展背景根植于对传统教学模式的反思和对新技术的积极应用。传统的课堂教学模式,通常以教师为中心,学生在课堂上被动接受知识。然而,这种模式往往忽视了学生的主动学习和个性化学习需求,限制了学生批判性思维和创造性思维的发展。

　　混合式翻转课堂的提出,旨在通过结合线上自主学习和线下互动教学,重塑学生与知识之间的关系。在这种模式下,学生在课前通过线上平台自主学习理论知识,而课堂时间则用于讨论、实践和深入探究,从而更有效地促进学生的主动学习和深度思考。这种教学模式的实施,不仅提高了教学效率,还增强了学生的参与感和学习动力。此外,混合式翻转课堂还具有显著的教育意义。它强调教育的个性化和差异化,能够满足不同学习风格和能力的学生的需求。通过线上资源的丰富性和灵活性,学生可以根据自己的节奏和兴趣进行学习,而线下的互动教学则促进了师生和生生之间的交流与合作,加深了学生对知识的理解和应用。因此,混合式翻转课堂不仅是对传统教学模式的有效补充,更是教育创新和教学改革的重要方向。

　　在当前教育领域,混合式翻转课堂已成为一种重要的教学模式,它结合了线上自主学习与线下互动教学的优势,旨在提升学生的学习效果和参与度。然而,实施这一模式的过程中,教育者面临着多重挑战,包括技术资源的配置、教学内容的适配、教师与学生角色的转变,以及评估和反馈机制的建立等。这些挑战的存在可能阻碍混合式翻转课堂的有效实施,影响教学质量和学生学习成效。

因此,探讨这些挑战及其解决方案具有重要意义。首先,通过识别和分析这些挑战,可以帮助教育者更好地理解混合式翻转课堂的实施环境和需求,从而制定更加有效的教学策略。其次,提出切实可行的解决方案不仅能够帮助教育者克服实施过程中的困难,还能够提高教学效率和学生的学习体验。此外,这些解决方案对于推广混合式翻转课堂模式,促进教育创新和改革具有积极意义。

本研究旨在《地方政府学》线上线下混合式翻转课堂教学实践的基础上,深入探讨混合式翻转课堂在实施过程中遇到的主要挑战,并提出有效的解决策略。通过这一研究,我们期望为教育工作者提供实用的指导和建议,促进混合式翻转课堂模式在更广泛领域的应用和发展。

第一节　线上线下混合式翻转课堂教学设计

在当今快速变化的教育环境中,混合式翻转课堂已成为一种创新的教学模式,它结合了传统教学和现代技术的优势,旨在提高学生的学习效果和参与度。为了有效实施这种教学模式,特别是在《地方政府学》这样的课程中,我们需要遵循一系列精心设计的教学原则。这些原则不仅指导教师如何组织和管理课程,还确保学生能够在这一新型学习环境中获得最大的收益。

一、教学设计原则

以下七个教学设计原则是构建成功的混合式翻转课堂的基石。它们涵盖了从学生中心的教学方法到技术的有效整合,从灵活性与个性化的学习路径到持续的反馈和评估机制。这些原则旨在创造一个动态、互动和支持性的学习环境,其中学生能够积极参与并掌握《地方政府学》的核心概念和技能。通过遵循这些原则,我们可以确保混合式翻转课堂不仅是一种教学策略,而且是一种全面提升教育质量和学生学习体验的方法。

(一) 学生中心原则

在《地方政府学》的混合式翻转课堂设计中,学生中心原则是核心。这意味着整个教学设计都围绕着学生的学习需求和学习过程来展开。首先,课程内容应根据学生的学习兴趣和背景知识进行调整,确保其相关性和吸引力。其次,学习活动应鼓励学生主动探索和构建知识,而不是被动接受。例如,在学习地方政府的职能和运作时,学生可以通过案例研究、项目工作和小组讨论等方式,主动探索和应用知识。

(二) 互动性强化

互动性是混合式翻转课堂的另一个关键原则。在《地方政府学》课程中,应设计多种互动形式,包括师生互动、生生互动和学生与内容的互动。师生互动可以通过在线论坛、实时问答和反馈会话等形式进行。生生互动可以在小组讨论和协作项目中实现,鼓励学生分享观点、解决问题和共同学习。与内容的互动则通过互动式的在线学习材料和实践活动来促进,如模拟地方政府决策过程的游戏或案例分析。

(三) 灵活性与个性化

灵活性和个性化是混合式翻转课堂设计的另一重要原则。《地方政府学》课程应提供多样化的学习路径和资源,以适应不同学生的学习风格和节奏。例如,可以提供不同难度级别的阅读材料、视频讲座和互动练习,让学生根据自己的需求选择最合适的学习资源。此外,课程设计应允许学生在一定范围内自主选择学习主题和项目,以增强学习的相关性和动机。

(四) 技术的有效整合

有效整合技术是实现混合式翻转课堂的关键。《地方政府学》课程应利用各种在线学习工具和平台,如中国大学慕课(MOOC)、视频会议软件和在线协作工具,来支持学习活动。技术的使用不仅仅是为了数字化传统的教学内容,而是为了增强学习体验,例如通过在线模拟软件来模拟地方政府的决策过程,或者使用数据分析工具来分析地方政府的政策影响。同时,确保技术的使用对所有学生都是可访问的,考虑到不同学生的技术能力和资源。

(五) 反馈与评估

在《地方政府学》的混合式翻转课堂中,持续的反馈和评估机制是必不可少的。这包括对学生学习进度的定期评估,以及对教学方法和材料的持续反馈。评估不仅应关注学生的知识掌握程度,还应包括对其分析能力、批判性思维和实际应用能力的评估。此外,教师应提供及时、具体的反馈,帮助学生识别自己的强项和改进领域。

(六) 实践与应用

《地方政府学》课程的混合式翻转课堂设计应强调知识的实践应用。这意味着学习活动应与真实世界的情境和挑战紧密相关。例如,可以设计基于当前地方政府面临的实际问题的案例研究,或者安排学生参与模拟地方政府的决策过程。这种实践导向的学习不仅有助于巩固理论知识,还能提高学生解决实际问题的能力。

(七) 持续改进

最后,持续改进是混合式翻转课堂设计的重要原则。这意味着教师需要根据学生的反馈和学习成果不断调整教学策略和内容。此外,随着教育技术的发展和教学实践的积累,教师应不断探索新的教学方法和工具,以不断提升教学效果。

通过遵循这些设计原则,《地方政府学》的混合式翻转课堂能够更有效地促进学生的学习和发展,为他们提供一个丰富、互动和个性化的学习环境。

二、教学流程

在《地方政府学》的混合式翻转课堂中,教学流程是实现有效学习的关键。这一流程融合了线上自主学习和线下互动教学,旨在最大化学生的学习效果。以下是该课程混合式翻转课堂的详细教学流程。

(一) 课程准备阶段

课程设计:在《地方政府学》的线上线下混合式翻转课堂教学中,课程设计阶段是至关重要的。在学期开始前,教师需要细致地规划整个课程的结构和内容,确保它们符合教学目标和学生的学习需求。首先,明确课程目标,这些目标应涵盖对地方政府的基本理解、关键职能、政策制定过程以及地方政府在社会经济发展中的作用等关键领域。接着,定义具体的学习成果,如学生应能够分析和评估地方政府的政策决策、理解地方政府与公民互动的机制等。最后,制定评估标准,这些标准不仅应考量学生对理论知识的掌握,还应评估他们的分析能力、批判性思维和实际应用技能。通过这一阶段的周密规划,教师能够为学生提供一个结构清晰、内容丰富且富有挑战性的学习环境。

材料准备:在《地方政府学》的混合式翻转课堂中,材料准备是构建有效线上学习环境的关键步骤。这一阶段的目标是为学生提供丰富、多元且具有针对性的学习资源,以确保他们能够在课堂外自主学习和探索课程内容。首先,录制的讲座视频应涵盖《地方政府学》的核心理论和概念,如地方政府的职能、政策制定过程,以及地方治理的现代挑战等。这些视频应清晰、简洁,易于学生理解。其次,精心挑选的阅读材料,包括学术文章、政策文件和案例研究,应涉及地方政府的实际运作和最新研究成果。案例研究特别重要,因为它们提供了将理论应用于实践的机会,帮助学生理解抽象概念在现实世界中的具体体现。此外,互动练习和在线讨论的设计应鼓励学生积极参与和思考。例如,可以设计模拟地方政府决策的互动游戏,或者在线论坛讨论地方政府面临的具体问题。通过这些活动,学生不仅能够巩固和深化对课程内容的理解,还能够提高他们的批判性思维和解决问题的能力。

(二) 线上自主学习阶段

学习任务分配:在《地方政府学》的混合式翻转课堂中,学习任务的分配是至关重要的第一步。在每个教学单元开始之前,学生通过学习中国大学慕课(MOOC)接收到他们的学习任务。这些任务不仅是预先设定的,而且是精心设计的,以确保它们紧密结合课程的核心概念和理论。例如,学生可能会被要求观看关于地方政府职能、政策制定过程、公共管理等方面的视频讲座。除此之外,他们还需要完成相关的阅读材料,这些材料可能包括学术论文、案例研究、政策文档等,以加深对讲座内容的理解。此外,学生还将参与在线讨论,这些讨论旨在促进学生之间的互动,鼓励他们就讲座和阅读材料中的主题提出问题、分享见解并进行批判性思考。通过这种方式,学生在进入课堂之前就已经对《地方政府学》的关键主题有了初步的理解和思考,为课堂上的深入学习和互动奠定了基础。

自主学习:在《地方政府学》的混合式翻转课堂中,自主学习阶段是至关重要的。在这一阶段,学生需要在课前独立完成线上学习任务,这通常包括观看教师预先录制的讲座视频、阅读相关的学术文章,以及参与在线讨论论坛。这些活动旨在帮助学生对《地方政府学》的核心概念和理论进行初步的理解和吸收。例如,学生可能会通过视频学习地方政府的组织结构、职能,以及与公民互动的方式。此外,通过在线讨论,学生可以开始思考和探索这些概念在现实世界中的应用,为课堂上的深入讨论和互动做好准备。这种自主学习不仅增强了学生的主动学习能力,也为他们提供了一个灵活的学习环境,使他们能够根据自己的节奏和兴趣进行学习,从而更有效地吸收和理解课程内容。

(三) 线下互动教学阶段

课堂讨论:在《地方政府学》的混合式翻转课堂中,课堂讨论环节是至关重要的。在这一阶段,教师的角色转变为引导者和协调者,他们利用学生在线上阶段获得的知识基础,引导学生深入探讨和分析地方政府的关键职能、政策制定过程,以及政策执行中的挑战和机遇。例如,教师可以提出具体的案例或当前的政策议题,鼓励学生从不同角度进行分析和讨论,如地方政府在城市规划、公共服务提供、经济发展和环境保护等方面的作用和责任。通过这种互动式的讨论,学生不仅能够加深对地方政府学理论的理解,还能够培养批判性思维、问题解决和公共沟通的能力。此外,这一环节也为学生提供了一个分享观点、相互学习和建立合作关系的平台,从而增强了课堂的互动性和学习的实践性。

案例分析:在《地方政府学》的混合式翻转课堂中,案例分析是一种关键的教学方法,它架起了理论与实践之间的桥梁。通过深入探讨具体的地方政府案例,学生不仅能够更好地理解抽象的政治理论和政策概念,还能够学习如何在实际情境中应用这些知识。例如,教师可以选取一个地方政府在城市规划、环境保护或社会福利方面的具体案例。学生首先在线上阶段通过阅读材料、观看相关视频和参与讨论论坛来了解案例的背景信息和关键问题。接着,在线下课堂上,学生将参与小组讨论,分析政府的决策过程、政策的效果以及可能的改进方案。这种互动式的学习方式不仅促进了学生对地方政府运作的深入理解,还锻炼了他们的批判性思维、团队合作和公共演讲能力。此外,案例分析还可以结合模拟活动,如角色扮演或模拟决策会议,让学生从不同角色的视角出发,深入探讨和解决地方政府面临的复杂问题。这种实践性强的活动不仅增强了学生的学习兴趣,还提高了他们解决实际问题的能力。通过这样的案例分析,混合式翻转课堂能够有效地将《地方政府学》的理论知识转化为实践中的应用技能,为学生未来的职业生涯奠定坚实的基础。

小组活动:在《地方政府学》的混合式翻转课堂中,小组活动是促进学生深入理解和实践应用的关键环节。通过安排小组项目或研究活动,学生被鼓励在一个协作的环境中共同探究地方政府学的复杂议题。例如,可以组织学生团队对特定的地方政府政策进行分析,或者设计一个解决地方社区问题的实际方案。这些活动不仅增强了学生之间的交流和合作,还提供了一个实际应用课程理论的平台。在这个过程中,学生可以学习如何收集和分析数据,如何进行有效的团队沟通,以及如何将理论知识转化为解决实际问题的策略。此外,小组活动还有助于培养学生的领导能力、批判性思维和创新能力,这些都是未来地方政府工作中不可或缺技能。通过这种方式,混合式翻转课堂不仅提升了学生的学术能力,也为他们未来的职业生涯打下了坚实的基础。

(四) 互动反馈和评估

即时反馈:在《地方政府学》的混合式翻转课堂中,即时反馈发挥着至关重要的作用。在课堂上,教师通过观察学生的讨论和活动表现,及时提供针对性的反馈。例如,当学生在讨论地方政府的政策制定过程时,教师可以即时指出他们的理解中的不足或误区,并提供正确的信息或更深层次的解释。此外,教师还可以根据学生的提问和反应,调整课堂的教学重点和深度,确保学生能够充分理解和掌握关键概念。这种即时反馈不仅帮助学生及时纠正错误,还鼓励他们积极参与课堂讨论,增强了他们对《地方政府学》知识的深入理解。通过这种互动式的教学方法,学生能够在理解和应用地方政府学知识方面取得更大的进步,为未来的学术或职业生涯打下坚实的基础。

定期评估:在《地方政府学》的混合式翻转课堂中,定期评估是确保学生学习效果和持续进步的关键环节。这种评估不仅关注学生对课程内容的掌握程度,还涵盖了他们的分析能力、批判性思维和实际应用技能。为此,我们采用多元化的评估方法,包括课堂作业、小组作业和项目报告等。

课堂作业:每节课进行的课堂作业旨在检验学生课前学习对地方政府学核心概念和理论的理解。这些作业通常在知识运用型教学开始之前进行,以确保学生能够在知识运用前掌握好基础理论知识。

小组作业:在《地方政府学》的混合式翻转课堂中,小组作业是关键的学习活动。通过分析实际案例或解决具体问题,小组作业鼓励学生协作、分享观点,并将课堂所学应用于实践。这种方式不仅增强了学生的团队合作能力,也促进了深入的学习和理解。

案例撰写:在《地方政府学》课程中,案例撰写作业要求学生深入分析具体的地方政府案例。这种作业旨在培养学生的批判性思维、分析能力和实际应用技能,通过实际情境来加深对理论知识的理解和应用。

项目报告:在课程的后期,学生需要完成一个综合性的项目报告,这通常涉及对某一地方政府实际问题的深入研究。这个项目不仅考验学生的理论知识,还考验他们的实际应用能力、团队合作和项目管理技能。学生可能需要分析特定政策的影响、提出改进方案或进行政策制定的模拟练习。

这些评估方式的设计旨在促进学生的全面发展。小测验确保了对基础知识的掌握,作业鼓励学生将理论应用于实际情境,而项目报告则提供了一个展示综合分析能力和创新思维的平台。通过这样的定期评估,教师可以及时了解每位学生的学习进展,识别他们的强项和改进领域,从而提供针对性的指导和支持。同时,这也鼓励学生积极参与学习过程,不断提高自己在地方政府学领域的专业能力。

(五) 课程总结和反思

课程总结:在《地方政府学》课程的学期末,可以组织一次全面的课程总结会议,这是对整个学期学习旅程的回顾和反思。在这次会议中,深入讨论和分析学生们在混合式翻转课堂中的学习体验,包括线上自主学习和线下互动教学的结合效果。重点回顾课程中的关键主题,如地方政府的职能、政策制定、公共管理等,以及这些主题如何通过线上资源和线下活动得到加强和深化。此外,课程总结会议也将是一个分享和反思的平台,学生们可以分享他们在课程中的收获、挑战和成长点。教师将提供对整个学期教学方法和课程内容的总结性反馈,强调混合式翻转课堂在促进学生批判性思维和实际应用能力方面的作用。通过这种方式,我们旨在提炼出宝贵的教学经验和学习教训,为未来的课程提供改进的方向,确保《地方政府学》课程能够持续地提供高质量的教育体验。

学生反思:在《地方政府学》的线上线下混合式翻转课堂教学中,学生反思是一个关键环节,它不仅促进学生对自身学习过程的深入理解,还帮助教师评估和改进教学方法。学生被鼓励撰写反思报告,其中详细描述他们在课程中的学习体验、收获和面临的挑战。在这个过程中,学生可以反思线上自主学习阶段对他们理解地方政府运作的基础概念的帮助,以及线下课堂活动如何增进了他们对这些概念的深入理解和应用。例如,他们可以讨论通过分析具体案例如何帮助他们理解地方政府的决策过程,或者通过小组讨论和互动活动如何提高了他们的批判性思维和沟通技巧。此外,学生还可以在反思报告中分享他们在适应混合式学习模式过程中的挑战,如时间管理、自我激励或技术使用方面的困难。通过这种自我评估,学生不仅能够认识到自己的学习进步,还能够识别和克服学习过程中的障碍,从而实现更全面和有效的学习。这些反思报告对于教师来说也是宝贵的资源,因为它们提供了直接的反馈,有助于未来课程设计的改进和教学方法的调整。最终,这些反思报告不仅反映了学生在《地方政府学》课程中的个人成长和学术发展,还揭示了混合式翻转课堂模式在促进学生主动学习和批判性思维方面的有效性。通过这种方式,学生能够更深入地理解地方政府的复杂性和多样性,为他们未来在公共管理和政策制定领域的职业生涯打下坚实的基础。

教师反馈:在《地方政府学》的线上线下混合式翻转课堂教学中,教师反馈环节是至关重要的。这一环节要求教师不仅仅是课程内容的传授者,更是学习过程的引导者和观察者。教师需要密切关注学生在线上自学和线下互动中的表现,包括他们对课程内容的理解、参与度、批判性思维的展现以及团队合作能力的体现。基于这些观察,教师应定期收集学生的反馈,包括他们对课程材料、教学方法和学习平台的看法。此外,教师应对课程内容和教学方法进行深入反思和评估。这包括分析哪些教学策略最有效,哪些需要调整,以及如何更好地整合线上和线下元素以增强学习体验。例如,在《地方政府学》课程中,教师可能发现案例研究和实地考察特别有助于学生理解地方政府的实际运作,而某些理论讲解则可能需要更多互动元素来提高学生的参与度。最终,这些反馈和评估将指导教师对课程进行持续的改进,确保教学内容既符合学术标准,又贴合学生的实际需求和学习风格。通过这种方式,教师能够不断提升《地方政府学》课程的教学质量,为学生提供一个更加丰富、互动和富有成效的学习环境。

(六) 持续改进和调整

课程调整:在《地方政府学》的线上线下混合式翻转课堂教学中,课程调整是一个持续且关键的过程。这一过程以学生的反馈和学习成果为基础,旨在不断提升教学质量和学习效果。例如,如果学生反映某个理论概念不够清晰,教师可以在后续课程中增加更多的解释和实例,或者在线上平台提供额外的学习材料。同样,如果学习成果显示学生在应用地方政府政策分析方面存在困难,教师可以调整课程,增加更多的案例研究和实践练习,以加强学生的应用能力。此外,教师还应根据学生的学习进度和反馈,调整教学节奏和深度,确保所有学生都能跟上课程进度并充分理解课程内容。通过这种灵活和响应性的课程调整,混合式翻转课堂能够更好地满足学生的个性化学习需求,促进他们对《地方政府学》的深入理解和批判性思考。

技术更新:在《地方政府学》的线上线下混合式翻转课堂教学中,技术更新是保持教学质量和效率的关键。为了适应不断变化的教育技术环境,定期对使用的线上学习平台和教学工具进行评估和更新至关重要。这包括升级软件功能,增强用户界面的友好性,以及引入新的互动工具,如增强现实(AR)和虚拟现实(VR)技术,以提供更加生动和沉浸式的学习体验。例如,通过使用交互式地图和数据可视化工具,学生可以更直观地理解地方政府的地理分布和政策影响。此外,考虑到《地方政府学》涉及大量的案例研究和政策分析,更新的技术平台可以支持更高效的数据分析和在线协作,使学生能够在虚拟环境中模拟真实的政府决策过程。通过这些技术更新,不仅可以提高教学的互动性和实用性,还能够激发学生的学习兴趣和创新思维。

在《地方政府学》的混合式翻转课堂中,技术更新不仅是提高教学效果的手段,更是连接理论与实践、传统与创新的桥梁。为了适应教育技术的快速发展和学生的多样化学习需求,定期更新和改进线上学习平台和教学工具至关重要。

首先,更新的技术平台可以提供更加丰富和互动的学习资源,如高质量的视频讲座、互动式模拟和实时数据分析工具。这些工具使得学生能够更深入地理解地方政府的运作机制和政策影响,同时增强他们的批判性思维和分析能力。

其次,改进的教学工具能够促进更有效的师生和生生互动。例如,通过在线论坛和协作平台,学生可以就地方政府的热点问题进行讨论和交流,从而提高他们的参与度和学习动力。此外,教师可以利用这些工具进行实时反馈和评估,帮助学生及时了解自己的学习进展。

最后,技术更新还意味着对新兴教育技术的探索和应用。随着人工智能、大数据和云计算等技术的发展,未来的《地方政府学》课程可以通过更高级的数据分析和模拟技术,为学生提供更加真实和深入的学习体验。例如,利用大数据分析工具,学生可以研究地方政府政策的社会经济影响;利用虚拟现实技术,学生可以模拟参与地方政府的决策过程。

综上所述,技术更新是《地方政府学》混合式翻转课堂成功实施的关键。通过不断的技术创新和应用,我们可以为学生提供一个更加丰富、互动和高效的学习环境。这不仅有助于提高学生对《地方政府学》课程内容的理解和兴趣,还能够培养他们适应未来社会和工作环境所需的关键技能,如数据分析、批判性思维和团队协作。此外,技术的更新和应用也为教师提供了更多的教学资源和方法,使他们能够更有效地指导和激励学生。因此,定期的技术更新和改进不仅是对现有教学资源的优化,更是对教育模式和教学方法的革新。在《地方政府学》这样的课程中,这种更新尤为重要,因为它涉及复杂的政策分析和实际应用,需要学生具备高度的分析能力和实践技能。通过不断探索和应用最新的教育技术,我们可以确保《地方政府学》课程始终保持其前沿性和实用性,为学生提供最佳的学习体验。

(七) 实践应用

实地考察: 在《地方政府学》的线上线下混合式翻转课堂教学中,实地考察是将理论知识与实际工作经验相结合的关键环节。通过组织学生参与地方政府的实地考察或实习,学生不仅能够直观地观察和理解地方政府的日常运作和管理过程,还能够亲身体验政策制定、公共服务管理等实际工作。这种实践活动使学生能够将课堂上学到的理论知识应用于真实世界的情境中,深化对地方政府职能和挑战的理解。在实地考察过程中,学生有机会与政府官员和工作人员直接交流,提出问题并获取第一手的信息和经验。例如,他们可以参与到某个具体的社区项目中,观察和学习如何在地方层面上解决公共问题,如城市规划、环境保护或社会福利等。此外,实地考察还提供了一个独特的机会,让学生观察和分析地方政府如何应对紧急情况和危机,比如自然灾害的应对、公共卫生事件的管理等。通过这些互动和观察,学生能够更好地理解课堂上学习的抽象概念和理论,并将这些知识与现实世界的复杂性和动态性联系起来。这种实践经验不仅增强了学生的学习体验,而且有助于培养他们的批判性思维、解决问题的能力和公共服务的意识。

总之,实地考察作为《地方政府学》混合式翻转课堂的一部分,不仅强化了学生的学习和理解,还为他们提供了宝贵的实践经验,这对于准备进入公共管理和政府工作的学生来说尤其重要。通过这种方式,混合式翻转课堂不仅是一种教学策略,更是一种全面准备学生面对未来职业挑战的方法。

项目应用:在《地方政府学》的混合式翻转课堂中,项目应用环节是至关重要的。这一环节不仅强化了学生对课程内容的理解和应用,还培养了他们解决实际问题的能力。在这个阶段,学生被分配到不同的小组,每个小组选择一个与地方政府相关的实际问题或案例进行深入研究。这些问题可以是关于地方政府的政策制定、公共服务管理、社区发展计划或环境保护策略等。学生需要运用在课程中学到的理论知识,结合实际数据和研究,对所选问题进行全面的分析,并提出创新的解决方案或改进措施。例如,他们可能需要分析某个地方政府的财政政策对社区福利的影响,或者设计一个提高公共服务效率的计划。通过这样的实践活动,学生不仅能够将课堂学习与现实世界相连接,还能够提升自己的批判性思维、团队协作和问题解决能力。

通过实施《地方政府学》的混合式翻转课堂,我们不仅见证了学生学习动力和参与度的显著提升,还观察到了他们对地方政府运作的深入理解和批判性思考能力的增强。这种教学模式的成功实施,展示了现代教育技术与传统教学方法结合的巨大潜力,特别是在提高学生的主动学习和实践应用能力方面。在这个过程中,学生不仅学习了地方政府的基本理论和框架,还通过线上学习材料和线下互动活动,如案例研究、模拟演练和小组讨论,获得了实际应用这些理论的机会。这种学习方式使他们能够从不同角度和层面分析和解决地方政府面临的实际问题,从而培养了他们的综合分析能力、问题解决能力和决策能力。此外,混合式翻转课堂还促进了学生之间以及师生之间的深入交流和合作,这对于培养团队合作精神和沟通技巧至关重要。学生通过这种互动,不仅能够相互学习和启发,还能够在实际问题解决中发挥团队的协同效应。

总之,《地方政府学》的混合式翻转课堂不仅是一种教学模式的创新,更是对学生综合素质培养的有效实践。它不仅提高了学生的学术能力,更重要的是,培养了他们成为具有责任感、批判性思维和实践能力的地方政府学领域的专业人才,为他们未来在公共管理和政策制定领域的职业生涯奠定了坚实的基础。

第二节　线上线下混合式翻转课堂教学实施过程中的挑战与应对策略

在教育领域,混合式翻转课堂作为一种创新的教学模式,正逐渐成为提高学生学习效果和参与度的有效途径。这种模式结合了线上自主学习和线下互动教学的优势,旨在创造一个更加灵活和互动的学习环境。然而,实施混合式翻转课堂并非没有挑战,其复杂性主要体现在技术、教学和管理的多个方面。识别并应对这些挑战对于混合式翻转课堂的成功实施至关重要。只有通过全面理解和积极应对这些挑战,教育工作者才能充分发挥混合式翻转课堂的优势,提升教学质量,同时确保学生能够在这种新型教学环境中获得最佳的学习体验。因此,本章节将详细探讨这些挑战,并提供针对性的解决策略和实践建议,以帮助教育工作者有效地实施混合式翻转课堂。

一、技术挑战

硬件设施:在混合式翻转课堂的实施中,硬件设施扮演着至关重要的角色。硬件设施,包括计算机、平板电脑、智能手机、投影仪、音响系统等,是实现线上学习和线下互动教学的基础。它们不仅支持教师高效地传递教学内容,还为学生提供了访问和利用数字学习资源的途径。例如,在

《地方政府学》课程中,高质量的硬件设施可以帮助学生更好地观看在线讲座、参与虚拟模拟活动和访问互动学习材料。然而,在实施过程中,硬件设施常面临多种挑战:1.设备不足或过时:许多教育机构可能面临硬件设施不足或过时的问题。过时的设备可能无法运行最新的教育软件,影响教学质量和学生学习体验。2.设备维护和更新:硬件设施需要定期维护和更新,以保持其良好运行状态。缺乏有效的维护可能导致设备故障,影响教学进程。3.技术支持不足:在硬件设施的使用过程中,教师和学生可能需要技术支持。缺乏及时有效的技术支持会增加教学难度,降低学习效率。4.设备的可访问性:确保所有学生都能平等地访问硬件设施是一个重要问题。在一些情况下,学生可能无法负担个人电子设备,这就要求学校提供足够的公共设备。

因此,为了确保混合式翻转课堂的有效实施,教育机构需要重视硬件设施的建设和维护。这包括投资现代化的教学设备、确保设备的及时维护和更新,以及提供必要的技术支持。通过解决这些硬件设施方面的挑战,可以为《地方政府学》等课程创造一个稳定且高效的教学环境,从而提升教学质量和学生的学习体验。在《地方政府学》课程中,优质的硬件设施不仅能够支持丰富多样的教学活动,如在线互动、数据分析和政策模拟,还能够帮助学生更好地理解和分析地方政府的复杂问题。因此,投资和维护硬件设施是实现混合式翻转课堂成功的关键因素之一。通过确保硬件设施的充足和先进,教育机构可以为学生提供一个更加全面和互动的学习环境,从而培养出更加专业和适应未来挑战的地方政府学人才。

软件平台:在实施《地方政府学》的混合式翻转课堂中,选择合适的软件平台对于教学效果有着至关重要的影响。一个优秀的软件平台不仅能够提供稳定和高效的在线学习环境,还能够支持丰富的教学互动和资源共享。例如,中国大学慕课(MOOC)、智慧树和雨课堂等平台,它们各自具有独特的功能和优势,如视频教学、在线讨论、作业提交和学习进度跟踪等。中国大学慕课(MOOC)平台以其广泛的课程资源和灵活的学习方式受到学生的欢迎,适合用于提供《地方政府学》的基础理论教学和视频讲座。智慧树以其互动性强和实时反馈机制著称,非常适合用于增强学生的参与感和实时互动。雨课堂则以其便捷的课堂管理和高效的学习工具而突出,适合用于课堂互动和作业管理。评估和选择最适合《地方政府学》的软件平台时,需要考虑以下几个关键因素:1.功能性:平台是否提供必要的功能,如视频播放、在线测试、互动讨论等,以支持《地方政府学》的教学需求。2.用户友好性:平台的界面是否直观易用,学生和教师是否能够轻松地进行操作和管理。3.稳定性和可靠性:平台是否稳定,能否承受大量用户同时使用而不出现故障。4.资源共享和互动性:平台是否支持高效的资源共享和学生之间的互动交流。5.适应性:平台是否能够适应《地方政府学》课程的特定需求,如特定的案例研究和模拟活动。综合这些因素,选择最适合《地方政府学》的软件平台是实现混合式翻转课堂成功的关键。例如,若《地方政府学》课程重点在于理论的深入讲解和案例分析,中国大学慕课(MOOC)可能是一个理想的选择,因为它提供了广泛的课程资源和灵活的学习方式。如果课程更侧重于学生的实时互动和讨论,智慧树或雨课堂可能更加合适,因为它们提供了丰富的互动工具和实时反馈功能。

总之,选择合适的软件平台对于《地方政府学》混合式翻转课堂的成功实施至关重要。通过综合考虑各平台的功能性、用户友好性、稳定性、互动性和适应性,可以确保所选平台能够有效支持课程的教学目标和学习活动,从而提升整体的教学效果和学生的学习体验。

二、教学挑战

课程内容的适配:在《地方政府学》的混合式翻转课堂中,课程内容的适配是一项关键的教学挑战。这一过程涉及将传统的课程内容转化为适合线上学习和线下互动的格式,以最大化学生的学习效果。首先,将传统课程内容转化为适合混合式翻转课堂的格式要求教师对课程进行重新构思和规划。这意味着需要将传统的面授课程内容分解为适合线上自主学习的小模块。例如,将《地方政府学》的核心概念和理论通过视频讲座、在线阅读材料和互动式练习的形式呈现。这样的线上材料应该旨在引导学生掌握基础知识,为课堂上的深入讨论和实践活动打下基础。其次,创新教学材料的设计和应用对于提高学生的学习兴趣和参与度至关重要。这包括使用多媒体资源、互动式学习工具和现实案例研究。例如,可以利用视频案例研究来展示地方政府的实际工作情况,或者设计模拟游戏和在线讨论板,让学生在虚拟环境中模拟地方政府的决策过程。这些创新教学材料不仅能够增加课程内容的吸引力,还能够促进学生的主动学习和批判性思维。总之,适配《地方政府学》课程内容对于混合式翻转课堂的成功实施至关重要。通过将传统课程内容转化为适合线上和线下学习的格式,并创新教学材料的设计和应用,可以有效提升学生的学习体验,促进他们对地方政府学的深入理解和应用。

教师角色的转变:在混合式翻转课堂的实施中,教师角色的转变是一个显著的教学挑战。传统上,教师在课堂上扮演主要的讲授者角色,负责传递知识和信息。然而,在混合式翻转课堂中,教师的角色转变为引导者和协作者。这种转变要求教师不仅传授知识,更重要的是激发学生的学习兴趣,引导他们自主探索和批判性思考,同时与学生共同参与学习过程,共同解决问题。在这种模式下,教师更多地通过提问、引导讨论和组织互动活动来促进学生的深入学习。这要求教师具备灵活运用各种教学策略和技术的能力,以适应不同学生的学习需求和学习风格。此外,教师还需要能够有效地管理线上和线下的教学活动,确保两种模式的有效结合。

为了支持教师在这一角色转变中的成功,必须提供相应的培训和发展支持。首先,教师培训应包括混合式翻转课堂的理念和实践,帮助教师理解这一模式的核心要素和教学方法。其次,培训还应包括有效的课堂管理技巧、学生参与策略以及评估和反馈方法。此外,教师的专业发展还应包括对新教育技术的培训,如学习管理系统的使用、在线互动工具和数字资源的有效利用。通过这些培训和发展活动,教师将能够更有效地在混合式翻转课堂中发挥其引导者和协作者的角色,从而提高教学效果和学生的学习体验。

学生参与度:在混合式翻转课堂中,学生参与度是衡量教学成功与否的关键指标。高度的学生参与不仅能够提升学习效果,还能增强学生对课程内容的理解和兴趣。然而,在《地方政府学》这样的课程中,提高学生参与度面临着诸多挑战。首先,学生的学习背景、兴趣和动机差异较大,这要求教师在设计课程时考虑到这些差异,确保课程内容对所有学生都具有吸引力。其次,线上学习环节可能导致学生感到孤立,缺乏与同学和教师的直接互动,这可能影响他们的参与度和学习动力。

为了应对这些挑战,可以采取以下几种方法来激励学生积极参与《地方政府学》的混合式翻转课堂。首先,设计互动性强的课程活动,如小组讨论、角色扮演和案例分析,可以促进学生之间的互动,提高他们的参与度。其次,利用技术工具,如在线讨论板和实时问答,可以增强线上学习环节的互动性,让学生感到更加参与和连接。此外,提供定期的反馈和认可,如对学生讨论的积极回应和对优秀作业的表扬,可以增强学生的参与动机。最后,将学生的兴趣和实际经验融入课程设计,如让学生就他们所关心的地方政府问题进行研究和讨论,可以提高课程的相关性和吸引力。

通过这些策略,可以有效提高学生在《地方政府学》混合式翻转课堂中的参与度,从而提升他们的学习体验和学习成果。

三、管理挑战

课程监督:在混合式翻转课堂的实施中,有效的课程监督是确保教学质量和学习成效的关键。这种监督不仅涉及对教学活动的持续观察和评价,还包括对学生学习进度的跟踪和支持。有效的课程监督能够确保教学目标的实现,帮助及时发现和解决教学过程中的问题,从而提高整体的教学效果。此外,它还有助于调整教学策略,以更好地满足学生的学习需求,特别是在《地方政府学》这样的专业课程中,有效的监督可以确保学生能够深入理解复杂的政府运作和政策制定过程。

实施有效监督的策略和工具:1.定期检查和反馈:定期对课程内容、教学方法和学生参与度进行检查,并提供及时反馈。这可以通过课堂观察、学生问卷调查或教学反思会议来实现。2.使用中国大学慕课(MOOC)等教学平台:利用MOOC跟踪学生的学习进度和成绩,监控他们在线上学习活动中的参与情况。MOOC还可以用来发布课程更新、作业和提供额外资源。3.数据分析工具:运用数据分析工具来评估学生的学习成果,如通过分析测试成绩、作业提交和在线讨论的参与度来获取洞察。4.定期教学会议：定期举行教学团队会议，讨论课程进展、共享最佳实践和解决教学中遇到的问题。5.学生反馈机制：建立一个系统，让学生能够定期提供关于课程的反馈，包括他们对教学内容、教学方法和课程资源的看法。通过这些策略和工具，教师和课程管理员可以有效地监督《地方政府学》混合式翻转课堂的实施，确保教学活动能够顺利进行，同时提高学生的学习成效和满意度。

评估体系：在混合式翻转课堂中，建立一个合适的评估体系面临着多重挑战。首先，评估体系需要能够准确反映学生在线上自主学习和线下互动教学中的表现。这要求评估方法不仅覆盖学生的知识掌握情况，还要涉及他们的分析能力、批判性思维和实际应用能力。其次，由于学生的学习路径多样化，评估体系必须足够灵活，能够适应不同学生的学习风格和进度。此外，评估方法需要与课程目标和学习成果紧密对应，确保评估结果能够有效地指导教学和学习的改进。

为应对这些挑战，设计和实施多元化的评估方法至关重要。一种有效的方法是结合定量和定性评估。例如，可以通过在线测验和考试来评估学生对基础知识的掌握，同时通过项目报告、案例分析和课堂讨论的表现来评价学生的应用能力和批判性思维。此外，同行评价和自我评价也是重要的评估工具，它们不仅能够促进学生的反思和自我监督，还能够增加学习过程的互动性和参与感。

在实施评估时，重要的是确保评估过程的透明性和公正性。这意味着评估标准和方法应该在课程开始时向学生明确，且评估过程中应保持一致性。同时，教师应定期收集学生对评估体系的反馈，并根据这些反馈进行必要的调整，以确保评估体系能够有效地支持学生的学习和课程目标的实现。通过这样的多元化评估方法，混合式翻转课堂能够更全面地评价学生的学习成果，同时为教师提供关于教学方法和课程内容改进的宝贵信息。

持续改进：在混合式翻转课堂的实施过程中，持续改进是确保教学质量和学生学习体验不断提升的关键。这种改进不仅涉及教学内容和方法的调整，还包括对教学环境和工具的优化。基于反馈的课程改进特别重要，因为它允许教师根据学生和同行的具体反馈来调整和优化课程。这种方法确保了课程内容始终与学生的需求和学习目标保持一致，同时也促进了教师的专业发展。

具体可采用以下方法：1.收集和分析反馈：定期从学生、同行和其他利益相关者那里收集反馈。使用问卷调查、访谈和课堂观察等多种方法来收集关于课程内容、教学方法和学习资源的反馈。2.数据驱动的决策：利用收集到的数据来指导课程改进的决策。分析反馈数据，识别课程中的强项和弱项，以及学生学习过程中的关键挑战。3.实施改进措施：根据反馈结果实施具体的改进措施。这可能包括更新课程材料、引入新的教学技术、调整教学策略或改进学习活动。例如，在《地方政府学》课程中，教师可能发现学生在理解某个复杂概念时遇到困难。基于学生的反馈，教师可以引入更多的实例分析、互动讨论或视觉辅助材料来帮助学生更好地理解这一概念。此外，教师还可以根据学生的反馈调整课程的难度和进度，确保所有学生都能跟上课程。通过这种基于反馈的持续改进过程，混合式翻转课堂能够更加有效地满足学生的学习需求，同时也为教师提供了宝贵的专业发展机会。

实施混合式翻转课堂是一项复杂且富有挑战性的任务，尤其是在涉及内容丰富和多维度的《地方政府学》课程时。本章节的讨论揭示了在实施这一教学模式过程中所面临的主要挑战，包括技术挑战、教学挑战和管理挑战。

技术挑战主要涉及硬件设施、软件平台选择和网络连接的稳定性。这些技术要素是线上学习环节顺利进行的基础，缺乏适当的技术支持会严重影响教学质量和学生的学习体验。教学挑战则包括课程内容的适配、教师角色的转变以及如何有效提高学生的参与度。这要求教师不仅要掌握传统的教学技能，还需要适应新的教学模式和技术。管理挑战涉及课程的有效监督、评估体系的建立以及基于反馈的持续改进，这些都是确保教学活动有效运行和持续改进的关键。

解决这些挑战对于《地方政府学》课程的成功至关重要。混合式翻转课堂的实施不仅能够提高学生的学习动力和参与度，还能够促进他们对地方政府运作的深入理解和批判性思考。这种教学模式的成功实施，将有助于培养学生成为具有高度责任感和实践能力的地方政府学领域的专业人才。通过有效应对这些挑战，教育工作者可以确保混合式翻转课堂不仅是一种教学策略，而且是一种全面提升教育质量和学生学习体验的方法。

因此，对于《地方政府学》课程而言，深入理解并积极应对混合式翻转课堂的挑战是实现教学目标的关键。这不仅需要教师在技术、教学和管理方面的专业知识和技能，还需要对学生的需求和学习过程有深刻的洞察。此外，持续的反馈和评估机制对于识别问题、调整教学策略和改进课程内容至关重要。通过这种持续的迭代和改进，混合式翻转课堂能够更好地适应学生的学习需求，提高教学效果。

在《地方政府学》这样的课程中，混合式翻转课堂的成功实施尤为重要。地方政府学涉及复杂的政策分析、决策过程和公共管理技能，这些都需要学生不仅理解理论，还要能够将知识应用于实际情境。混合式翻转课堂通过结合线上自主学习和线下互动教学，为学生提供了一个理想的平台，以发展这些关键技能。学生可以通过线上学习独立掌握理论知识，然后在课堂上通过讨论、案例研究和模拟活动，将这些知识应用于实际问题解决中。

最终，混合式翻转课堂的成功实施不仅提升了《地方政府学》课程的教学质量，也为学生的未来职业生涯奠定了坚实的基础。通过这种教学模式，学生不仅学会了如何学习，更重要的是学会了如何思考、分析和解决复杂的地方政府问题。因此，克服实施过程中的挑战，不仅对教育工作者来说至关重要，对于培养未来的公共管理专业人才也具有深远的意义。

第三节　线上线下混合式翻转课堂教学的未来趋势和建议

在全球教育领域，混合式翻转课堂已经成为一种重要的教学模式，它代表了教育创新的前沿和未来教育的发展方向。这种教学模式的兴起，源于对传统教育方法的反思和对新技术的积极应用。随着信息技术的迅猛发展,尤其是互联网和移动技术的普及,教育领域开始探索更加灵活和高效的教学方法,以适应快速变化的社会和经济需求。混合式翻转课堂正是在这样的背景下应运而生,它通过结合线上自主学习和线下互动教学,旨在提高学生的学习效果和参与度。

全球范围内,从基础教育到高等教育,混合式翻转课堂正在被越来越多的教育机构和教师采用。这种模式不仅改变了传统的教学和学习方式,还为学生提供了更加个性化和自主的学习体验。学生可以根据自己的节奏和兴趣进行学习,同时在课堂上与教师和同学进行更深入的交流和讨论。这种教学模式的实施,不仅提高了学生的学习动力和参与度,还促进了他们的批判性思维和创造性思维的发展。

然而,混合式翻转课堂的实施也面临着诸多挑战,包括技术资源的配置、教学内容的适配、教师角色的转变,以及评估和反馈机制的建立等。这些挑战的存在可能阻碍混合式翻转课堂的有效实施,影响教学质量和学生学习成效。因此,探讨混合式翻转课堂的未来趋势,以及提出针对性的建议和解决策略,对于推动这一教学模式的持续发展和优化至关重要。

一、混合式翻转课堂的未来趋势

(一) 技术驱动的创新

随着科技的不断进步,混合式翻转课堂的未来发展将显著受到新兴技术的影响。特别是人工智能(AI)、大数据、虚拟现实(VR)和增强现实(AR)等技术,预计将在未来的教育模式中扮演重要角色。

1. 人工智能在教育中的应用

人工智能技术的发展为混合式翻转课堂带来了前所未有的个性化学习体验。AI可以通过分析学生的学习习惯、进度和表现,提供定制化的学习资源和反馈。例如,在《地方政府学》课程中,AI可以根据学生的互动和测试结果,推荐适合其学习水平和兴趣的材料,甚至调整课程难度。此外,AI辅助的自动评分系统能够提供即时反馈,帮助学生及时了解自己的学习状况。

2. 大数据在教育中的应用

大数据技术在混合式翻转课堂中的应用主要体现在对学习过程的深入分析和理解上。通过收集和分析大量的学习数据，教师可以更好地理解学生的学习行为和成效，从而优化教学策略。在《地方政府学》课程中，大数据可以用来追踪学生的参与度、进步和挑战点，帮助教师及时调整教学内容和方法。

3. VR/AR 在教育中的应用

VR 和 AR 技术为混合式翻转课堂提供了沉浸式学习体验。在《地方政府学》课程中，VR 可以用来模拟地方政府的运作环境，让学生在虚拟的政府机构中进行角色扮演，增强学习的实践性和互动性。AR 技术则可以将抽象的概念通过增强现实的方式呈现，使学生能够以更直观的方式理解复杂的政府流程和政策影响。

总之，随着这些新兴技术的不断发展和应用，混合式翻转课堂将变得更加高效、个性化和互动。这些技术不仅能够提升学生的学习体验，还能够帮助教师更有效地进行教学设计和评估。未来的混合式翻转课堂将更加注重学生的主动参与和创造性思考，同时也将更加依赖于技术的支持来实现这些目标。

随着技术的进步，我们还可以预见到更多创新的教学方法的出现。例如，通过 AI 驱动的模拟环境，学生可以在虚拟的政策制定场景中进行实验和学习，这不仅增加了学习的趣味性，还提高了学习的实用性。此外，大数据的应用将使教育更加精准和高效，教师可以根据学生的学习数据进行个性化教学，更好地满足每个学生的学习需求。

在未来，混合式翻转课堂将继续发展和演变，不断融入新的技术和教学理念。这将不仅改变《地方政府学》等课程的教学方式，还将影响整个教育领域的教学模式和学习方式。随着技术的不断进步和教育理念的不断创新，混合式翻转课堂将为学生提供更加丰富、高效和个性化的学习体验。

（二）个性化学习的加强

随着教育技术的不断进步和教学理念的发展，混合式翻转课堂的未来将更加注重个性化学习的实现。个性化学习是指根据每个学生的学习风格、兴趣、能力和需求,提供定制化的教学内容和学习路径。在混合式翻转课堂中,这一趋势的实现主要依赖于先进的教育技术和数据分析。

首先,人工智能(AI)和机器学习技术的应用将在个性化学习中发挥关键作用。通过分析学生在线上学习平台上的互动数据,AI可以识别学生的学习习惯、理解能力和兴趣点。基于这些数据,AI可以推荐适合每个学生的学习材料和活动,甚至调整课程难度和深度,从而为学生提供更加个性化的学习体验。其次,自适应学习系统将成为个性化学习的重要工具。这些系统能够根据学生的学习进度和表现自动调整教学内容和难度。例如,如果一个学生在某个主题上表现出理解困难,系统可以提供额外的资源和练习来帮助其掌握该主题。相反,对于掌握快的学生,系统可以提供更高级的材料来挑战他们。此外,虚拟现实(VR)和增强现实(AR)技术的发展也将为个性化学习提供新的可能性。通过这些技术,学生可以沉浸在定制化的学习环境中,如模拟的地方政府场景,从而获得更加生动和实际的学习体验。这种沉浸式学习不仅能够提高学生的参与度和兴趣,还能够根据每个学生的需求提供定制化的学习场景。最后,移动学习的普及也将促进个性化学习的发展。随着智能手机和平板电脑的普及,学生可以随时随地访问学习材料和参与在线课程。这种灵活性使得学习可以更好地融入学生的日常生活,同时也为教师提供了更多机会来设计符合学生个人生活节奏的学习活动。

综上所述,混合式翻转课堂的未来发展将显著倾向于加强个性化学习。通过利用AI、自适应学习系统、VR/AR技术以及移动学习工具,教育者可以为学生提供更加定制化和个性化的学习体验。这不仅能够提高学生的学习效率和兴趣,还能够帮助他们更好地掌握《地方政府学》等课程的核心概念和技能。随着技术的不断进步和教育理念的更新,个性化学习将成为混合式翻转课堂的一个重要发展方向,为学生提供更加丰富和多元的学习体验。

(三)全球化和本土化的平衡

在当前的教育背景下,全球化趋势为学习和教学带来了新的机遇和

第十章 线上线下混合式翻转课堂教学设计与实施面临的挑战及解决实例

挑战。特别是在混合式翻转课堂的实施中，如何在吸纳全球化优势的同时，保持本土文化和教育特色，成了一个值得深入探讨的话题。

全球化为混合式翻转课堂提供了丰富的资源和多元的视角。例如，在《地方政府学》这样的课程中，全球化使得学生能够接触到不同国家和地区的政府运作模式，理解多元的政治体系和治理经验。通过线上平台，学生可以轻松访问到国际案例、跨文化的研究材料和世界各地专家的讲座，从而拓宽视野，增强理解和分析全球政治经济现象的能力。然而，全球化的教学内容和方法不能完全取代本土化的教育需求。本土文化和教育特色是学生身份和价值观形成的重要基础。在《地方政府学》课程中，强调本土政府的历史背景、文化特征和社会环境对于学生理解本国政治和行政体系至关重要。因此，混合式翻转课堂需要融入本土案例分析、地方政策研究和社区参与项目，以确保学生能够紧密联系本土实际，形成扎根于本土的批判性思维和解决问题的能力。实现全球化和本土化的平衡，要求教育工作者在课程设计和教学实施中采取创新和灵活的策略。一方面，可以通过引入国际比较的教学模块，让学生了解不同国家的地方政府运作方式，同时强调分析这些模式在本土背景下的适用性和局限性。另一方面，教师可以鼓励学生参与本地社区的调研项目，将全球视角与本土实践相结合，促进学生对本土政府运作的深入理解。

在混合式翻转课堂的实践中，平衡全球化和本土化是一个复杂但必要的过程。这不仅有助于学生在全球化背景下发展国际视野和跨文化能力，同时也确保他们能够深刻理解并积极参与到本土的政治、社会和文化生活中。通过这种平衡，混合式翻转课堂能够培养出既具有全球竞争力又深植于本土文化的未来公民和专业人士。在《地方政府学》这样的课程中，这种平衡尤为重要。它不仅要求教师具备广阔的国际视野和深厚的本土文化理解，还要求他们能够灵活运用各种教学资源和方法，创造一个既全球化又本土化的学习环境。最终，这种教学模式将有助于学生形成一个更加全面和深入的对地方政府学的理解，为他们未来在公共管理领域的职业生涯打下坚实的基础。

(四)跨学科整合:混合式翻转课堂中的实践

在现代教育中,跨学科整合已成为一种重要的教学策略,它通过融合不同学科的知识和方法,培养学生的综合思维能力和创新能力。混合式翻转课堂,作为一种灵活多变的教学模式,为跨学科整合提供了独特的机会。跨学科整合不仅能够拓宽学生的知识视野,还能够增强他们解决复杂问题的能力。在混合式翻转课堂中,学生可以通过线上资源自主学习不同学科的基础知识,然后在课堂上通过小组讨论、项目合作等方式,将这些知识应用于解决实际问题。

混合式翻转课堂中的跨学科整合实践可通过以下途径进行:(1)案例设计:设计涉及多个学科的综合案例,如结合政治学、经济学和社会学的地方政府案例分析。这些案例可以帮助学生理解不同学科视角下的问题和解决方案。(2)线上资源整合:利用线上平台提供跨学科的学习材料,如视频讲座、在线课程和互动讨论板。这些资源可以帮助学生在课前自主探索不同学科的知识。(3)互动式教学活动:在课堂上组织跨学科的小组活动,如模拟演练、辩论赛和创新工作坊。这些活动鼓励学生将不同学科的知识融合应用,培养他们的综合思考和创新能力。当然,跨学科整合面临着挑战,这些挑战包括学科知识的深度与广度平衡、学生不同学科背景的差异以及评估标准的设定。为了应对这些挑战,教师可以采取分层教学策略,根据学生的学科背景和学习能力提供不同层次的学习材料和任务。同时,建立多元化的评估体系,综合考虑学生在不同学科的表现。

总之,跨学科整合在混合式翻转课堂中具有巨大的潜力。通过精心设计的教学活动和资源,这种教学模式不仅能够提升学生的跨学科学习能力,还能够激发他们的创新思维和解决问题的能力。实施跨学科整合的混合式翻转课堂,要求教师具备跨学科知识和教学设计能力,同时也需要学生积极参与并适应这种多元化的学习方式。通过不断的实践和改进,跨学科整合可以在混合式翻转课堂中发挥重要作用,为学生提供一个全面、互动和创新的学习环境,从而培养出能够适应未来社会和职业挑战的复合型人才。

二、混合式翻转课堂对中国高等教育课程建设的实践建议

(一) 课程内容创新

在中国高等教育的快速发展过程中,课程内容的创新成为提升教育质量和适应新时代需求的关键。以下是针对课程内容创新的一些实践建议:

1. 紧跟时代发展:随着科技的迅速发展和社会需求的不断变化,高等教育课程内容需要不断更新,以保持其时代性和前瞻性。例如,在《地方政府学》等课程中,可以加入关于智慧城市建设、数字政府、环境保护政策等现代话题,使课程内容更加贴近时代脉搏。

2. 跨学科融合:鼓励跨学科课程的开发,以促进学生的全面发展。例如,结合政治学、经济学、社会学等多个学科视角,全面分析和探讨地方政府的职能和挑战。这种跨学科的课程设计有助于学生培养综合分析问题和解决问题的能力。

3. 实践与理论相结合:强调理论与实践的结合。在课程设计中,除了理论知识的讲授,还应包括案例研究、实地考察、模拟演练等实践活动。通过这些活动,学生可以将理论知识应用于实际情境,增强学习的实用性和深度。

4. 国际视野的拓展:在课程内容中融入国际视野,特别是在全球化背景下对地方政府的影响和挑战的探讨。这不仅有助于学生了解国际趋势和跨国实践,还能培养他们的国际竞争力。

5. 利用新技术:积极利用新技术,如人工智能、大数据分析等,来丰富课程内容和教学方法。例如,通过数据分析软件来研究地方政府政策的影响,或者利用在线平台进行互动式学习。

6. 注重学生反馈:定期收集和分析学生对课程的反馈,以便及时调整和优化课程内容。学生的反馈是课程改进的重要依据,通过了解学生的学习体验和需求,教师可以更有效地调整教学策略和课程内容。

7. 持续的教师培训:为教师提供持续的专业发展机会,以确保他们

能够掌握最新的教学方法和技术。教师的专业成长对于课程内容的创新至关重要,特别是在快速变化的教育环境中。

8. 鼓励学生创新思维:在课程设计中,应鼓励学生发挥创新思维,比如通过项目式学习、创新实验室等方式,让学生在解决实际问题的过程中发挥创造力。

通过实施这些策略,中国高等教育的课程内容将更加丰富、前瞻和适应时代发展,从而更好地培养学生的综合素质和专业能力,满足社会和经济发展的需求。

(二) 教师培训和发展

在混合式翻转课堂中,教师的角色发生了显著变化。传统的教学模式中,教师主要扮演知识的传递者和授课者的角色。然而,在混合式翻转课堂中,教师更多地成为学习的引导者、协作者和促进者。他们不仅需要提供高质量的线上学习材料,还要在课堂上引导深入的讨论,激发学生的批判性思维和创造力。此外,教师还需要监控学生的学习进度,提供个性化的反馈和支持。

为了适应这种角色的转变,教师需要接受相应的培训。首先,技术培训至关重要。教师需要熟悉各种在线教学平台和工具,如学习管理系统(LMS)、视频制作软件和在线互动工具。这不仅涉及如何使用这些技术,更重要的是理解如何将这些技术有效地融入教学设计中。其次,教学方法上的培训同样重要。教师需要了解如何设计和实施混合式翻转课堂,包括如何创建吸引人的线上内容、如何在课堂上有效地引导讨论和活动,以及如何评估和反馈学生的学习成果。此外,教师还需要学习如何处理学生多样化的学习需求,包括不同学习风格和能力水平的学生。

为了支持教师的培训和发展,高等教育机构应采取以下措施:

1. 建立专门的教师发展中心:这些中心可以提供定期的工作坊、研讨会和在线培训课程,帮助教师掌握混合式翻转课堂的相关技能。

2. 鼓励教师之间的协作和分享:通过建立教师社区,鼓励教师分享他们的经验和最佳实践,相互学习和支持。

3. 提供技术支持和资源:确保教师能够轻松访问到必要的技术资源

和支持,包括软件许可、技术培训和故障排除服务。

4. 实施教学创新项目:鼓励教师参与教学创新项目,如开发新的教学材料或试验新的教学方法。这些项目可以提供实践机会,让教师在真实环境中应用和完善他们的技能。

5. 定期评估和反馈:建立一个系统,定期评估教师的教学效果,并提供有建设性的反馈。这有助于教师了解自己的教学实践的效果,并根据反馈进行调整。

6. 支持专业发展和继续教育:鼓励教师参加专业发展课程和研讨会,以保持他们的教学技能和知识的最新性。

通过这些措施,教师将更好地准备应对混合式翻转课堂的挑战,有效地促进学生的学习和发展。这不仅有助于提高教学质量,也将推动中国高等教育课程建设的整体进步。

(三) 学生参与和反馈机制

在中国高等教育的课程建设中,学生的参与度和有效的反馈机制是提升教学质量和学习体验的关键因素。学生参与不仅增强了学习过程的互动性,还有助于培养学生的批判性思维和创新能力。同时,有效的反馈机制能够为教师提供宝贵的教学改进意见,从而不断优化课程内容和教学方法。

为了提高学生参与度可采用多样化的教学方式:互动式教学方法:采用小组讨论、案例研究、角色扮演等互动式教学方法,激发学生的学习兴趣和参与热情。例如,在《地方政府学》课程中,通过模拟地方政府的决策过程,让学生在实际情境中学习和应用知识。学生主导的学习活动:鼓励学生主导课堂讨论和项目,提供机会让学生在教学过程中扮演更加积极的角色。例如,学生可以自主选择研究主题,设计和实施相关的研究项目。技术的融合应用:利用在线论坛、互动投票和社交媒体等技术工具,增加课堂外的互动和讨论,扩大学生参与的范围和深度。同时建立有效的学生反馈机制,具体可按以下步骤操作。定期和即时反馈:定期收集学生对课程内容、教学方法和学习资源的反馈。同时,鼓励学生在课堂上即时提出问题和建议,以便教师能够及时调整教学策略。多元化反馈渠道:

除了传统的问卷调查和面对面讨论，还可以通过电子邮件、在线调查和移动应用等多种渠道收集学生反馈，确保所有学生的声音都能被听到。反馈的分析和应用：对收集到的学生反馈进行系统分析，识别教学中的优势和不足。基于这些反馈，教师和课程管理员应制定具体的改进计划，不断提升教学质量。

在中国高等教育的课程建设中，提高学生参与度和建立有效的反馈机制对于提升教学质量和学生学习体验至关重要。通过实施互动式教学方法和鼓励学生主导的学习活动，可以显著提升学生的参与度和学习动力。同时，建立多元化的反馈渠道和对反馈进行深入分析，能够帮助教师更好地理解学生的需求和感受，从而针对性地优化课程设计和教学方法。此外，这种以学生为中心的教学模式不仅有助于提高学生的学术成就，还能培养他们的批判性思维、创新能力和团队合作能力。这些技能对于学生未来的职业生涯和个人发展都具有重要意义。

综上所述，高等教育课程建设应重视学生的主动参与和持续反馈，这不仅能够提升教学效果，还能够培养出更加全面和有竞争力的毕业生。通过不断的实践和改进，我们可以期待中国高等教育在培养高素质人才方面取得更大的成就。

（四）资源共享和协作

在中国高等教育领域，资源共享和协作是提升混合式翻转课堂质量的关键因素。随着教育资源的日益丰富和多样化，高校之间的协作不仅能够有效整合和优化资源，还能促进教学方法和教育理念的创新。通过资源共享，高校可以相互借鉴和学习先进的教学模式和经验，共同提升教育质量。

资源共享的实践策略包括：共享教学材料：高校可以建立一个共享平台，用于交换和共享教学材料，如课程大纲、讲座视频、案例研究和互动练习材料。这种共享不仅节省了资源，还能够提供更多样化的学习材料给学生。共同开发在线课程：高校之间可以合作开发在线课程，利用各自的专业优势和资源。这种合作不仅能够提高课程内容的质量，还能够扩大课程的影响力和覆盖范围。

协作的实践策略包括:教师交流和培训:定期组织教师之间的交流和培训活动,分享教学经验和策略,特别是在混合式翻转课堂的实施方面。这种交流可以帮助教师不断提升自己的教学技能和方法。联合研究项目:鼓励高校之间开展联合研究项目,特别是在教育技术和教学方法创新方面。这些项目不仅能够推动教育领域的科学研究,还能够直接应用于教学实践中。

通过资源共享和协作,高校可以更有效地利用有限的资源,提升教学质量和效率。这种合作模式不仅有利于优化现有的教育资源,还能够促进教育创新和发展。长远来看,这将有助于提升中国高等教育的整体水平,培养出更多具有创新能力和实践技能的高素质人才。

总之,资源共享和协作是中国高等教育课程建设的重要方向。通过这种方式,高校可以共同应对教育挑战,提升教育质量,并为学生提供更加丰富和多元的学习体验。在混合式翻转课堂的实施过程中,这种合作不仅能够提升课程内容的质量,还能够促进教师之间的专业成长和学生的全面发展。未来,随着教育技术的不断进步和教育理念的更新,资源共享和协作将在高等教育领域扮演越来越重要的角色,成为推动教育创新和卓越的关键驱动力。

(五) 评估和认证体系

在中国高等教育的快速发展过程中,建立和完善评估和认证体系对于保障和提升教学质量具有重要意义。这一体系不仅为高等教育机构提供了标准和指导,还确保了教育质量的持续改进和国际认可。

评估体系在高等教育中扮演着关键角色,它涉及对教学过程、学习成果和课程质量的持续监控和评价。一个有效的评估体系能够为教育决策者提供关键信息,帮助他们识别教学中的优势和不足,从而制定相应的改进措施。此外,这一体系还能够激励教师和学生追求卓越,促进教学方法和学习策略的创新。认证体系则是对高等教育机构及其课程质量的正式认可。通过认证,教育机构能够证明其符合国家或国际教育标准。这不仅增强了机构的声誉,还提高了其学位的全球认可度。认证过程通常包括自评、同行评审和外部审核等环节,确保了评估的客观性和全面性。在具体的操作过程中,可建立多元化的评估指标:评估体系应包含多元化的指标,如教学方法的创新性、课程内容的相关性、学生满意度和就业率等。这些指标应综合反映教育质量的各个方面。鼓励自我评估和持续改进:高等教育机构应定期进行自我评估,识别改进的领域,并制定相应的行动计划。这一过程应鼓励教师和学生的参与,以确保评估结果的准确性和实用性。加强同行评审和外部审核:同行评审和外部审核是认证过程的重要组成部分。通过邀请外部专家参与评审,可以确保评估和认证的公正性和权威性。持续跟踪和反馈机制:建立一个有效的反馈机制,确保评估和认证的结果能够被及时地反馈给相关利益相关者,并用于指导未来的教育改革和决策。

总之,建立和完善评估和认证体系是提升中国高等教育课程建设质量的关键。这一体系不仅有助于确保教学质量,还能够促进教育的国际化和现代化。通过实施这些实践建议,高等教育机构能够更好地适应教育的全球趋势,提升其在国际舞台上的竞争力。此外,这一体系还将激励教师和学生追求卓越,推动教育创新,最终实现教育的持续改进和发展。通过这样的努力,我们可以期待中国高等教育在未来取得更大的成就,为社会培养出更多优秀的人才。

混合式翻转课堂作为一种创新的教学模式,在未来的发展中将继续演变和成熟,随着技术的不断进步,将对中国高等教育产生深远影响。混合式翻转课堂对中国高等教育的意义重大,它不仅是教学方法的创新,更是教育理念和体制的变革。我们应该通过积极应对技术、教学和管理上的挑战,高等教育机构能够更有效地实施混合式翻转课堂,为学生提供更加丰富、灵活和高效的学习体验。

参考文献

1. Alammary, Ali, Sheard, Judy, and Carbone, Angela. 2014. Blended learning in higher education: Three different design approaches [J]. Australasian Journal of Educational Technology, 30(4).
2. Alamri, Hamdan, et al. 2020. Using personalized learning as an instructional approach to motivate learners in online higher education: Learner self-determination and intrinsic motivation [J]. Journal of Research on Technology in Education, 52(3):322-352.
3. Alenezi, Mamdouh. 2023. Digital learning and digital institution in higher education [J]. Education Sciences, 13(1):88.
4. Al-Samarraie, Hosam, Shamsuddin, Aizat, and Alzahrani, Ahmed Ibrahim. 2020. A flipped classroom model in higher education: a review of the evidence across disciplines [J]. Educational Technology Research and Development, 68:1017-1051.
5. Akçayır, Gökçe, and Akçayır, Murat. 2018. The flipped classroom: A review of its advantages and challenges [J]. Computers & Education, 126:334-345.
6. Ayob, Hisham Hanfy, et al. 2023. The effectiveness of using blended learning teaching and learning strategy to develop students' performance at higher education [J]. Journal of Applied Research in Higher Education, 15(3):650-662.
7. Baker, R. S., & Inventado, P. S. 2014. Educational Data Mining and Learning Analytics [J]. In Larusson, J. A. & White, B. (Eds.), Learning Analytics: From Research to Practice. Springer.
8. Barr, R. B., & Tagg, J. 1995. From Teaching to Learning — A New Paradigm for Undergraduate Education [J]. Change: The Magazine of Higher Learning, 27(6):12-25.
9. Bates, A. W. 2015. Teaching in a Digital Age: Guidelines for Designing Teaching and Learning [M]. Chicago: Univ. of Chicago Press. ［链接］(https://opentextbc.ca/teachinginadigitalage/)

10. Behar-Horenstein, Linda S., and Niu, Lian. 2011. Teaching critical thinking skills in higher education: A review of the literature [J]. Journal of College Teaching & Learning (TLC), 8(2).
11. Bishop, Jacob, and Verleger, Matthew A. 2013. The flipped classroom: A survey of the research [J]. 2013 ASEE Annual Conference & Exposition.
12. Bonk, Curtis J., and Graham, Charles R. 2012. The handbook of blended learning: Global perspectives, local designs [M]. Chicago: Univ. of Chicago Press.
13. Boud, David, and Falchikov, Nancy. 2006. Aligning assessment with long-term learning [J]. Assessment & evaluation in higher education, 31(4):399-413.
14. Bowen, William G. 2015. Higher education in the digital age [M]. Chicago: Univ. of Chicago Press.
15. Brookfield, Stephen D. 2011. Teaching for critical thinking: Tools and techniques to help students question their assumptions [M]. Chicago: Univ. of Chicago Press.
16. Buhl-Wiggers, Julie, Kjærgaard, Annemette, and Munk, Kasper. 2023. A scoping review of experimental evidence on face-to-face components of blended learning in higher education [J]. Studies in Higher Education, 48(1):151-173.
17. Campo, Lucía, et al. 2023. Methodologies for fostering critical thinking skills from university students' points of view [J]. Education Sciences, 13(2):132.
18. Caner, Mustafa. 2012. The definition of blended learning in higher education [J]. Blended learning environments for adults: Evaluations and frameworks.
19. Chernenko, Olexander. 2020. Modern pedagogical technologies in higher education [J]. Pedagogy and education management review, 2:52-59.
20. Citizen Involvement Efforts and Bureaucratic Responsiveness: Participatory Values, Stakeholder Pressures, and Administrative Practicality. 2007. In Public Administration Review, 67(2):249-264.
21. Daniel, B. K. 2015. Big Data and analytics in higher education: Opportunities and challenges [J]. British Journal of Educational Technology, 46(5):904-920.
22. Davies, Martin. 2015. A model of critical thinking in higher education [J]. Higher Education: Handbook of Theory and Research: Volume 30.
23. Dziuban, Charles, et al. 2018. Blended learning: the new normal and emerging technologies [J]. International journal of educational technology in Higher education, 15:1-16.
24. Fink, L. Dee. 2013. Creating significant learning experiences: An integrated approach to designing college courses [M]. Chicago: Univ. of Chicago Press.
25. Frank, Jason R., et al. 2010. Toward a definition of competency-based education in medicine: a systematic review of published definitions [J]. Medical teacher, 32(8):631-637.
26. Garrison, D. Randy, and Vaughan, Norman D. 2008. Blended learning in higher

education: Framework, principles, and guidelines [M]. Chicago: Univ. of Chicago Press.
27. Garrison, D. R., & Kanuka, H. 2004. Blended learning: Uncovering its transformative potential in higher education [J]. The Internet and Higher Education, 7(2):95-105.
28. Ghemawat, Pankaj. 2017. Strategies for higher education in the digital age [J]. California Management Review, 59(4):56-78.
29. Graham, Charles R. 2006. Blended learning systems [J]. The handbook of blended learning: Global perspectives, local designs, 1:3-21.
30. Herreid, Clyde Freeman, and Schiller, Nancy A. 2013. Case studies and the flipped classroom [J]. Journal of college science teaching, 42(5):62-66.
31. Horn, Michael B., and Staker, Heather. 2017. Blended: Using disruptive innovation to improve schools [M]. Chicago: Univ. of Chicago Press.
32. Johnson, D. W., and Johnson, R. T. 2009. An educational psychology success story: Social interdependence theory and cooperative learning [J]. Educational Researcher, 38(5):365-379.
33. Jaleniauskiene, Evelina, and Kasperiuniene, Judita. 2023. Infographics in higher education: A scoping review [J]. E-Learning and Digital Media, 20(2):191-206.
34. Kang, Hee Young, and Kim, Hae Ran. 2021. Impact of blended learning on learning outcomes in the public healthcare education course: a review of flipped classroom with team-based learning [J]. BMC Medical Education, 21(1).
35. Kolb, David A. 2014. Experiential learning: Experience as the source of learning and development [M]. FT press.
36. Laal, M., & Laal, M. 2012. Collaborative learning: What is it? [J]. Procedia-Social and Behavioral Sciences, 31:491-495.
37. Liu, Ou Lydia, Frankel, Lois, and Roohr, Katrina Crotts. 2014. Assessing critical thinking in higher education: Current state and directions for next-generation assessment [J]. ETS Research Report Series, 2014.1.
38. McNally, Brenton, et al. 2017. Flipped classroom experiences: student preferences and flip strategy in a higher education context [J]. Higher Education, 73:281-298.
39. Meijer, A. J., & Bolívar, M. P. R. 2016. Governing the smart city: a review of the literature on smart urban governance [J]. International Review of Administrative Sciences, 82(2):392-408.
40. Moon, Jennifer A. 2013. A handbook of reflective and experiential learning: Theory and practice [M]. Routledge.
41. Moshinski, Viktor, et al. 2021. Modern education technologies: 21st century trends and challenges [J]. SHS Web of Conferences, Vol.104.
42. OFlaherty, Jacqueline, and Phillips, Craig. 2015. The use of flipped classrooms in higher education: A scoping review [J]. The internet and higher education, 25:

85-95.

43. Okaz, Abeer Ali. 2015. Integrating blended learning in higher education [J]. Procedia-Social and Behavioral Sciences, 186:600-603.

44. Orhan, Ali. 2023. Comparing the Effectiveness of Online, Flipped, and In-Class Critical Thinking Instruction on Critical Thinking Skills and Dispositions in Higher Education: Flipped Classroom Produces the Greatest Gains [J]. International Journal of Technology in Education, 6(2):238-259.

45. Pane, J. F., Steiner, E. D., Baird, M. D., & Hamilton, L. S. 2015. Continued Progress: Promising Evidence on Personalized Learning [M]. RAND Corporation.

46. Roberts, Lynne D., Howell, Joel A., and Seaman, Kristen. 2017. Give me a customizable dashboard: Personalized learning analytics dashboards in higher education [J]. Technology, Knowledge and Learning, 22:317-333.

47. Ryan, R. M., & Deci, E. L. 2000. Self-determination theory and the facilitation of intrinsic motivation, social development, and well-being [J]. American Psychologist, 55(1):68-78.

48. Saykili, Abdullah. 2019. Higher education in the digital age: The impact of digital connective technologies [J]. Journal of Educational Technology and Online Learning, 2(1):1-15.

49. Sellers, J. M., & Kwak, S. Y. 2011. The Impact of Globalization on Local Government in the United States [J]. Urban Affairs Review, 47(4):520-547.

50. Shute, V. J. 2008. Focus on formative feedback [J]. Review of Educational Research, 78(1):153-189.

51. Siemens, G., & Long, P. 2011. Penetrating the Fog: Analytics in Learning and Education [J]. EDUCAUSE Review, 46(5):30-40.

52. Sweller, J. 1988. Cognitive load during problem solving: Effects on learning [J]. Cognitive Science, 12(2):257-285.

53. Ustun, Ahmet Berk, et al. 2023. Learning analytics based feedback and recommendations in flipped classrooms: an experimental study in higher education [J]. Journal of Research on Technology in Education, 55(5):841-857.

54. Vaganova, Olga I. 2019. Organization of practical classes in a higher educational institution using modern educational technologies [J]. Amazonia Investiga, 8 (23):81-86.

55. Vaughan, Norm. 2007. Perspectives on blended learning in higher education [J]. International Journal on E-learning, 6(1):81-94.

56. Villatoro Moral, Sofia, and de-Benito Crosseti, Barbara. 2022. Self-Regulation of Learning and the Co-Design of Personalized Learning Pathways in Higher Education: A Theoretical Model Approach [J]. Journal of Interactive Media in Education, 2022.1.

57. Vygotsky, L. S. 1978. Mind in society: The development of higher psychological

processes [M]. Harvard University Press.
58. Walker, Paul, and Finney, Nicholas. 1999. Skill development and critical thinking in higher education [J]. Teaching in Higher Education, 4(4):531-547.
59. Wang, Yuzhen, Zhao, Chundi, and Zhao, Rengui. 2019. The impact of modern educational technology on college teaching and its application strategies [J]. Application of Intelligent Systems in Multi-modal Information Analytics. Springer International Publishing.
60. Wilson, Kim. 2023. What does it mean to do teaching? A qualitative study of resistance to Flipped Learning in a higher education context [J]. Teaching in Higher Education, 28(3):473-486.
61. Zhong, Lin. 2022. A systematic review of personalized learning in higher education: learning content structure, learning materials sequence, and learning readiness support [J]. Interactive Learning Environments.
62. 陈玉琨、田爱丽. 慕课与翻转课堂导论[M]. 华东师范大学出版社,2014年。
63. 杜慧. 新文科背景下行政管理专业人才培育模式优化——以地方政府学课程教学为例[J]. 教育观察,2020,9(29):3。
64. 胡铁生、周晓清. 高校微课建设的现状分析与发展对策研究[J]. 现代教育技术,2014,24(2):9。
65. 金陵. 翻转课堂与微课程教学法[M]. 北京师范大学出版社,2015年。
66. 李文、杨莉、宋德志. 基于MOOC平台的线上线下混合式课堂教学改革探究——以医用传感技术课程为例[J]. 大学教育,9(2018):4。
67. 马九克. 微课视频制作与翻转课堂教学[M]. 华东师范大学出版社,2016年。
68. 玛莎·A. 拉米雷斯,卡罗莱娜·R. 布伊特拉戈著,李伊铭译. 翻转课堂与差异化教学:以学生为中心的课内翻转教学法[M]. 中国青年出版社,2023年。
69. 乔纳森·伯格曼、亚伦·萨姆斯著,韩成财译. 翻转课堂与混合式教学[M]. 青年出版社,2018年。
70. 乔纳森·伯格曼著,杨洋译. 翻转课堂与深度学习:人工智能时代,以学生为中心的智慧教学[M]. 中国青年出版社,2018年。
71. 乔纳森·伯格曼、亚伦·萨姆斯,宋伟译. 翻转课堂与慕课教学:一场正在到来的教育变革[M]. 中国青年出版社,2015年。
72. 孙华. 大学生思政课翻转课堂教学改革探索研究[J]. 教育学术月刊,6(2014):96-100。
73. 王奕标. 透视翻转课堂:互联网时代的智慧教育[M]. 广东教育出版社,2016年。
74. 王红、赵蔚、孙立会等. 翻转课堂教学模型的设计——基于国内外典型案例分析[J]. 现代教育技术,2013,23(8):6。
75. 肖文涛. 全球化背景下的地方政府管理创新[J]. 中国行政管理,1(2004):79-85。
76. 杨春梅. 高等教育翻转课堂研究综述[J]. 江苏高教,1(2016):59-63。
77. 于歆杰. 以学生为中心的教与学——利用慕课资源实施翻转课堂的实践(第2版)[J]. 中国大学教学,2017,No.328(12):100。
78. 曾明星等. 基于MOOC的翻转课堂教学模式研究[J]. 中国电化教育,4(2015):

102-108。
79. 郑礼明.微观经济学线上线下混合式教学方法研究[J].教育研究,2022,5(5):83-85。
80. 中华人民共和国教育部.教育部关于一流本科课程建设的实施意见[J].教高〔2019〕8号。

后记

编写这本《地方政府学》线上线下混合式翻转课堂教学设计与实施的过程,是一段充满挑战和乐趣的旅程。它起源于我的教育实践,是在不断尝试和反思中逐渐成形的。这本书不仅仅是一份教学设计,更是对教育创新的一种探索和呼唤。

在教育领域,我们常常听到"改革教育"的呼声。然而,要真正改变教育方式,推动教育进步,需要超越口号和理论,走进教室,与学生和教育者共同实践。正是这种实践的基础,促使我有了写这本书的决心。编写这本书的过程也让我深入思考和探讨现代教育的变革和创新。教育不应仅仅是传授知识,更应培养学生的批判性思维、创新能力和实践技能。而混合式翻转课堂正是一种具有潜力的教育方式,它强调学生的参与和互动,提供了更多个性化学习的机会。

这本书的诞生离不开对教育的深厚热爱和对教学方式的不懈思考。教育被誉为塑造未来的重要工具,而创新的教育方式可以为学生提供更多的机会、启发灵感,帮助他们更好地应对未来的挑战。在现代社会,教育已不再是简单地传授知识,而是需要培养学生的创造力、批判性思维、团队协作和解决问题的能力。

编写这本书的初衷就是希望能够为教育领域的改革和发展贡献一份微薄的力量。我们生活在信息时代,科技的飞速发展不断改变着我们的生活和工作方式。这也意味着传统的教育方式已经不能满足当今学生的需求,需要不断寻求创新和改进。混合式翻转课堂是一种前瞻性的教育方式,它强调学生的主动参与和深度学习。这种方法可以帮助学生更好地理解和运用知识,提高他们的学术兴趣和自主学习能力。在编写这本书的过程中,我深刻体会到了教育创新的重要性和潜力。我希望通过这本书,能够鼓励更多的教育者尝试新的教学方式,激发学生的学习热情,培养他们成为具备批判性思维和实践能力的未来领袖。

当然,这段旅程并非一帆风顺。在编写这本书的过程中,我也遇到了各种挑战和困难,但这些挑战恰恰是促使我不断前行的动力。

首先,教育领域的知识不断更新,技术的发展也在不断推陈出新。这让我深感到自己的知识需要不断更新和补充。为了确保书中的内容具有前瞻性和实用性,我不仅需要深入研究最新的教育理论和技术应用,还需要与同行保持交流,从他们的经验中汲取营养。这个过程充满了学习和成长,也让我更加坚信教育创新的必要性。

其次,实施混合式翻转课堂也需要克服技术、教学和管理等方面的障碍。技术的选择、平台的建设、教学资源的开发,都需要认真思考和策划。在教学过程中,我不仅要关注课程内容的设计,还要考虑如何引导学生积极参与,如何提供有效的反馈,如何解决可能出现的问题。管理方面也不容忽视,包括课程监督、评估体系的建立和持续改进等方面都需要精心安排。这些都是需要时间和精力投入的工作,但它们都是为了提供更好的教育体验和教学效果。

最重要的是,这个过程充满了探索和尝试。混合式翻转课堂是一种新颖的教育方式,尚没有固定的模式和标准可循。因此,我需要不断尝试不同的教学方法和策略,观察学生的反应,然后根据反馈进行调整和改进。这种试错的过程虽然可能会带来一些波折,但也正是它让我不断提高教学质量,让教育变得更加有趣和富有成效。

然而,正是这些挑战让我更加坚定了教育创新的决心。教育是社会进步和人才培养的关键,我们不能止步于传统,必须不断尝试和创新。教育的本质是启发思考、培养创新和提供机会。传统的教育模式可能会受到时间和地点的限制,而新兴的教育方式则可以突破这些界限,为学生提供更灵活和多样的学习机会。混合式翻转课堂正是其中一种创新的尝试,它将线上和线下相结合,充分利用了现代技术的便利性,同时保留了

后　记

传统教学的互动性。这种教育方式不仅可以提高学生的学习动力和参与度,还可以促进他们对知识的深刻理解和实际运用。

在编写这本书的过程中,我深入研究了教育技术、教育理论和教育实践,力求将最新的教育思想和方法融入课堂设计中。我希望通过这本书,能够为教育者提供一些有益的思考和启发,帮助他们更好地应对教育领域的挑战和机遇。我相信,只有不断创新和改进教育方式,才能够培养出具备批判性思维、创新能力和实践技能的学生,他们将成为未来社会的领袖和变革者。

在这个充满变化和不确定性的时代,教育的重要性愈发凸显。我们必须不断追求教育的卓越,为学生提供更多的机会和灵感,让他们能够应对未来的挑战。我希望这本书能够为这一目标贡献一份微薄的力量,为教育的未来注入更多的创新和活力。

当然,这本书也存在不足之处。教育领域的知识更新迅速,本书可能无法涵盖所有最新的教育技术和理论。因此,我鼓励读者在阅读本书的同时,继续关注教育领域的最新发展,不断探索和创新。教育是一个充满变化和不断演进的领域,新的教育技术和教学理念不断涌现,为教育提供了更多的可能性。本书力求将最新的教育思想和方法融入混合式翻转课堂的设计和实施中,但仍然有一些领域可能没有得到充分覆盖。因此,我鼓励教育者和学生在实践中积极探索,不断尝试新的教育工具和教学策略,以满足不断变化的教育需求。

另外,混合式翻转课堂的实施可能会因不同的教育环境和学科领域而异。本书提供了一般性的原则和方法,但读者在具体实施时需要根据自己的教学需求和学生特点进行调整和定制化。教育者需要深入了解自己的学生和课程,灵活运用本书提供的教学设计原则,以最大程度地提高教育效果。

最后,我要衷心感谢宁波大学行政管理2022级的学生们,你们是《地方政府学》线上线下混合式翻转课堂的积极参与者,也是这本教材的重要贡献者。感谢你们在课堂上的热情参与,以及在课后的认真学习和作业完成。你们的优秀表现和学术成果为本书的形成提供了宝贵的素材和参考,特别要感谢吴佳奕等各位同学,你们的杰出作业成为本书的学生成果样稿,为其他学生提供了学习的范例和灵感。你们的努力和成就将激励更多的学生在学术研究和学习中取得更大的成就。

  同时,我也要感谢隋鑫、贺惠玲、邵含冷等三位公共管理2023级的学术型硕士研究生,你们在本课程中担任助教,为学生提供了重要的指导和支持。你们的专业知识和教学经验为课堂教学的顺利进行和学生学习的顺利进行做出了重要贡献。

图书在版编目(CIP)数据

地方政府学线上线下混合式翻转课堂教程/龚虹波著.—上海:上海三联书店,2024.11.—ISBN 978-7-5426-8718-0

Ⅰ.G424.21

中国国家版本馆CIP数据核字第20246LY552号

地方政府学线上线下混合式翻转课堂教程

著　　者 / 龚虹波

责任编辑 / 郑秀艳
装帧设计 / 一本好书
监　　制 / 姚　军
责任校对 / 王凌霄

出版发行 / 上海三联书店
　　　　　(200041)中国上海市静安区威海路755号30楼
邮　　箱 / sdxsanlian@sina.com
联系电话 / 编辑部:021-22895517
　　　　　发行部:021-22895559
印　　刷 / 上海颛辉印刷厂有限公司

版　　次 / 2024年11月第1版
印　　次 / 2024年11月第1次印刷
开　　本 / 655mm×960mm　1/16
字　　数 / 240千字
印　　张 / 16.75
书　　号 / ISBN 978-7-5426-8718-0/G·1741
定　　价 / 78.00元

敬启读者,如发现本书有印装质量问题,请与印刷厂联系 021-56152633